淘宝店营销与推广：策略、方法、技巧与实践

潘坚 编著

清华大学出版社
北京

内 容 简 介

“现在不电子商务，未来将无商可务”，这句话并不是骇人听闻。这几年电子商务的告诉发展是有目共睹的。尤其是作为电子商务平台的领头羊淘宝，更是在一个个的光棍节创造了191亿和350亿的奇迹。越来越多的个人和企业也意识到了电商的威力，纷纷入驻淘宝和其它平台。其中又以做淘宝的为最多，由于淘宝在国内电商领域的领先地位，很多理念和技术上，都是较其它平台更成熟，所以作者以多年的淘宝和天猫实战经验为依托，对于淘宝开店过程中会碰到的种种迫切想解决，又迟迟不能得到解决的困难和难点进行了细致的讲解，而对于一些不重要的，无关痛痒的知识点，则可能一带而过或是干脆不讲。因为本书不想成为了一本大而全的百科全书，因为那样深度不够，也不够落地。里面的每一个章节，都是做好一个淘宝店铺的核心内容。营销，是为了解决转化问题；推广，是为了解决流量问题。做不好淘宝，无非就这是解决不了这两个问题，而全书正是以营销和推广为主题展开的。

本书强调实用，不搞纸上谈兵，内容通俗易懂。不管您是刚刚接触淘宝的新手，还是已经从事多年的老手；不管您是担任淘宝运营、推广一职，还是自己开淘宝店的老板，相信本书一定能够给你带来一定的收获和思考！

图书在版编目(CIP)数据

淘宝店营销与推广：策略、方法、技巧与实践 / 潘坚编著. — 北京 : 清华大学出版社，2014.8
（2016.5 重印）
ISBN 978-7-302-37374-2

Ⅰ. ①淘… Ⅱ. ①潘… Ⅲ. ①网络营销—中国 Ⅳ. ①F724.6

中国版本图书馆 CIP 数据核字(2014)第 163239 号

责任编辑：张立红
封面设计：郝望舒
版式设计：方加青
责任校对：胡玉玲
责任印制：李红英

出版发行：清华大学出版社
　网　址：http://www.tup.com.cn，http://www.wqbook.com
　地　址：北京清华大学学研大厦 A 座　**邮　编**：100084
　社总机：010-62770175　**邮　购**：010-62786544
　投稿与读者服务：010-62776969，c-service@tup.tsinghua.edu.cn
　质 量 反 馈：010-62772015，zhiliang@tup.tsinghua.edu.cn
印 装 者：三河市中晟雅豪印务有限公司
经　销：全国新华书店
开　本：170mm×230mm　**印　张**：21.75　**字　数**：242 千字
版　次：2014 年 8 月第 1 版　**印　次**：2016 年 5 月第 3 次印刷
定　价：45.00 元

产品编号：059587-01

前言

Foreword

随着电子商务的发展，尤其是作为电子商务第一大平台淘宝的多年发展，越来越多的个人以及企业意识到在淘宝开店是有利可图的。既然想真正玩转淘宝，那有关淘宝营销和推广的学习和实践是必须的。但是在学习和实践的过程中，碰到了种种的困难。有些问题甚至长期不能得到有效的解决。如何克服这些困难，在一本书中既讲清基本的、必备的理论知识，又能够使读者快速从容上手操作，成为一名合格甚至优秀的淘宝店铺操盘手，这是本书要解决的。

作者凭借多年的知识积累和淘宝实战经验，并通过和一起共事多年的望族良哥（网名）一起研究、讨论和学习，浓缩成这本书奉献于您的面前，她采用了大量的图表与案例分析，行文深入浅出、图文并茂，将枯燥生硬的理论知识用诙谐幽默、浅显直白的口语娓娓道来。本书抛开深奥的理论化条文，除了必备的基础理论知识介绍外，绝不贪多求全，特别强调实务操作、快速上手，绝不囿于示意与演示，更注重实战展示。相信跟随着本书的介绍，你的淘宝开店之旅一定会成为一种难忘的幸福体验。

因受作者水平和成书时间所限，本书难免存有疏漏和不当之处，敬请指正。

本书特色

1. 内容全部来源于作者的多年淘宝实战经验，避免大而全和假大空

由于目前很多有关淘宝开店指导的书籍和网上的各种文章，要么是过于理论化，好多所谓的讲师甚至都没有实战过，讲出来的理论都是纸上谈兵，不能落地；要么是大而全，像一本淘宝开店的百科全书，使得真正重点的东西没有讲透彻。本书的作者拥有多年的淘宝实战经验，深知目前淘宝店主和学习者真正的知识需求和操作困难在哪里，有效避免了大而全和假大空。

2. 行文幽默诙谐，实打实的口语化，即使您基础薄弱，马上可以开悟

作者的讲授绝不是板着面孔、死板教条式的，作者以幽默诙谐、贴近时代的语言进行生动、通俗的讲解，犹如一位你的老朋友在和你聊淘宝的点滴，帮助你缩短成为淘宝营销达人的时间。这就使得整个学习过程变得简单、生动起来。

3. 本书内容在给您带来“干货”的同时，更多的是带给您思维上的提升

相信在苦苦探索淘宝玩法的您，在读完本书后，不但能学习到真正的淘宝操作干货，更多的是在整个淘宝营销和运营推广思路上获得较大的提升，至少，本书是会带给您诸多思考的！当您对整个淘宝营销思路更清晰的时候，相信您离成功就不远了！

本书内容及体系结构

第 1 章　淘宝开店常见的认识误区

本章从分析目前淘宝整个环境为前提，深度剖析，解答了目前大部分朋友想在淘宝开店，而产生的一些认知误区。从而使准备开店或已经在开店的朋友，对淘宝有一个更正确的认知，从而能够更好地往正确路线去走，避免或少走弯路。

第 2 章　淘宝开店 定位先行

本章阐明了定位的重要性。说明了为什么要定位，以及如何定位。深度分析对目标人群和产品的定位，让读者深刻理解定位对一个店铺的重要程度，从而在开店之前，就做到胸有成竹。很多人都没有意识到定位的重要性，实际上，好的定位，等于成功了一半！本章内容就是为了让读者重新认识定位。

第 3 章　选择好产品是成功的开始

本章将会告诉你如何找到一个好产品，找到暴利产品。我们都说选择大于努力，这句话是非常正确的。如果能够选对了一个好的产品，那么就很容易将该产品打造成爆款，并且口碑很好，随之而来的就是源源不断的回头客，店铺和产品的动态评分也会很良好。所以选择好产品是成功的开始，否则的话，选择不对，努力白费。学习本章，读者应有意识地培养自己的思维习惯，并结合定位一章去深刻思考。

第 4 章　店铺内功见营销功底

本章聊聊针对店铺我们要做的一系列营销动作。很多人往往犯了这样的毛病，就是拿一款产品想到网上去卖，一开口，就是我这个产品应该怎么推广？其实这在思维模式上犯了天大的错误，包括我自己，那时候也是在这方面形成一个大大的思维误区，导致自己走了很多很多的弯路。才逐步看到了一些背后的本质因素。把店铺内功做好了，把营销做到位了，才能够让你的店铺越做越好。

第 5 章　淘宝营销的数据化运营

本章告诉读者如何通过对数据的统计和分析，从中发现规律和本质，从而更好的指导我们运营工作往更好的方向去展开。网络时代给我们带来很多好处，因为你可以利用网络去分析很多的数据。通过本章，读者可以了解到怎么利用数据去指引自己下一步的步伐，怎么优化，怎么整改，制定合理的战略布局，这才是要去做数据分析的目的。

第 6 章　几种最常用的淘宝数据工具及应用

本章介绍了淘宝几种常用工具，目的是为了让有需要的朋友，明白有些重要的数据，可以通过哪些工具的功能去获得，而不是详细介绍每款工具的具体使用方法。当然，围绕淘宝有关的数据工具，肯定不止我介绍的这几种。数据工具在于适用，自己感觉够用就好，不需要太多。这样反而解决了很多朋友因为工具太多而混乱的局面。

第 7 章　淘宝直通车入门到高阶

本章带领你从零基础开始，十二步搞定直通车。淘宝直通车，是每一个真正想玩好淘宝人员的必备引流工具。所谓的爆款的打造，往往都离不开直通车。很多人烧直通车，不管三七二十一，就盲目去操作。花了一些钱，发现没效果，马上就放弃了，并且从此再也不想去触碰这个东西，得出的结论就是直通车除了烧钱，根本没用，就是个坑爹的货！真的如此吗？未必。通过本章的内容，相信你会对直通车有一个全新的认识！

第 8 章　钻石展位 2.0 时代

本章介绍的是另一个淘宝主力引流推广渠道：钻展 2.0。既然有 2.0，那就是有老版本的 1.0.。钻展的 1.0 和 2.0，里面投放规则和一些细节的改变，还是蛮大的。网上很多流传着的文章，还是基于 1.0 版本的，已经过时了。如果你现在去投放，却去看 1.0 的文章，那很多内容就看的云里雾里的。本章带领大家玩转钻展 2.0。

第 9 章　淘宝的自然搜索

本章介绍淘宝的自然搜索。就是免费引流的方法和技巧。那么，围绕着自然搜索这个话题，我们主要就是要想来说说，如何提高展现量！要提高展现量，那就要求什么？要求我们的排名靠前！这道理大家都懂。如何才能排名靠前？这正是本章要说的。

第 10 章　浅谈打造爆款的思路和注意事项

本章是本书的重点之一。爆款是做淘宝聊的最多的一个话题。虽然这几年由于淘宝规则的变更，爆款给一个店铺所起的影响不如早期时候那么明显了，但是它依然是一个店铺必备的利器！一个店铺如果拥有了一个或是几个爆款，可以瞬间让一个死气沉沉的店铺活起来。所以打造爆款是店铺运营必备的一个技能。不过打造爆款过程中，需要注意的点，还是蛮多的，本章就带大家深入对爆款打造的认知以及了解爆款打造过程中一些要规避的风险。

第 11 章　淘宝活动报名

本章对淘宝活动进行一些介绍和剖析，淘宝活动是淘宝店铺的一大流量来源。不过并不是所有眼花缭乱的淘宝活动都是值得您去关注的。那现在淘宝的具体情况是如何的？那些活动的特点都是什么？本章就来好好介绍一下。

第 12 章　必不可少的软文推广

本章介绍推广当中的利器：软文。比较细致全面地介绍了软文应该如何写，应该如何利用好软文，其中的思路又是怎么样的？那么本章将会给你一一解答，并且还用了很经典的案例来剖析说明。相信读者以后看完后会体会到软文推广的威力和魅力。

本书读者对象

- 淘宝初学者
- 各电商企业想要提升运营推广能力的店长、运营、推广人员。
- 想要去电商公司面试担任运营，推广一职的人员。
- 各种类型的淘宝店主、电商负责人（老板）
- 买过几本淘宝营销书籍感觉不会再爱的人员
- 其他对淘宝运营和推广感兴趣的各类人员

本书由潘坚组织编写，同时参与编写的还有郭亚军、程斌、胡亚丽、焦帅伟、李凯、刘筱月、马新原、能永霞、商梦丽、王宁、王雅琼、徐属娜、于健、周洋、张昆、陈冠军、范陈琼、郭现杰、罗高见、何琼、晁楠、雷凤，在此一并表示感谢。

目录

Contents

第一篇

淘宝开店之误区篇

第1章　淘宝开店常见的认识误区 · 2

第二篇
淘宝开店之营销篇

第2章 淘宝开店，定位先行 · 24

第3章 选择好产品是成功的开始 · 36

第4章 店铺内功见营销功底 · 61

第5章 淘宝营销的数据化运营 · 91

第10章 浅谈打造爆款的思路和注意事项 · 284

第11章 淘宝活动报名 · 300

第12章 必不可少的软文推广 · 308

第一篇

淘宝开店之误区篇

这几年，尤其是2012年双11的191亿元淘宝成交额以及2013年双11的350亿元，加上各种新闻媒体的不断鼓吹，让各种传统企业或个人纷纷受到刺激，以为电商就是捡钱的。耳边老是听到种种年销售额过亿元或大几千万元的传奇故事，于是纷纷入驻电商。最后却往往碰得头破血流。

在我过去与不少店长进行交流的过程中，有所感触，于是总结出了一些店长、特别是新手常犯的，对于淘宝开店的认识误区，希望能对大家有所帮助。

第1章 淘宝开店常见的认识误区

很多新手由于对淘宝开店不怎么了解，就会产生很多错误的认知。这种认识误区会让很多人从一开始就走错了路，导致接下来怎么做都是错的，并且还不知道自己到底错在哪里，所以本章对一些淘宝开店常见的认识误区进行一些剖析是很有必要的。

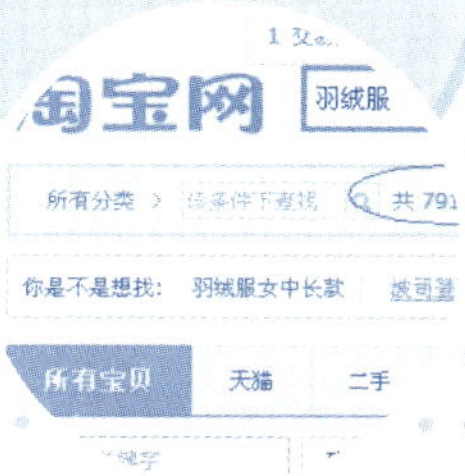

1.1 现在开淘宝店已经太晚了吗

很多人认为现在淘宝开店太晚了，没办法赚到钱，其实只要你有好的产品，并且用心去经营，你还是可以赚到钱的。常常看到有人在网上抱怨说，淘宝上的大卖家们占据了绝对的资源跟排名优势，小卖家进来已经没有生存的空间。其实不然，朋友们，不管什么时候，做什么事情，只怕你不做，永远不怕晚。

1.1.1 做淘宝永远都不晚

虽然说现在开淘宝店铺没有以前那么好做，但是这个讲究的是个人能力，在淘宝网上的淘宝店铺虽然说已经数不胜数，但是你自己仔细看看、仔细观察一下，成功的淘宝店铺还就是那么些，大部分淘宝店铺的等级都是几个心或者几个钻就没有人搭理了。

表面上看起来，现在淘宝店铺多的数不过来，竞争好大，但真的是大到如此地步吗？看下面几个数据：

- 淘宝 10%~15% 的宝贝发布的类目放错！
- 淘宝 10%~20% 宝贝，处于被淘宝搜索降权的状态！
- 淘宝 30% 以上的宝贝发布的类目，并非最优类目！
- 淘宝 80% 店铺，存在不同程度的降权、屏蔽、滞销等问题！

你看看，连最起码的产品分类都没有做好的人，大有人在！而这些，只是因为他们不懂或是不够用心。因为很多做淘宝的卖家，是抱着打酱油的心态来做的。

当你在淘宝上想购买一款羽绒服，你去搜索羽绒服这个关键词的时候，在出来的搜索结果页面，看看有多少宝贝？如下图

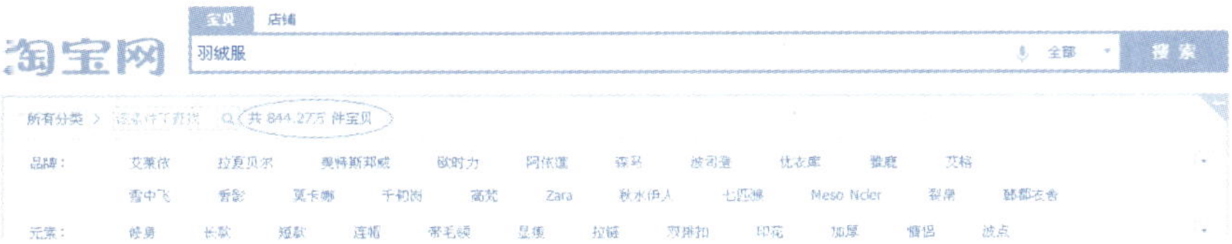

是不是感觉特别吓人？天哪，800多万件产品！你要在这里胜出，被更多人看到，谈何容易啊！是不是一下子就挫伤了你的自信心？

淘宝店铺数量惊人，但专业度极其欠缺。国内高校并无淘宝相关专业，淘宝从业人员的背景五花八门，参差不齐，基本上都是半道儿入行。了解到这些，你就明白，现在还是有机会的。其实真的想做一样事情了，任何时候都不晚。

小提示

你想这样一个问题，搜索出来的是800多万款羽绒服，但是，搜索页面每一页才显示四五十个产品，买家要不断地翻页去浏览这些羽绒服。假如你的产品在前5页，那更后面的那些产品，真的是你的竞争对手吗？买家会都一个个去翻过来翻过去？一直翻到100来页？然后把前几页的产品和最后几页的产品进行比较。

所以，我们真正的竞争对手，就是排在和你同一搜索结果页或是前后几页的产品！其他的，可以无视！

1.1.2　传统企业眼中的淘宝

传统企业，对于电子商务，经历了以下四个阶段。

- 早时候是 看不上。
- 然后再是 看不起。
- 接着就是 看不懂。
- 现在却是 看不到。

我身边就有一个这样活生生的例子，是我一个高中同学的老爸，人家都称呼他廖总。传统企业的大老板，生产销售皮鞋的。

那时候电子商务在我国还处于萌芽状态，那时候的淘宝也是诞生不久，还在拼命鼓励各个企业和个人去他那儿开网店。我同学就对他老爸说，据说有个叫阿里巴巴的平台，阿里集团旗下还有个叫淘宝的平台，正在大力扶持和鼓励企业和个人去他们平台上做生意。廖总想这东西有啥搞头？有几个人在网上买东西？骗人的！就算能有几个傻瓜来买，也不够塞牙缝的。还不如我线下一车鞋批发出去，大把利润就到手了。

这时候的廖总，对电子商务看不上！

后来廖总了解到他朋友当中，有个在义乌做饰品批发的老刘，开始搞起了网上批发生意，在阿里巴巴搞，淘宝店铺也开了一个。廖总就问老刘，行情怎么样？老刘说还行，一天在网上也能偶尔做一点销售额了，平均每天有五六千的样子嘛。廖总心想，有啥搞头？才这么一点，我当初的判断是对的，就是过家家的玩意，没意思！不如我线下，我线下生意好的时候，一天顶他网上做一个月，这个精力，花的不值。

这个时候的廖总，对做电子商务的人，从骨子里是看不起的！

这几年，廖总开始犯嘀咕了，他简直不能想象，一个淘宝店，居然还能在什么所谓的“双 11”，一天销售额过亿的！这是逆天了吗？更不明白的是，咱做企业做多少年了，少说也是几十年了，还没做到过亿的规模。凭什么你一来，动不动就过亿？嘴巴不说，其实心里早后悔当初没有好好去折腾一番了，说不定现在自己也不要对着每年业绩都在走下坡路的线下生意犯愁了。

这时候的廖总，对电子商务，看不懂，始终不明白怎么就那么快地发展起来，而且势不可挡了呢？

廖总这些年对电子商务的看法和心理变化，是他本人有次打电话给我，向我了解咨询一些电子商务问题的时候，亲口和我说的。他问现在如果开始做电商，晚了吗？

我说这肯定不是最好的时机了，但是也不是最坏的时机，只要真的想做，什么时候做都不晚。因为，过去的已经过去，不再回头。但是现在不做，再过 5 年，你依然还是会说，要是早 5 年前就做了，有多好？而那时候说的 5 年前，就是现在！

可是他又不知道怎么做，很迷茫！什么都不懂，看不到互联网未来的方向。这时候的廖总，是看不到。

其实像廖总这种情况，不是个例。很多老板，说出来，都是经历了这种“四看”的阶段。廖总只是千千万万个传统企业老板的一个缩影。

小提示

当趋势的大潮来临时，你挡都挡不住，这时候只有两个选择，要么认输投降；要么，就是迎头而上。但是迎头而上，不代表冲动。传统企业对于电商，起码的一些认知首先要有，先有意识，再谈如何做，做了，再谈如何做好，做好了，才有资格考虑如何做得更大！

1.2 店铺信誉等级很重要吗

现在淘宝上的买家，购物更趋于理性，购物经验也是越来越丰富。大部分的买家，早就不是单纯看信誉了，更多的买家关注的，是你获得的评价如何，你的产品本身质量如何。

过多关注信誉的，无非就是一小部分新手买家而已。然后当他购物过几次，发现在信誉等级高的店铺，买的产品未必就是自己满意的；在信誉等级低的店铺，有时候却能有很好的购物体验，不但东西满意，卖家的服务态度还超级好。所以就慢慢都明白了一个道理，信誉高低，并不重要。

现在你要是在网上搜索关于淘宝开店的技巧，各种广告、各种水货、各种帖子，几乎都会传达给你这样一个信息：淘宝，信誉很重要！什么是信誉，我们来看下图。

在每家淘宝店的上方，你就会看到类似这种红心、钻石、皇冠图标的，这就是信誉等级。以前，由于淘宝机制的不成熟，买家网购经验的不成熟，大家买东西，看一个店铺靠谱不靠谱，首先看什么？就是看信誉！

所以导致了现在很多人都说淘宝信誉很重要，信誉直接决定店铺生意的好坏。真的是如此吗？呵呵，未必！

这几年，很多皇冠店，要说信誉等级，不低吧？但是死掉的还是一大片。照样是一点生意都没有，你说，信誉有什么用？关键还是整体的运营思路上能不能做好。

当然，在你的店铺还是一个零信誉，或是才几颗小红心的时候，是会对有些顾客的决策产生一定的影响，人家看你的店铺信誉等级那么低，不清楚到底你是新开的店铺，还是随便玩玩的店铺，这个影响是有的。

但是，一旦你有三四颗红心以后，这影响的作用就越来越不明显了。比如 1 颗钻和 3 颗钻，对生意的好坏，影响是微乎其微的。同理，1 个皇冠和 2 个皇冠，没什么差别。

所以只能说，在新店开店初期，信誉等级太低的时候，有一点点影响。之后，就没有大的区别了。这个是一定要搞清楚的。

所以不要再因为那些软文广告，说没什么信誉就没生意，所以要先用什么虚拟软件刷大量的信誉，然后才有生意的说法，而被忽悠了。更何况，信誉等级，是分为虚拟和实物的。也就是你通过虚拟产品卖出去的信誉，是没有多少意义的。等你信誉等级高了，你再转型做实物产品，会受到很多的限制。比如有些活动要求实物信誉占比达到多少以上，才可以报名参加。

1.3 淘宝 C 店比天猫完全没优势吗

很多人认为现在要做就做天猫，做 C 店就完全没有前途，果真如此吗？其实未必。诚然，天猫有很多优势，但是 C 店照样能活出一番天地。本小节就是要以一种 PK 的方式来帮助大家分析一下，现在淘宝 C 店是否真的没有任何优势和机会可言。

1.3.1　C店和天猫优劣势PK

对于 C 店和天猫的优劣势，我们先来好好 PK 一下。

1. 优势方面的 PK

先来说说 C 店的优势。C 店和天猫比起来，投入成本要低得多，所以比较灵活，一旦感觉路线走错，比如想转行换类目等，可以马上改头换面，所以显得很灵活，效率很高，试错成本比较低。要是天猫，一旦入驻，就需要花费额度不低的保证金和技术服务费。所以即使想做天猫的朋友，如果一开始对天猫非常陌生，可以先拿淘宝试水，这个是天猫没法比拟的优势所在。

在店铺装修方面，也不会有太高的要求。虽然说是装修水平越高越好，但是和天猫比起来，就不同了。天猫都是很多团队在做，每家每户的装修做得都很好，很有可能你的 C 店和其他 C 店比，在装修上感觉还是很不错的，但是一旦和那些天猫店比起来，就处于弱势了。

淘宝对 C 店的各种条条框框限制的规则，不如天猫多，在营销上就显得更加灵活，比如可以加一些电话号码等。还有就是一些保证金的赔付等，都没有天猫那么严格。

C 店的门槛低，适合大部分的草根。并且整个费用也少，如扣点和税收等，这就给了 C 店更多的利润空间，或者说在打价格战上可能会占到一定的优势。

那么天猫的优势是什么呢？天猫给顾客的品牌感安全感正规专业感等比 C 店要好，并且目前在资源分配上，整个淘宝系是更偏袒天猫的。毕竟天猫有扣点摆在那里，淘宝公司可以获取更多的盈利。

天猫往往是团队化运作，这个是很多 C 店所不能比拟的。同时天猫有“豆腐块”占据首页前 3 名的优势。

2. 劣势方面的 PK

同样，我们先来说说 C 店的劣势：势单力薄，大部分情况下，做 C 店的朋友，往往在团队力量上、资金上，和天猫店比起来比较不足。流量方法，和天猫比起来相对较少。

天猫的劣势，天猫的各方面投入都比较大，包括扣点等费用也比较高，所以如果有一支强有力的团队和足够的资金资源，那还不如做 C 店。（天猫的基本要求：5 个点的税收，投资门槛高，要求企业资质，押金 5 ~ 15 万。技术服务费 6 万 / 年）。

试错成本比较高。一旦感觉选择的产品或类目不对，不能像 C 店那样及时掉头。种种原因导致要亏损个几十万或上百万，是很容易的，所以运营风险较 C 店大了很多。比较适合有一定的淘宝运营经验和有一定的资金实力，以及供应链强大的企业或团体运作。

小提示

千万别认为在淘宝开个C店就没有机会了，机会是给经过分析并有准备的人。分析出了优劣势以后，我们只要经过规划，尽量发挥C店的优势，避免其弱势，那么C店完全也可以做得很好的！

经过多方面的比较和PK，我们可以看出，C店并不是完全没有优势，C店还是有机会的。那对于C店，我们应该怎么样去更好地发展呢？接着马上会讲到。

1.3.2　针对优劣势的建议方案

针对优劣势，C店应该如何做？这里给出了一些建议方案。

建议一：在开店之前先做好市场分析，并好好地思考，如何定位的问题。找到好的产品，并给产品和店铺一个精准的定位，是重中之重！现在的淘宝根本不缺产品，只有小而美的精准定位，做出自己的风格，才是出路。

建议二：好的C店做的未必比B店差，甚至可以比B店更好。我们都说真正的高手在民间。我们要充分利用C店的优势。

建议三：一个C店的初期，尤其是新店，一定是以爆款为切入点的。不管人家如何鼓吹现在爆款时代已经过去了之类的话，不要听，C店，新店，就是从爆款入手。没有爆款，谈什么品牌？因为马上就死掉了，活都活不下来，谈什么发展？

建议四：前期完全靠自然流量积累销量和权重是比较困难的，很多C店死就死在了这一步，所以一些必要的捷径还是需要的。

建议五：C店要想有出路，一定要在营销上面下苦功。营销＋灵

活 + 快速变通是 C 店的生存之道。并且由于开店成本低，甚至可以以量取胜，那就是多开一些店铺。这个不像天猫，开一个店需要那么大成本，所以是很灵活的，可以快速变通。

所以，C 店还是有相当的优势的，不要以为就 B 店牛，实际上，现在真正厉害的牛店，还是 C 店。

1.3.3 做好C店的几大必备因素

这里我们进一步来说明一下，要做好 C 店，都需要哪些必备的因素。

1. 拥有优势性的货源

很多人一说到开店，就想着我手上又没什么好的货源，那就到网上找货源，找一件代发的那种。心想我如果做大了然后再慢慢自己去考虑货源这一块。其实这是一个非常大的误区。为什么呢？要知道，现在的淘宝，再也不是以前的淘宝了。很多企业和厂家都开始进入淘宝，竞争自然是比以前要激烈了很多，在这种情况下，如果你的产品在价格上没有任何的优势，那是没办法在这块土地上活下来的。

小提示

由于价格没有优势，导致了非常多的小卖家生意最后做不下去，亏本赚吆喝毕竟能撑得了一时，撑不住长久。这也是大部分的草根淘宝创业者信心满满进入淘宝，却最后对淘宝绝望，甚至对整个电商失去信心的原因。

所以，一定要尽可能得去找到货源的源头。当然，一开始直接找厂家下订单这种事情是不现实的，那至少要想办法接近产品货源的源头。比如很多人为了做淘宝，直接跑到广州、深圳、义乌、金华等地，因为这些地方都有大型的生产基地，哪怕你是去当地批发市场拿货，至少在价格上比很多其他地区的价格占了优势，因为更便宜。

当然，除了价格上的优势，其他诸如款式、质量等，是不是也有优势呢？为什么有些产品做爆款做到一半就做死掉了？因为质量不行！因为供货速度跟不上！因为中途突然断货了！等等之类的问题，你都需要考虑。

所以如果有朋友来问我，说他也想在淘宝开店如何？我首先就是问：你的货源有哪些优势？

2. 高超的营销策略

价格绝对不是购买行为的唯一影响因素。好的营销策略将决定一个店铺的生死。店铺的定位如何？价格卖多少？促销活动应该怎么做？这些都是需要去研究考虑的，而不是单单的引流推广。实际上，当营销做好了以后，流量最不是问题，因为流量直接可以花钱购买。很多人都说花钱购买太贵，广告费实在扛不起。那为什么还有那么多人在做广告？实际的情况是，当你把营销做好，内功做好，当产品的转化率和利润都被你做得非常优秀的时候，做广告是越花钱越赚钱。花钱，是为了赚更多的钱！所以这一点，在思路上一定要扭转过来。

说到营销策划以及推广，这正是本书重点要讲的内容。相信大家看完后，一定会有所启发。

3. 一流的执行力

执行力这个话题其实已经被很多人讲烂了。再怎么好的想法和思路，没有执行，一切都是免谈。其实很多人做不好淘宝，总是在怀疑自己的推广有问题，技术有问题，而实际上，往往是执行力出现了问题。淘宝其实没有那么多的道道，关键就在于用心和执行。

尤其是对于一个团队来讲，没有执行力，根本就是一盘散沙，甚至还不如个人。这也是为什么很多天猫店反而做的不如个人好的原因所在。

有这样一个故事：耶稣带着门徒彼得远行，途中发现一块破烂的马蹄铁，耶稣希望彼得捡起来，不料彼得懒得弯腰，假装没听见。耶稣自己弯腰捡起马蹄铁，用它在铁匠那换来三文钱，并用这些钱换了十几颗樱桃。

出了城，两人继续前进，经过的是茫茫荒漠，耶稣猜彼得渴得厉害，于是把藏在袖子里的樱桃悄悄地扔出一颗，彼得一见，赶紧捡起来吃。耶稣边走边丢，彼得也就狼狈地弯了十几次腰。于是耶稣意味深长地对他说：“要是按我说的做，你最开始只要弯一次腰就行了。”

这是不是说明了执行力的问题？有时候，慢就是快！请深刻理解这句话。

1.4 淘宝就是卖地摊货的地方吗

早期时候的淘宝，给人的感觉就是卖地摊货的地方。这是有原因的，早期的淘宝由于制度和规则的不完善，导致很多不良商家昧着良心去做买卖，以次充好，滥竽充数，假货横行。同时很多买家都是抱着对互联网交易不够信任的态度，所以那时候的淘宝的确是个卖地摊货的地方。但是现在的淘宝，几千元甚至几万元的产品，依然可以卖得很好。

我一个朋友店铺里的衣服，客单价都是七八百元，几千元。你别看一天没多少单，但是利润可以，有些一单就可以有七八百的毛利。在价格方面来讲，这是现在做淘宝活下来的一大希望。如果现在做淘宝还是抱着便宜走量，先做信誉之类的想法，那你的想法就大错特错了！

我就看到一家天猫店，夏天的时候，29.9 元还包邮的一款连衣裙，卖了几万件。就算衣服成本再怎么低，布料和做工再怎么烂，减去邮费、布料和一些无形损耗，顶多也就一件利润 10 元。几万件，又才多少呢？无非也就是几十万元。可是刨除推广费呢？以及卖那么多的人工工资呢？有意思吗？累死累活，卖几万单，不如人家卖几百单，何苦？

淘宝的流量越来越贵，老是卖地摊货，利润单薄，根本扛不起了。必须高价，必须暴利，必须高端大气上档次！很多卖家，就没有这个信心卖高价、把利润做高。心想我这 20 元的成本，卖 40 元都已经番一倍了，要是卖 100 元，卖 200 元，有人买吗？

不应该这样想，要知道，表面看 20 元成本的东西，加上人工水电场地，加上你的推广费用，加上天猫的扣点，没有足够高的毛利，难道真的要做网络的免费搬运工吗？线下的产品，都喊利润很薄，可是你真的了解过吗？不要只是听人家老板说不赚几个钱，傻瓜才告诉你实情呢。他又不是做慈善的。

更要命的是，对于顾客来说，你哪怕真的亏本卖了，他也不会相信的，他认为你就是值这个价，因为他不相信你真的赚那么少。

赚钱，不可耻，不赚钱才是可耻的！因为如果一个店铺不养活起来，那我们凭什么帮淘宝公司打工？

小提示

要解决利润问题，要么你就做同行中的高端产品，要么就是在人家有勇气卖100元的时候，你就有勇气卖150元！我们一般人总是习惯性地根据产品的成本去定价，其实我们可以倒推。我首先就定一个比较高的价格，然后想想怎么用尽全力去塑造这个价值，让别人觉得就是值这个价！这就会逼着你自己不断去挖掘和提高产品的卖点，去提升这个产品的附加值！

1.5 只要拍个图片挂上去就可以做生意吗

早在五六年前，我们老是听说兼职做淘宝，甚至兼职一个月都能赚四五千元，搞得很多上班族都心痒痒，都参与到淘宝店主这支大军当中。但是现在很少听到有人说兼职做淘宝了。为什么呢？就是因为现在的淘宝，再也不是以前的淘宝了。

1.5.1 做淘宝要百分百的用心

现在的淘宝，再也不是以前随便挂个图片就能卖货的时代了。我有一个老家的朋友，早在 2006 年开始就做淘宝了，卖运动服。

2003 年 5 月 10 日，淘宝网正式上线。那时候马云自己带领手下的小二们在淘宝注册开店，叫上亲朋好友刷成交量，给别人看，喏，在我们淘宝做生意还是很有前途的。这不是我瞎说，是马云自己公开提到过的。这样算起来，我那老家的朋友，也真的可以算是淘宝的元老级卖家了。

我和他平时很少联系，只能算是很普通的朋友，平时没什么交集。不过彼此有 QQ，但是从不打招呼。只因他父母和我父母是好友，所以他开淘宝店的事情我知道。2010 年以前，我经常从我父母的嘴里了解到他一年能赚个 10 多万元，就他和他老婆两个人，旺旺接待，打包发货，模特直接叫他妹妹来当。

之后，就不大清楚他的消息了，我也没问过。去年，突然想起了他，就给他 QQ 发了句话，问现在淘宝店做的如何？他说一天就几单，靠着那么多年积累的老客户，给他撑撑场面。

我觉得奇怪，怎么突然就这样了呢？说你店铺链接发来看下，进去一看，我就不觉得奇怪了。别的先不说，就光是说美工方面，都注定了他要江河日下。

那时候，淘宝 C 店都是以年轻人单打独斗为主，更别说天猫了，天猫都还没出现。所以那时候的淘宝店，家家户户几乎都谈不上什么专业漂亮的图片，也没有什么营销方面的专业文案设计，反正就是用傻瓜相机拍个照片，上传就行了。然后主图都很不正规，很多店铺就放一张图片，详情页里写几句简单的介绍。大家都差不多，而且那时候的淘宝店铺远远没有现在那么多，所以那时候是真正的淘宝红利时期，只要你挂个产品图片上去，多少总能卖出点东西，如果稍微用心一点，就可以像我这个朋友一样卖的很不错了。

他的图片是直接拿个傻瓜数码相机，让他妹妹当模特，在家里的门口拍一下，也谈不上什么店铺装修。

但是，任何事物都是在不断发展的。现在的淘宝，加之团队化运作的天猫，使得淘宝店铺总体视觉水平和专业程度，包括竞争度，都较之以前大大提高。而我那朋友却并没有及时跟上时代的步伐，还是在按以前的老套路，随便拍几张照片就放上去了，图片一看很业余，而且在如今的淘宝下面，也不肯花一分钱的广告投入。

这就不难理解为什么最终他的店铺逐渐就没有生意了。现在的淘宝，要么不做，如果要做，一定要花百分百的心思去做，才能够做好，并且在货源等方面都需要具备一定的优势，不然成功率是比较低的。

1.5.2　美工对淘宝营销的重要性

这几年，随着电子商务专业化和分工化的越来越强，页面美工这个行业越来越吃香，尤其是淘宝的美工。以前很多平面设计专业出来的大学毕业生，找工作都难。现在不同了，只要一毕业就去应聘做美工，没有不要的。这个岗位人才稀缺。

不管你是做一个网站，还是开一个淘宝店铺，总之，一切在网络上营销的行为，都离不开页面的美化。

在网上卖产品，你说你的产品很香，顾客闻不到；你说你的产品质地很好，顾客摸不到；你说你的产品是高端大气上档次，顾客看一眼你烂的要死的产品介绍页面，心想你低俗吹牛不要脸。本人有一个观点：在网上卖产品就是卖图片！

这话可能稍微夸大了一些，但是想表达的意思就是图片实在太重要了。一切的一切，我们都是通过视觉来传达我们想要表达的产品信息。视觉，给人大脑的印象是极其深刻的，会直接导致你的喜欢和厌恶。

你想想，人民币，他不是用来看的，是用来花的，可是如果同样两张 100 元人民币放你面前，让你拿一张装到自己的腰包里，一张是皱巴巴的，一张是非常平整挺直的，你选哪张？那就更不要说诸如衣服、鞋帽、箱包之类的产品了。

可以说，我在负责整个店铺运营的过程当中，美工占据了整个运营的半壁江山。不管你有多好的创意，产品有多好的优点，必须得让美工通过图片和文字才能够传达给买家。

小提示

当然，除了好的美工视觉传达，现在开一个淘宝店，你要具备的是有优秀的货源，用心的态度，专业的推广等等，不是你随随便便就能做好一个店的。如果这点决心都没有，那不如早早放弃。

1.6 只要我懂推广技术，一定能做好淘宝吗

推广，只是淘宝运营过程当中的诸多操作中的一个环节而已。要想把一个淘宝店铺做好，实际上要做的事情非常多，而不是单单一个推广就能解决所有问题的。

一个做的不错的淘宝店，他要具备不错的风格定位、货源优势，有一定的视觉销售力，有很不错的供应链能力等。在平时运营的过程当中，还需要讲究策略。

如果让你拿一个人人都不喜欢，性价比很差的产品去推销，是很难推出去的。基于这个道理，在推广之前，我们要做的工作有很多很多。除了推广，具体要做哪些东西，本书中的很多章节其实都是在讨论这个问题，相信看完本书以后你的心里就清楚了，这里一两句话说不清楚。我们这一章节要强调的就是，千万别以为自己掌握了推广就能够把一个淘宝店铺做成功了。

事实证明，很多比较成功的店铺推广人员，自己出去单干开淘宝店，未必就占尽优势。虽然和一个完全不懂推广的人相比，在推广这个环节上，的确是占了优势，但是由于在其他方面，比如资金、团队、货源、营销思路等方方面面都不具备的话，依然是举步维艰的。这是一个事实，我不能因为是在写淘宝运营方面的内容，就在本书里鼓吹做淘宝非常容易，那是不负责的表现。也正是因为现在想做好一家淘宝店，仅仅懂得推广是不够的，所以我在本书里除了专门写的推广篇幅，还花了大量甚至更多的篇幅来写策划、思路、美工、货源等等这些非常重要的内容。

所以，如果你是一个对淘宝推广比较娴熟的朋友，请不要认为随便一个产品在你手上，随便开个店，就都能够做得风生水起；如果你是一个淘宝新手，也请不要一心一意就只是考虑推广的问题，而去忽视其他很多的细节，包括淘宝流程、规则、话术等，都是需要去磨练和提高的。只不过本书的重点是讲淘宝营销和推广，所以关于客服、流程等这些，暂时不做介绍了。如果对这些也感兴趣的朋友，有什么疑问的，可以加我 QQ。

小提示

花钱做广告，是属于“推广”这个范畴。既然是推广，那就请认识推广的本质：从严格意义来讲，推广就是让你的产品让更多的人看到，仅仅是引来流量，增加访问量和曝光度！但是人家看到了，不代表就一定有兴趣购买你的产品。

第二篇

淘宝开店之营销篇

营销基本流程是：市场分析→ STP（市场细分、选择目标市场、市场定位）→ 4PS 营销组合策略（产品、价格、渠道、促销）→市场营销计划→产品生产→营销过程控制与执行→售后反馈。

我一直坚信，懂营销的人，做起淘宝那是顺风顺水。而一个不懂营销，只是一味考虑如何推广的人，是永远做不好淘宝的。尤其在高手林立的今天，想开好一家淘宝店，让自己店铺的产品卖得更多，那就要在营销上狠狠下工夫，这才能让自己永远立于不败之地！

同时，正因为目前大多数做淘宝的人还处于研究推广技术上，对于真正用心研究营销的人却少之又少，所以，吃透营销这一块，你就赢了一大半。

第2章 淘宝开店，定位先行

一说到定位，我的心情是比较沉重的。因为我在淘宝和天猫的圈子里，包括QQ上，接触了那么多做淘宝的人，其中有做推广的，做运营的，做老板的，好多人都只会讲推广方法，讲如何卖货，却很少很少有人能够提及到“定位”两个字。

而定位，实在是太重要了，几乎决定了你生意的成败！没有定位，或没有定好，那接下来，怎么做都是徒劳的，因为方向上你已经错了。

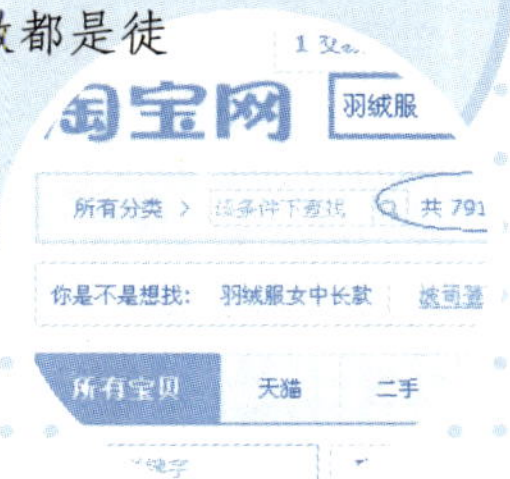

2.1 我们应该如何定位

2.1.1　定位的重要性

有一次，我一上海的朋友在电话里和我说，他认识了一个大神，营销专业毕业的海归，在国外做了很多成功的案例，这几年在国内也做的很不错。对于营销领域，那是有非常高的造诣。而且，现在有几个天猫店，也正在和他合作，帮人制定品牌战略。

我说你聊过没？他说请人家吃饭，请教了很多问题。其中问到做淘宝，该如何定位的问题，听那位大神讲了很多。

我马上来劲了，问：有没有什么干货？

答：感觉应该干货很多，可是我说不上来！没吸收消化……

问：为什么呢？

答：听起来很厉害的样子，动不动就是 4P 理论、销售促进、人员推销、公共关系等等，对于一个没有研究过营销学理论的人，没法吸收。

问：不会又是个骗吃骗喝的吧？

答：这倒不会，我朋友对他很了解，有真才实干，而且很务实，也很谦虚，只要是朋友询问的，他都会热心解答。人家又不是搞培训的，他的确帮很多大型企业做了不错的策划，比如 XXX。

我说：那如果真的这样，就反映了两个问题。

一、人家的高度太高，难怪咱这种人听不懂。和我们这水平的不匹配。

其实这种不匹配，是双向的，而不是单向的。什么意思呢？就这样说吧，假如你是一个一天只卖10来单的小店，你让淘宝那种一年做上亿的大卖家的运营来帮你操盘，未必就能管用。

人家水平是有，但是高度上和咱不匹配。他要的资源配合，我们统统都没有，不管是资金上，团队上，还是供应链上。而小卖家要的是什么？小卖家不需要你去搞什么品牌建设，也不需要什么雄伟规划，小卖家要的是你实打实给我先卖几个人气款或爆款！而那些大店的运营，他手下有数据分析人员，有直通车人员，有店长，有策划部等等，你让他来搞？他未必搞的来。

小提示

这就好比我们要是想做生意，不如直接和身边比较成功的生意人学习。你要是直接和马云、史玉柱去学习，你未必学了就能直接让你的生意好起来？因为高度不匹配！

二、既然分享东西，那就不是分享给自己听的，你专业术语一大套，帮不了人家。表面上听起来很厉害，对方实际不知道你在说什么，你说这分享有意思吗？那就需要分享的人换种说法。

那要怎么样？就是大白话，不要装得很专业。用简单明白的语言，就像平时聊天一样的，把话给说出来以后，关键还得人家听得懂你在说什么！

那我这里就谈谈自己对淘宝店铺定位的看法。我说的都是大白话，一是我水平有限，我说不出那么多的专业的、密不透风的宏观理论，二是就算我会说（其实故意装高深我也会），我也不说，分享的一个原则就是，大部分人都看得懂，并能带来思考。一句话，要接地气。

2.1.2　如何给产品定位

你有给你的产品好好定位过吗？你有对你的潜在目标人群好好定位过吗？你卖的是什么样的产品，你的产品能解决什么问题？你的竞争对手是谁？你的目标人群，都有什么样的性格喜好和特征？这些，你都想过吗？

淘宝上现在根本不缺产品，你不定好自己的位，没法立足。我说过，2014 年，你再不注重营销，将会比 2013 年更加艰难。而营销的第一课，讲的就是定位！关于产品的定位，其实说白了，就是：

1. 你的产品能解决什么需求？

2. 有什么功能或特点？

3. 产品主要针对什么样的人群？

4. 这些人群有什么样的特点？

说到这里，就有人说了，我有啊，我有定位啊。比如我是卖女装的，我的产品定位是针对年龄在 18 ~ 30 岁有一定购买力的女性的中高端女装。

这是产品定位吗？

至少，这不是严格意义上的产品定位！要说这也是定位的话，那淘宝上几乎所有的店铺，都有定位了，不管你是有意还是无意，都已经定位好了，那还要专门讲什么定位呢？

18 ~ 30 岁的女性，有一定购买力的，她就一定喜欢你家的衣服吗？

女装，从风格上分，有甜美系、日韩系、欧美系、田园系、森女系……请问你的风格，是属于什么“系”？

从子类目上分，女装包括了衣服、裤子。衣服又可以分为连衣裙、针织衫、外套、风衣、棉服、羽绒服……数也数不清。

18 ~ 30 岁的女性，每一个女性，具体年龄、性格、相貌、喜好、背景、习惯……千人千面。

中高端，那到底是多少价格到多少价格才算是中高端，因为每个人的评判标准都不同。比如对于有钱人，1000 元的衣服都算低端。对于我们普通老百姓，500 元的衣服，就算挺高端大气上档次了。

小提示

定价的高低，本身不能算是一种定位。它只是因为你对产品和人群的定位准确以后，针对这些定位所做出来的一种价格策略。比如你经过定位，你的产品受众人群是高消费群体，那为了符合他们的特性，你的产品自然定价就要高了。定的太低，他们不买！

定位，起到了筛选顾客人群的作用。为什么像 LV、爱马仕这些奢侈品牌，他宁愿压库存也不打折？因为他的定位就是高收入的群体。卖的就是身份的象征。要是随便就大促销，随便就减价，或是出一些低端货，抢占高端市场的同时，又想吃掉低端市场，那最后，高端的一定卖不动了，因为人家感觉买你这东西，满足不了那种心理了。

2.1.3　小而美就是一种很好的定位

为什么在2013年，淘宝一个劲地提倡小而美？因为当一个市场越来越成熟的时候，大而全的模式，必然越来越遭受冲击。只有细分市场，做到足够聚焦和专注，你才会给人感觉更专业，人家才会买你的单。所以就有了淘宝的千人千面。所以光是靠爆款，越来越难在淘宝活下来了。

这里要提到一个名字：柠檬绿茶。别误会，他家不是卖茶的，这只是店名。他们和超市一样，什么都卖。早在五年前，那可是淘宝响当当的店铺，淘宝第一家达到双金冠信誉的店铺！对比那时候的柠檬绿茶店，你再看看现在，又有几个人再提到他？

落寞了，为什么？不符合电子商务的发展趋势，不符合淘宝和天猫的市场成熟度了。你看看他在百度百科的定位就明白：

柠檬绿茶——潮流、健康、高品质的"高端精品"购物商城。

淘宝本身就是一个巨大的购物商城。不需要在他的地盘，再来一个购物商城。

小提示

什么都卖，什么都不专业。你要想买化妆品，你是喜欢到一家衣服、帽子、裤子、日用品、化妆品什么都卖的店铺买？还是更喜欢到专卖化妆品的店铺买？淘宝好比是线下的购物大厦，你到大厦里面，看到的都是专柜，而不是超市。

定位，可大可小，但是不能太宽泛。不过我这里要说的是，现在做淘宝，你单单不能太宽泛，而且要细分一点，再细分一点。

现在的淘宝，必须细分才有出路！这里的小，不是指规模小，其实他说的就是定位的产品和市场细分。

你想啊，淘宝什么产品没有卖啊？你定个什么韩国风，你做得过韩都衣舍吗？你定个民族风，你做得过裂帛吗？你定个大码女装，对不起，现在做的好的大码女装也很多了。那你再细一点，民族风大码女装行不行？还细一点？民族风大码针织衫行不行？我就专门针织衫。

你可以会说，啊！要这样细分下去，那还干什么呀，这还有多少生意，再细分都没人买了，这市场也太小了吧？那我告诉你几个点。

现在你只有定位在细分市场，还有机会。

细分市场，你的优势是大商家不能比拟的，因为他们大，所以不可能在某个细分领域，做到你那么专业，这是机会。

网店和线下实体店一个不同点，就是它不受地域限制，它的辐射范围是全国甚至是全世界的，任何细分市场你做好了，买你产品的人，都不会少到哪里去。

裂帛，这种女装风格，算小众个性了吧？如果是线下一个这样的店，就算开在最大的城市商圈，又能卖多少？但是，在淘宝里能轻松过亿！

2.2 目标人群和产品的定位

人群和产品是息息相关，密不可分的。定位了产品，自然就定位了与之对应的人群。定位了人群，自然也对应了你的产品。因为产品本来就是由特定的人群来购买的。那么我们应该如何对目标人群和产品进行定位呢？这就需要先做数据和市场的调研。

举个例子：假如你打算卖移动电源。那么我们可以从买家性别占比、买家年龄结构、买家地域分布、买家价格接受程度四个维度去调研目标人群。

这个可以通过淘宝指数 shu.taobao.com 来进行分析。

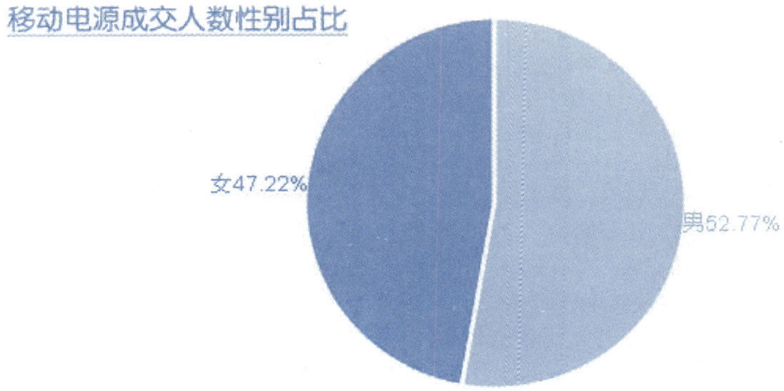

从上面的图来看，男女比例几乎差不多，说明移动电源的目标人群是不分性别的。接着我们再看看移动电源购买客户的年龄分布情况。

移动电源购买客户年龄分布

年龄分布	人数	人数百分比
18岁以下	1	0.00%
18岁-24岁	273,666	29.46%
25岁-29岁	267,384	28.79%
30岁-34岁	173,198	18.65%
35岁-39岁	94,588	10.18%
40岁-49岁	95,392	10.27%

由上面这张图可以看出：在购买移动电源的人群中，18 ~ 34岁年龄段的年轻人群，占了绝大多数的比例，由此可以说明移动电源以年轻人购买为主。再接着我们看看移动电源购买客户的地域分布情况。

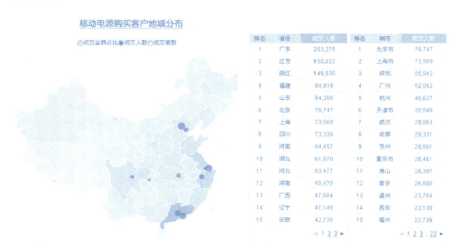

移动电源购买客户地域分布

◎成交金额占比◉成交人数◎成交笔数

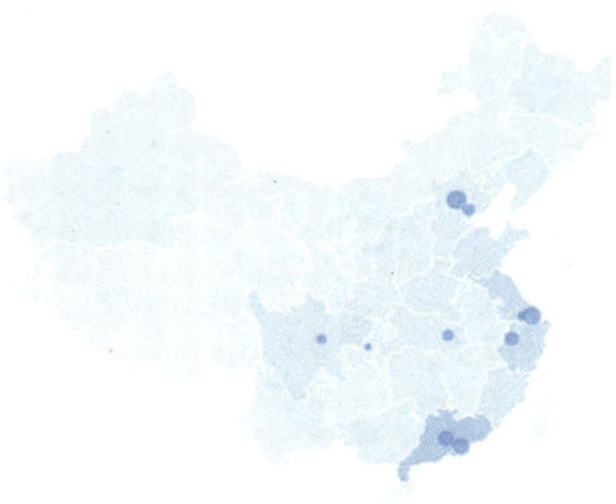

排名	省份	成交人数	排名	城市	成交人数
1	广东	253,275	1	北京市	76,747
2	江苏	150,022	2	上海市	73,569
3	浙江	149,930	3	深圳	55,942
4	福建	84,818	4	广州	52,052
5	山东	84,206	5	杭州	40,627
6	北京	76,747	6	天津市	30,549
7	上海	73,569	7	武汉	29,863
8	四川	73,320	8	成都	29,331
9	河南	64,457	9	苏州	28,561
10	湖北	61,070	10	重庆市	28,461
11	河北	50,477	11	佛山	26,397
12	湖南	50,479	12	南京	24,880
13	广西	47,684	13	温州	23,784
14	辽宁	47,149	14	西安	23,130
15	安徽	42,738	15	福州	22,739

◄ 1 2 3 ►　　◄ 1 2 3 … 23 ►

从上图可以看出，移动电源目标人群地域主要集中在南方、东部沿海等相对发达省市。大多为直辖市、省会等发达一线、二线城市。

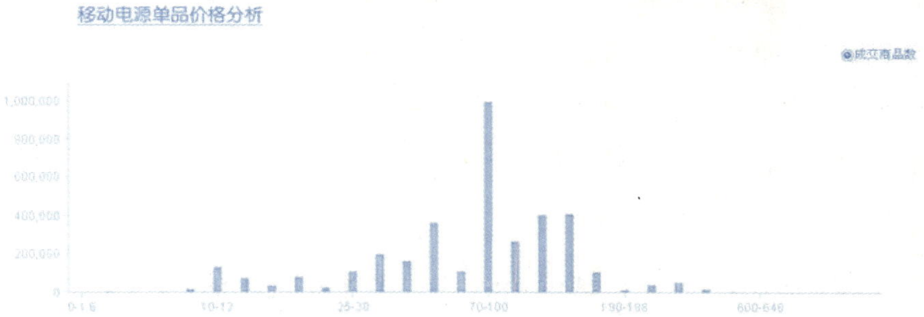

买家普遍能接受移动电源的价位在 30 ~ 200 元左右。

目标人群为：各直辖市、省会及发达一线、二线城市年龄段在 18 ~ 34 岁左右的年轻人。根据产品功能属性价格可以接受 30 ~ 200 元的中等消费水平人群，人群特点有：数码一族、运动户外一族、摄影一族，商务一族。

小提示

通过这样的调研，我们还可以继续精确细分目标人群，比如专门做100元到200元的中高端产品。你看，定位的思路就这样逐步产生了。

2.3 营销中的定位要做减法

生活中，我们都说特点。那特点就意味着是一个点，而不是多个点。点太多，就没了特点。很多人在网上销售产品，都说东西是和人家的一样，没有什么不同。同质化严重，最后只能从价格上入手，卷入价格战的厮杀。真的需要那么痛苦吗？

我有一个朋友，是在网上卖电子手表的。他手表有的功能，人家都有。人家有的功能，他也有。于是大家都扛上了，你降10元，我降20元。到最后，大家都是筋疲力竭。

后来，有高人给他出了点子，就是让他不断强调自己的电子手表防水性特别好。结果，就找到这个点，不断地给人灌输这个点：XX牌电子表，防水效果出奇得好。生意也就自然而然得好起来了。

其实，他的手表防水功能有，人家也有。但是问题就是，人家恨不得把全部的点都说出来。而他弱化了其他的点，而突出了防水这个功能。

人的记忆功能是非常奇怪的，当有很多点的时候，不容易记住。而只强调一点，那就容易被记住了。这就无形中增加了印象。就好比有个人如果额头上有一颗痣，你就容易印象特别深刻。

而定位，其实讲的就是这个道理。你想想，网络上那么多的同类产品，你怎么才能够脱颖而出呢？那就是靠你找的那个点！

小米手机为什么那么火？他的点在哪里？就在于“为发烧而生”，他的点，就突出在手机的高性能和高性价比上。那么讲究和专业的性能，就是他的点。是专门为手机发烧友而生的。说到这里，怎么找到那个点，就显得很重要了。

第一步，我们先看看自己的产品都有哪些点？先一一罗列出来。

第二步，看看这些点，哪些是比较让用户在意和特别需要的。好，那可以舍弃掉一些不重要的。

第三步，看看同行的产品里，哪些点是他们不具备的？如果刚好我们有，那最好。如果找不到。那接着看第四步。

第四步，我们可以自己创造一个点。

渴了，累了，喝红牛！功能性饮料！这就是一个点。所以我们要找一个点的时候，我们要忍痛放弃很多其他的点。不要感觉可惜，不舍得，其实当你舍弃掉很多点以后，你得到的，其实更多。

像红牛，它说自己是功能性饮料。难道不累的时候，就不能喝红牛吗？像小米，它说为发烧而生，难道不是手机发烧友的人，就不能用小米吗？像加多宝，怕上火，就喝加多宝，难道喝加多宝就是为了怕上火吗？我就因为喜欢喝那种味道，行不行？

小提示

说到这里你会发现，其实找到一个点，只是为了让产品和品牌散播开来，让更多的人记住你的那个点，是为了让大家对你印象更深刻，并不会因为你这个点，就把你其他的点给抹杀了。

点，是给人用来记忆的。而真正当人家记住你的时候，关注你的时候，你的其他点，自然可以被大家去发现，或是可以附带着让你自己娓娓道来，说给买家听。

我就见过很多人，过不了这一关，老是怕找一个点，就丢了一个面。其实是多虑了。你的产品，找到你的那个点了么？

这就是为什么在营销一款产品当中，我们说要做减法的道理。

第3章 选择好产品是成功的开始

我们都说选择大于努力，这句话是非常正确的。如果能够选对了一个好的产品，那么就很容易将该产品打造成爆款，并且口碑很好，随之而来的就是源源不断的回头客，店铺和产品的动态评分也会很好。所以选择好产品是成功的开始，否则的话，选择不对，努力白费。所以如何选择一款适合在淘宝销售的产品，显得非常重要！

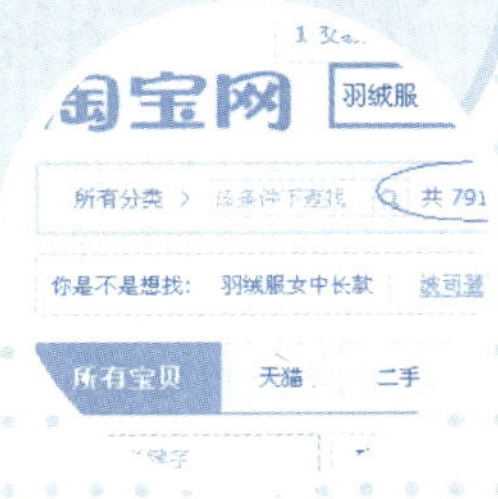

3.1 根据需求挖掘产品

经常有朋友问我，开店卖什么产品好？其实这个问题太宽泛了，一下不知从何说起。不过，如果你真的不知道该卖什么，那先理清一下思路。

3.1.1 开店卖什么产品好

首先看看你自己是属于以下哪种情况。

一、有资源和产品。根据现有的资源，进行市场调研和分析。进一步来确定。优点是目标明确，能够快速进入市场调研阶段，节约时间成本。缺点是现有资源本身限制了对一些自己还不知道的潜力项目的挖掘。

二、没资源没产品。可以通过网络信息的挖掘，发现隐藏在背后的需求。优点是需求点找的比较准。缺点是在没有具体的产品概念之前，不一定能够被马上挖掘到。因为脑海中没有具体的产品，有些需求点你都想不到，也不会去搜索相关的内容和数据。

三、没资源有产品。可以通过先接触市场，了解海量的市场信息，去挖掘有潜力的产品。优点是看到产品，自然就会知道该产品背后隐藏的需求，是不是潜力的。缺点就是，需要接触海量的产品。那么你要考察的市场，必须要具备拥有海量产品的条件。

一和三，这里不做太多说明，关键是二，如果你是没资源没产品的人，又真的打算做一家淘宝店，在还没接触市场前，你想通过需求去挖掘产品，应该怎么做呢？

3.1.2 通过百度知道找需求

打开百度知道首页去搜索各种相关的需求关键词。比如搜索：什么，如何，难受，急，求助，怎么办，喜欢，痛，疼，痛苦，分享，收藏，怎样，发愁，想，受罪，苦，高兴，开心等等。

搜索这些关键词目的其实很明确，就是找顾客的痛苦，每个问题后面都是有市场的，接下来我们来打个比方。

比如你想做儿童或者母婴类市场的话，那我们可以在上面选取一个关键词，搜索“急 孕妇”这方面的人群提问，看看他们有哪些需求。

搜索出来以后可以看到，最近一个月的相关问题就有 51 万个，那么我们要是把这个里面的一些问题进行总结的话，是不是就可以细分出来很多的需求呢？

小提示

这里只是提供了一种方法，通过百度知道就可以找到大量的需求，找到以后我们可以去分析出很多的关键词产品，分析出来以后我们去淘宝上面去看看是不是已经有人在专门做这一类了。如果有，是不是做得非常专业，是不是小而美的，如果不专业的也没关系，只要自己做得比别人专业，做得比别人好，你自然就可以占领别人的市场。

再回来谈需求，在分析这些需求以后我们要做笔记。

3.1.3 需求市场的衍生

想想，根据那些需求，你能想到哪些产品，或者说能去找寻哪个方面的产品？比如：可以提炼出来专门针对孕妇防辐射的产品，那从防辐射产品里，我们又能延伸出哪些产品呢？比如，防辐射肚兜、防辐射外套、防辐射胸罩、防辐射电脑保护屏等等。但是这个时候，你以为就都是往防辐射方面去想吗？错了，因为你要知道，人家真正的痛苦和需求，是怕辐射，而不是直接要找防辐射的产品。这个必须搞清楚。

曾经有一个很有名的段子，大致意思就是说在汽车尚未出现的马车时代，你去做消费者调研，只会得到这样的答案：我需要一匹更快的马，而不会得到：我需要汽车。因为对于消费者来说，他从来没有看到过汽车，怎么可能回答你需要汽车呢？这个段子，似乎充分说明了，创新，尤其是颠覆式创新、破坏性创新是不可能通过需求调研出来的。不过，这个段子可能是有些问题的。它没有搞清楚一点，到底什么叫需求。在“我需要一匹更快的马”这句话里，其实“更快”才是需求，而“马”只是一个解决方案。消费者在这句话里不仅提出了需求，而且还提出了他能想到的“解决方案”。现在，你到底是要满足他的需求？还是满足他的解决方案？

那既然人家怕辐射，我们是不是还可以想到，让孕妇远离电脑，和电脑保持距离呢？比如无线鼠标，无线键盘。或者是说，投影仪，远距离观看电脑屏幕。这些，都是从需求里挖掘出来的。

3.2 小卖家选择产品要考虑的因素

从小，我们就被告知，不管做什么事情，只要努力，一定会成功。好像这个世界上，只要你肯努力，就一定能把任何事情做好。其实这种说法是不靠谱的。

我常常在想，一个新手，而且是一个什么都没有的新手，抱着对淘宝创业的梦想和怀揣着少的可怜的创业资金，有可能逆袭吗？

3.2.1 小卖家选择产品的10大要素

我觉得还是有机会的，关键是，你要先懂得如何选择。我始终相信选择是大于努力的。如果你自己是没有实力的小卖家，那么你必然会面临以下的问题。

没有庞大的资金去砸广告。

一下子没有足够的资金和盈利来支撑你马上招兵买马组建一个分工精细的几十人团队。

没有工厂，没有其他等等配套的资源。

那么问题来了，在这样的情况下，作为不服输的草根小卖家，选择什么样的产品才是理想的？才是适合和容易在淘宝上操盘操起来的？可以从以下几点核心要素来考虑和筛选。

➢ 必须是有足够大的利润空间，比如一单就足够有七八十元以

上的毛利

- 消费频率相对高，二次购买率高
- 方便做文化和品牌包装
- 用户粘度高，重复购买率高，老客户可维护。
- 售后问题少
- 没有明显淡季
- 包装和物流方便
- 不是大宗产品，而是小而美
- 产品的 SKU 少，上新频率小
- 生产周期短，交货快

3.2.2　对10大因素的分析和解释说明

好了，那现在我们首先分析。

1. 必须有足够大的利润空间

记得有次在某个 QQ 群里看到有人说，今天生意真不错，终于创了开淘宝店半年以来的新纪录，在不花一分钱广告费的前提下，卖了 80 单了！大家都投去佩服和羡慕的眼光。

这哥们是卖手套的，他卖 16 元一双的手套。这时候有人表示恭喜：哇，恭喜，今天赚了不少吧？这哥们说：也没多少，按毛利算，也就 200 多元吧。批发市场进价 13 元，一双赚 3 元左右。

我瞬间就凌乱了：这是淘宝恶性竞争，市场就是被你们这些人搞坏的。进货价 +3 元就开卖了。这还不算上水电、人工等费用，总体核算下来，肯定是倒贴了。难怪好多人都在说我卖着卖着月底一算账，这个月又亏了！

这里要说一下，很多人连基本的财务成本核算都不会，就去开淘宝店了，把自己卖了都不知道。还以为赚钱了，可是很快就发现钱不够用了。还有，不要以为自己是金刚葫芦娃，不请一个员工，就一个人扛，就是省了工资成本，难道你就不算自己的工资吗？这叫机会成本。

似乎有点扯远了，我们回到正轨。一般来讲，卖产品，我们要么以量取胜，薄利多销。要么就是量少，但是利润高。在这两者之间，显然，小卖家更适合选择后者：不靠走量，我靠高利润，卖一单就赚足一单。而这两者的不同选择，导致了一系列问题的不同，举个例子就显得更加鲜明了。

某天，A君，卖16元一双的手套，每双毛利3元。一天卖100双，毛利300元。这一天他是这样度过的：早上不停在接待旺旺咨询，来了一个又一个，哇，一片繁荣的景象，这是要发财的节奏啊。算了，午饭也没时间吃了，生意太好了！好多顾客都在抱怨店家怎么不理人？A君说我冤枉啊，朋友，咨询人太多，实在回复不过来，还请您见谅！到了下午差不多4点的时候，才想起来今天接待了差不多七八十个顾客，连饭都没吃上。再看看小伙伴，为了把这100双手套发往全国各地，打包打得挥汗如雨。故事还没完，卖得多，自然售后就多，过几天，好多买家来询问，掌柜的，我的手套快递到哪里了呀？掌柜的，我这手套破了，给我换一双。

再来看看B君，卖一款高端大气的产品，售价198元。说起来生意真的不怎么样，一天才卖三四单。但是进价才98元，毛利有100元！那B君的一天是这样过的：听听歌，哼哼小曲，偶尔旺旺“叮咚”下，有人咨询。恩，顾客得到了非常专业和详细以及及时的回复，非常满意，虽然咨询的人不多，但是咨询转化率还是很高的，基本上来10个人能成交2单！虽然一天只有几十个人咨询，但一天下来，轻松赚到三四百元。花个十分钟，三四个包裹被打包得非常仔细和漂亮，就等着快递来上门取件啦。这故事还没完，自从有了手机版旺旺，老子都不用在电脑前守着了，该陪老婆孩子出去散步就出去散步，该和好基友出去搓一顿就出去搓一顿。正玩得高兴，手机一声“叮咚”，哦，兄弟等我一分钟，我要先接个客。

A 君和 B 君，同样的一天，得到同样的三四百元利润，可是应正了那句话：“我就纳闷了，同样是做淘宝的，生活的差距咋就那么大捏？”

选择大于努力！因为我们是小卖家，我们没有强大的推广费，我们买不来那么多的访客流量，我们没有那么多的人去分工作业，所以，我不在乎卖得少，我要利润高。

下面两点可以放到一块讲。

2. 消费频率相对高，二次购买率高

3. 用户粘度高，老客户可维护

这归根结底还是因为我们没有强大的推广费，我们店铺一开始人气有限，又不可能大手笔去推广。

小提示

要在有限的订单里，抓住一个是一个，让其成为我们的回头客。只要用户体验做得好，过一段时间，买家可能又需要买了，如果第一次你是让人家超级满意的，下次第一个就想到你了。有数据显示，如果一个顾客重复购买你的产品3次以上，那就很容易成为你产品的忠实回头客了。

4. 包装和物流方便

这一点也重要，其实不管在淘宝上开一个小店，还是开一个实力雄厚的大店，包装和物流做电商都是需要考虑的。只要你卖的是实物产品，那就涉及到很重要的物流环节。包装和物流麻烦，会给你增加很大的烦恼和人力以及物流成本。更何况如果是几个人的淘宝店，你要是卖大件的产品，光是包装和搬货，就把你整得够呛。

5. 售后问题少

售后问题也是不得不考虑的，像女装、安装相对复杂的电子产品等，这样的售后问题其实是很多的。而像零食、洗发水之类的产品售后是非常少的。衣服穿起来效果不好可以退。吃的，知道不好吃那是因为已经拆包吃了，所以很少再说退，大不了下次不来了。

这里想说的就是，每个行业在淘宝上，所带来的售后问题的频率和复杂程度都不同。既然小卖家人力和财力投入都少，肯定是要更加考虑选择售后问题少的行业。不然你接待想购买产品的人的询问都够忙的了，还要处理大量繁琐的售后问题，是让人很头疼的。淘宝售后的流程比售前的流程复杂得多。这个以后有机会专门讲一讲售后的流程体系。

6. 没有明显淡季和季节性强的产品

从整个淘宝每年的大数据来看，总体上每年的七八月份是淡季，大部分的行业都是。也许你会说七八月份天气那么热，像电风扇、空调之类的产品，肯定是旺季才对，其实不是这样的。七八月份，是很尴尬的季节，因为夏季热销的产品，往往在五六月份是销售旺季，该买的都在那个时候已经买好。所以完全没有淡季的产品，挺少的。

但是咱们可以尽量找那种不怎么明显有淡季的产品。这是因为，淘宝是个羊群效应特别明显的地方，卖的多的产品，越来越好卖。卖的少的产品，越无人问津。所以淡季非常明显的产品，会让没有资金实力的小卖家在淡季里是一种煎熬。你好不容易积累起来人气和销量的产品，经过一个淡季，又是从零开始。而大卖家可以快速用钱重新砸起来，我们小卖家就往往只有干瞪眼的份了。

同理，季节性强的产品，如服装。都要在短短时间内就把这一季的生意做起来，一旦你慢了一拍，这一季就完了。而要快速反应，快速做出销量和人气，不是那么容易的，尤其是对于小卖家。这种节奏感实在是强，像我做女装，一款东西做的再怎么爆，等到下一个季节来了，马上要做出应季款开始热销的反应，上一个季节的爆款又逐步恢复平静，下次从零再来。这种节奏感，往往就是拼资金和拼团队。当然，你说你一天卖几件衣服也满足了，那就当我没说。不过我个人感觉一天卖几件衣服，那还不如卖别的产品，不值得。以后专门说说女装行业的淘宝，你就知道为什么说如果让我自己当个 BOSS，我自知没有强大的资金的情况下，是打死也不肯做的。

7. 方便做文化和品牌包装

做淘宝，真正活的滋润的，是那些做出文化做出品牌的店铺。这里不要一提及文化和品牌，你就想到多大多远，要多少多少钱来操盘，就想到那是超级大卖家才有资格谈的事情。实际上，这里所说的品牌和文化，可大可小。做自有品牌，如果说再简单一点，就是聚焦到一个非常清晰的用户群，做一个简单的产品，然后让这些人慢慢满意。这个品牌也就做起来了。不要把品牌这件事情想得太复杂。你要做的就是让一部分群体张口的过程，他们说了、自己买了、告诉别人买了…

为什么说到品牌就一定非要是 LV、耐克这些在你眼里由表可见的高大全？你完全可以做你的小品牌，只要你敢想，抱着一颗做品牌的心，未来，才有可能。想都不敢想，那永远就不可能！

一旦品牌效益出来了，你就有了定价话语权，同样成本的同一类产品，你就可以卖得比人家贵，这就是所谓的品牌溢价。

8. 不是大宗产品，而是小而美

现在的淘宝，根本不缺产品。小而美意味着与众不同，个性化。最早是马云在新加坡 APEC 峰会上的英文演讲提出的概念。很多人曲解了小而美的意思，认为页面够漂亮、市场够细分、店铺规模小、团队规模小，这才叫小而美。其实小而美的小应该理解成功能特色和差异化，而不应该指规模。

淘宝是鼓励小而美的，因为用心去经营店铺的每一个细节，是很多大品牌和大团队所不能做到的。比如有的服装类大卖家，通常会有1000多个SKU（什么是SKU？即库存进出计量的单位，可以是以件、盒、托盘等为单位。比如衣服，有尺码大小和颜色之分。那XXX款号红色L码的一件衣服，你可以理解为，就代表了1个SKU。如果一款衣服有3个颜色3个尺码，那就3×3得9，为9个SKU）。韩都衣舍有4000多个SKU，多大的团队也很难做到每一个产品事无巨细的优化，对这一点来说，我们初期精简的SKU及对产品的用心经营本身就是淘宝给咱小卖家留下的机会！

9. 产品的SKU少，上新频率小

对于大卖家来说，往往供应链以及库存管理是个大问题，尤其是服饰鞋帽一类的卖家，由于季节性强，可选择的款式范围广，那就意味着要对那么多的SKU进行有效的库存管理，以及三天两头的上架新产品。而这种，不管是在人力物力以及精力上，都是让我们小卖家力不从心的事情。一下这个产品卖光了，要补货，一下又要盘点这个产品到底还有多少库存。其他杂七杂八美工装修和接待顾客都够让我忙的了，还要不断做新的图片上新的产品，这是人干的吗？

小提示

在这些事情上你越分心，你越不能静下心来把推广和接待顾客的事情做好，更谈不上有心思把你产品的品质和服务做得更好，很容易形成恶性循环！

10. 生产周期短，交货快，货源稳定

都说了，小卖家也有逆袭的一天，万一你那么努力，加上你人品爆发，加上你的用心经营推广，你店铺的某一款产品突然被你卖得非常火爆，快要断货了怎么办？赶紧补货！这时候，如果厂家或供应商告诉你这货一下生产不出来，要等 N 久，那黄花菜都凉了。好不容易一个要发财的节奏，只是有了一滴滴的前奏，就没有了响声，到那时候，你是要扇自己的耳光恨自己当初没有考察好供货商的情况呢，还是要在地上打滚使劲哭，让人家来可怜你呢？

3.2.3　深入市场才能发现好产品

当然，在产品选择上，要考虑的因素，各家有各家的情况，未必相同。上面列举的这 10 大参考因素，突出“参考”两字，未必完善，仅供参考！还有就是，在选择上，也不是说你将要选择的产品必须要同时符合 10 个因素的全部，只要能满足一半以上，那都是可以考虑的，毕竟要全部符合以上 10 个因素的产品，也不是那么好找的。再者还要根据自身的一些资源和优势情况来最终决定。好多人可能会问我，说望族希望，你说的是有道理的，但是高利润的产品，难找啊。

我想说，这个问题，我们要辩证地来看。首先，高利润的产品，的确不是你坐在椅子上，咬咬口香糖就能想出来的。我们脑子里随便就能够想到的，往往都是司空见惯的产品，而这些往往又不具备暴利的潜力。所以，要承认高利润的产品，的确不是那么容易被你发现和知道的。包括我自己，最近也是想找一款让我比较看好的产品，明年来操作一下，但是目前在我还没做好手头的事情之前，没空走出去，

所以只能再等等。

小提示

其实，这里想说的是，看起来这样的产品不好找，归根结底是你对市场信息了解度不够，归根结底是你不够深入市场。不要坐在家里想，要走出去，多看、多听、多关注一些市场，然后发现有点苗头的，深挖下去，你就一定会找到。

我为什么那么肯定？那是因为这些年，在身边朋友当中，看到的，接触的，或是有人找我谈合作的，使我了解到了原来暴利产品其实还是很多的，只不过大部分人都不清楚而已。你想想，如果大家都了解，那这个行业还能暴利到哪里去？就是因为你不了解，所以才会让少部分人在默默数钱。这个是一个不矛盾的因果关系。

3.3 如何寻找暴利产品

首先我们需要弄明白，暴利产品的概念。怎么样的产品才是暴利产品？其实只要记住，能通过广告投放直接赚钱的，我们就给他定义为暴利产品。

3.3.1 什么是暴利产品

因为有的产品，表面看很暴利，但是相应广告费用非常高，一旦扣除广告费用后，就几乎没什么利润了，这种其实是伪暴利，不算是真正的暴利产品。那么我们是不是就可以根据这个特性去寻找产品呢？说到暴利产品应该流行这么一段话：

一般暴利的产品有哪些？目前互联网暴利的产品，可以分成5大类：

（1）男人好色类。曾经，国内有某一家卖成人用品的。他们只推了一款产品，一年的销售额，高达四五个亿。而这个产品，表面上包装，国外某某牌子。其实在美国没有这个产品。他们自己的一个产品，所以市场是超级巨大的。

（2）女人爱美类。这个市场就更大了。搜一下，减肥啊、美白啊、丰胸啊、祛斑啊、去皱啊、去痘啊等等。单一一个减肥产品，在互联网销售就上千亿。我的学生里边、朋友里边，一年几百万的，太多太多了。甚至厉害一家，一年可以卖上亿，就卖一个减肥单品。

（3）老人要健康。这类产品也非常多，糖尿病的、高血压的、颈椎病的、口臭、便秘等。这些产品不仅种类多，而且成本很低。

（4）小孩要聪明。小孩学习的，英语的、钢琴的、培训的、各类小孩成长产品等等。

（5）企业要赚钱。咨询服务、项目策划、企业管理、企业培训、市场营销等等。

所以，暴利产品，国内非常非常多。只要你选择一个，狠狠卖，就能赚钱。它们的每一单的利润都在几百上千元以上的。

如何来发现这些产品呢？如何来找到这些暴利领域呢？我建议大家要多观察，多分析，多去找。这样的产品，源源不断，很多很多，那么下面我给大家简单介绍六种方法，希望对大家有用。

3.3.2　通过各大大型门户网站寻找暴利产品

比如：新浪、腾讯、搜狐、网易这些平台大家随便打开一个页面或者一篇文章都可以发现大量的广告，仔细看他们的最下边和右侧下方都会有很多的广告。

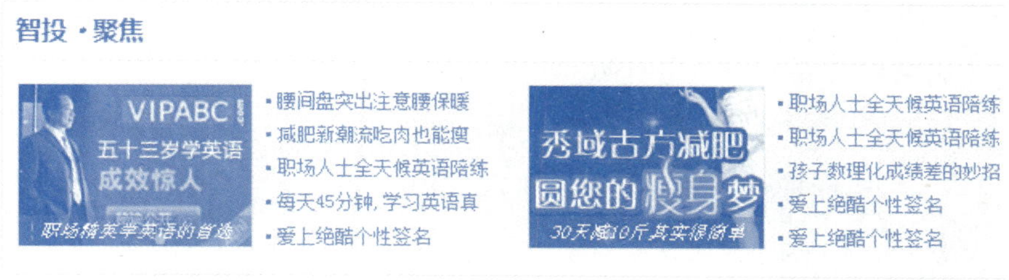

比如新浪的女性频道下边的护肤频道，差不多每一篇文章都是广告，一篇普通文章在新浪发表只要100~500元，在新浪频道获得推荐需要500~10000元一天。以前在这些大型平台发布文章是可以直接做外链的，现在不可以了。

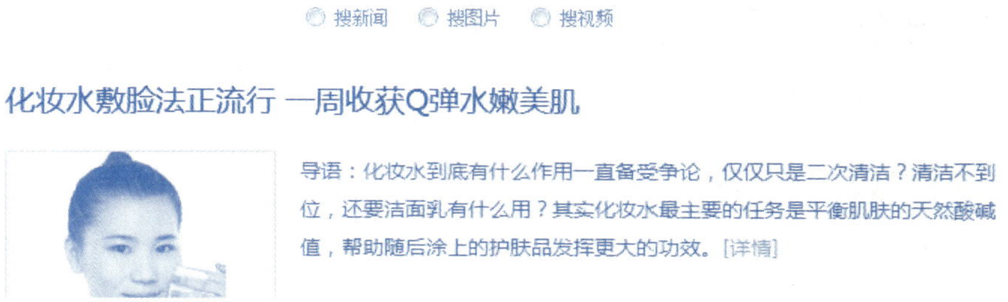

搜新闻　搜图片　搜视频
化妆水敷脸法正流行 一周收获Q弹水嫩美肌
导语：化妆水到底有什么作用一直备受争论，仅仅只是二次清洁？清洁不到位，还要洁面乳有什么用？其实化妆水最主要的任务是平衡肌肤的天然酸碱值，帮助随后涂上的护肤品发挥更大的功效。[详情]

点击进去以后看到的都是这些：

化妆水推荐

雅漾（Avene）舒护活泉水

价格/规格：RMB180/300ml

编辑推荐：拥有270年历史的纯天然雅漾活泉水，含有多种微量元素和低矿物含量，能有效增强皮肤的耐受性，降低肌肤的敏感度。算是敏感肌必备的一款化妆水，保湿舒缓镇定的效果非常赞！但是不得不提醒的是，喷过活泉水后一定要补擦面霜。不然肌肤表层的水分挥发后，皮肤更容易干燥。

雅诗兰黛（Estee Lauder）鲜亮焕采精粹水

价格/规格：RMB480/200ml

编辑推荐：稍显浓稠的水，质地清爽，很容易被肌肤吃进去。淡淡的药香味，符合大多数人的喜好。4大抗氧化圣果：红石榴、蓝莓、枸杞、蔓越莓强强联袂，不仅保湿效果赞，同时兼具抗氧化美白的效果。

SK-II护肤精华露

价格/规格：RMB1040/150ml

编辑推荐：应该已经没有人没听过SK-II大名鼎鼎的神仙水，虽然价格略奢，但是普遍反映是贵的值得。对这款化妆水的评价也比较两极化，由于每个人的肤质不同，还是建议先试用再决定。神仙水不仅可以帮助维持水油平衡，提亮肤色效果明显，让皮肤更加细腻、毛孔缩小。最大的亮点是被称为“闭扣杀手”。

资生堂（Shiseido）红色蜜露精华化妆液

你别看这样的一篇文章全是广告，可我们这些亲爱的用户群体就吃这一套，所以哪天你有这方面需要的业务，也可以去做做。

小提示

其他平台也是一样的道理，做互联网的一定要养成一种习惯，多点击别人的广告进行分析，就算是一个软文推荐，也是值得我们去学习和分析的。养成这种习惯只有好处。很多商业思维和模式都是看别人的广告分析出来的。

3.3.3　通过各种招商网站寻找暴利产品

这个方法我在 2010 年底也有说过，这个方法其实很简单，在搜索引擎搜索各种招商网站，比如百度搜索“母婴招商、医药招商、保健招商”等等，其实这个里面的产品全部都是很暴利的。主要是看你如何去谈价格。

3.3.4　通过电视购物寻找暴利产品

百度搜索“电视购物”，如下图所示。

2006 年央视开始开播电视购物以后，这几年各个地区的电视媒体的电视购物频道也陆续出来了。

记得2007年我在电视购物上订购了一部手机，电视里面那吹得是天花乱坠的，那吹得好像就是中了500万一样兴奋异常，说的是送电脑送手写笔记本送相机……送免费终身打电话，就恨不得差点把他家的婆娘送给你了，但是，请注意了，注意了！今天不要5998，也不要1998，只要998！是的，你没看错，只要998，赶快拿起电话订购吧！

电视发出的秒针滴答滴答声，加上这电话铃声的此起彼伏，我这小心脏受不了了，于是，小手抖一抖，手机就到手！

货送过来以后我检查了一下就一部手机，打电话过去问，我说不是送电脑送相机么？

经过咨询了解：手机可以上网，和电脑一样，手写笔记本就是可以用手触摸屏幕写字，手机可以拍照相当于相机，免费终身打电话就更可笑了，要买他们的手机调成一个频道就可以对话了，我真是哭笑不得，后面手机我也没要，让快递给送回去了。

了解过电视购物的应该对橡果国际比较熟悉，这家应该是做得比较早的一家，也是专门靠电视购物起家的，进去以后里面有各种各样的分类，自己可以根据里面的分类寻找你想要的产品。

说到电视购物，这几年很多做竞价和开淘宝店铺的朋友们应该通过这个方法赚了不少了，基本上只要是电视购物的产品出来 1 个，一星期内望族团队内部群的贝壳那边就会有，想想看，这速度。

这样顺便说一句，你在看电视购物的时候，是不是会这样想：谁那么傻会去买啊？但是，你看，我不就当了一回傻子了吗？而且我敢保证，每天打电话去购买的人会很多，不然他怎么支付得起大量连续的广告费呢，要知道电视台的广告投放可是很贵的哦。

小提示

我们不提倡去忽悠客户，但是在看到这些电视购物的时候，请你不要光是鄙视，而是要仔细去分析它里面的营销技巧。它都用了哪些心理学和广告学的原理，它是如何把一个产品的价值不断放大，一直到手贱开始拿起电话去咨询订购？到底是如何给你洗脑的？这才是我们要思考的！

3.3.5　通过报纸杂志寻找暴利产品

平时喜欢看报纸杂志的朋友，有没有注意到，每一期报纸上面，都会有很多的广告？如果你用心留意，你就会发现，报纸上面有些类型的广告是常年都在投放的。比如什么小额贷款啦，还有什么门面出租啦，这一类的广告，是长期占据报纸广告版面的。

其实，根据我的了解，很多门面出租广告，都是有团队在操作的。你以为真的是人家直接出租的吗？那是有些猎头，专门去联系各种要出租的人，然后统一去给他进行广告投放，买断报纸的版面。你要租房子，首先要经过他的介绍，等于是赚了介绍费。还有类似的招商加盟，在报纸上面也很火。很多角度，都暗藏着赚钱的商机，就看你能不能去发现。这不是随便看一眼就行了，你得深入调查和总结。

3.3.6　通过各种广告联盟寻找暴利产品

广告联盟，通俗讲就是一个媒介，给广告主和宣传客搭建一个桥梁。比如你是需要投放广告让别人来宣传你的产品，那你就是广告主。联系广告联盟平台，把你的产品发布出去，招募帮你宣传产品和信息的人员。然后愿意帮忙宣传的人，就去广告联盟找这种广告去宣传。比如我是宣传客，那我要是把发布在广告联盟的广告，宣传出去，我就能得到相应的提成和佣金。

至于提成的模式就比较多了，有按点击付费的，按展现付费的，按成交收费的。淘宝客，就是按成交提取佣金的一种。广告主出钱，你出力帮忙宣传。

小提示

这就给我们一个思路：去这些广告联盟，找到那些愿意给高佣金的广告。你想想，人家都愿意给那么高的佣金和提成，让你帮忙去宣传，说明他是非常暴利的。

典型的有减肥药啊，护肤产品啊，保健品啊，等等。典型的平台有阿里巴巴，成果网，百度网盟……等等，这个只要百度一下，广告联盟，可以找到一大片。

只要找到这些出得起高佣金，你就可以进一步去关注一下，这些存在着大量的高暴利项目和产品。

如何看到这些产品给的提成和佣金？很简单，去注册个宣传客账号，就可以都看的到了。不过记得，这里不是让你去做宣传客，主要是通过这种方法，也能找到暴利产品。

我们就以阿里巴巴为例，如下图，你可以在里面搜索一些品类的词汇，比如保健品、户外用品等等，然后把佣金比率选择得高一些，看一下，就明白，这些都是暴利！你看，人家都愿意拿出 40% 甚至更多，付给帮其推广成交的人。

3.3.7　通过各大搜索引擎寻找暴利产品

这里我就用百度搜索来做一个示范，首先打开百度首页，搜索你前几天分析出来的用户需求方面的产品关键词，看看是否已经有人在做竞价。比如：搜索关键词“点读笔”，如下图所示。

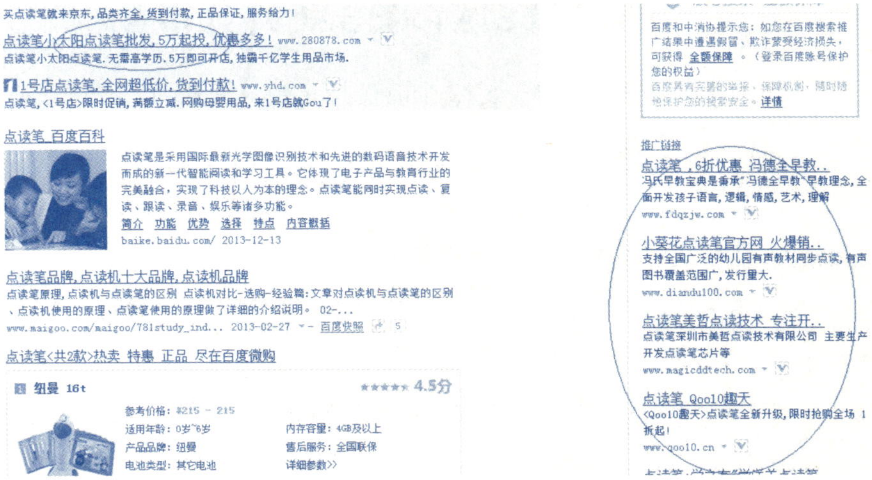

一个一个关键词来，搜索出来一个在本地做好数据整理，把地址记录下来，并且把他给截图，每个人的记录习惯可能不一样，我是喜欢用 EXCEL 表格的形式给记录下来，我会记录对方竞价的标题、描述、电话、网址、产品名称，我搜索的关键词，记录这些是为了方便我做调研，我会观察他们很多天，一般是观察 7~15 天的样子吧。

登记这些，主要观察是不是一直在稳定地投放，如果一直在投放，证明这个市场是一直都不错的。能一直投放这么多天，肯定是有钱赚的。

分析这些还有一个原因，就是方便我以后去模仿或者说是复制他们的操作模式，如果说他们一直在投放，我要是复制他们的方法去操作的话，起码一点我这么弄也不会亏吧，或者说亏的不会太多。

3.4 通过产品的微创新来挖掘黄金市场

再为大家分享 2 个故事。这 2 个故事是我亲眼见到的。我把它简称为营销技巧之微创新。

第一个： 关于淘宝卖产品的故事

去年有一家卖羽绒服的店铺，炒了一个爆款，卖得非常好，然后呢？有一家也想模仿，但是模仿人家，也是要有技巧的。要是你模仿出来，哪怕和人家一模一样，如果没有什么亮点去超越人家的话，一定是没多大意思的。因为人家销量已经很火爆了，要想赶超，谈何容易？

价格比人家便宜？羽绒服成本摆在那里，你低也低不了多少。改版？也未必有那个爆款好卖，那最有把握的事情是什么？

羽绒服变棉衣！

我用同样的款式，同样的图片，去卖和这个爆款表面看起来一样的棉衣。而棉衣，光在价格上马上低于羽绒服一大截。要知道，很多女孩子买衣服，未必就一定要买羽绒服，她只是喜欢衣服的款式而已。而同样款的棉衣，价格却是羽绒服的三分之一，怎么会没有吸引力！同样的图片，也没问题，因为从表面上看，羽绒服和棉衣又没有什么区别。

然后通过一定的广告投放，在很短时间内，在销量上就超越了那款羽绒服。这就是一个营销思路，立即赚钱的典型的案例。

第二个：　关于卖蟑螂药的故事

有一个朋友，是个光棍，住一个单人寝室。光棍嘛，懒呀，常年不打扫卫生，房间里又脏又臭，时间一长，蟑螂就出来了。开始只有几个，慢慢的，蟑螂的子子孙孙马上繁衍，然后组团来了！终于，朋友觉得再不灭蟑螂，蟑螂就要把他给灭了，于是就到药店找蟑螂药。买了一种试了试，不管用，那就换一种。如此反复，却一直没找到真正效果很好的蟑螂药，灭掉蟑螂的速度还不如蟑螂的繁殖速度快。

这时候，他有个朋友给他推荐了一款淘宝上的蟑螂药，说用过，挺管用。于是就马上去买了，一试，还真灵！蟑螂马上在短短几天被灭得差不多了。这时候，他真正留意起这款蟑螂药，这是一种类似粉笔一样的，在地上画个几笔，蟑螂碰到吃下去，就死翘翘了。他在想，为什么那么好的蟑螂药，在淘宝上销量却是一般呢？难道像我一样有这个需要的，被蟑螂干扰而痛苦的人少吗？绝对不会，蟑螂那么常见的东西，一定有很多人是需要的。而且卖得也便宜，淘宝就卖18元，还包邮！他想应该是这东西不起眼，没好好包装，就放在一个破塑料小袋里，也没有任何牌子之类的。

于是，他在经过一番市场调研后，发现这东西成本价大概只有3.5元。思考一番后，他做了以下的事情：把这些像粉笔一样的蟑螂药批发过来，磨成粉末状，用质量看起来还不错的塑料小袋包装起来，并在外面加上一个看起来像模像样的纸盒子。纸盒子上印上自己想出来的牌子，我们姑且叫做“望族牌蟑螂药”。卖多少呢？99元！做了个非常具有吸引力的产品描述页面，把买家的痛苦，大量死掉的蟑螂等等都表现出来，非常震撼，让人一看这蟑螂就恨得咬牙切齿。通过百度竞价网盟等投放广告，结果，比他预期的效果都要好，带来了很多的订单。利润丰厚，你想想，3.5元的卖99元！这是何等的暴利！短短时间就赚了10多万元！

你会想，这东西，人家都卖几十元，他卖那么高，有人买吗？有！因为顾客真正要的是解决痛苦的办法，而不在乎，也没想过具体这东西的成本是多少。再一个，他贴上了牌子，换了包装，把粉笔的样子变成了粉末状，就可以形成差异化，利用信息不对称等，把这生意给做起来了。

仔细一想，他做过什么呢？不就是重新包装了一下本来很平常的一样东西嘛。旧瓶换新瓶，偷梁换柱，就直接把一款普通的薄利产品，逆袭成了高端大气上档次的暴利产品！所以微创新也是一种创新，创新，往往就能颠覆！

第4章 店铺内功见营销功底

很多人往往犯了这样的毛病，就是拿一款产品想到网上去卖，一开口，就是我这个产品应该怎么推广？每天，问我类似这个问题的人很多。

其实这在思维模式上犯了天大的错误，包括我自己，那时候也是在这方面形成一个大大的思维误区，导致自己走了很多很多的弯路。后来经历了很多，才逐步看到了一些背后的本质因素。把店铺内功做好了，把营销做到位了，才能够让你的店铺越做越好。本章就来聊聊针对店铺我们要做的一系列营销动作。

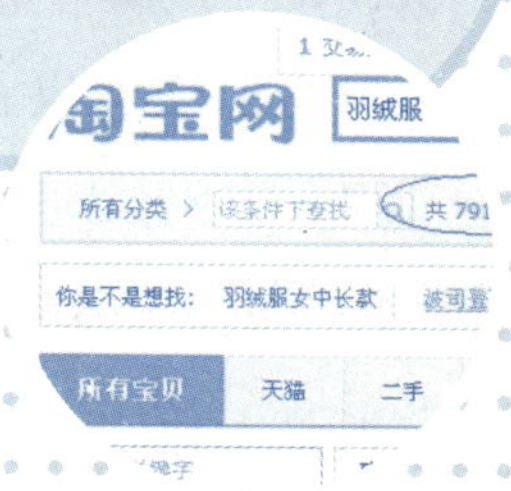

4.1 为什么我的产品卖不动

4.1.1 产品卖不动是有原因的

我们来剖析一下，看看一个产品从决定要被你拿去销售那一刻开始，一直到推广，再到成交，都经历了哪些你注意到和没注意到的过程。

这里不是说推广不重要，再好的产品，没人看到，也是不行的，所以推广当然重要。但是，只有在经过一系列精心准备的条件下，才能在推广以后起到不错的成交效果。

当一个产品被老板选中或者开发出来打算销售的那一刻，这个产品的命运，其实基本已被决定了。为什么这么说？

你仔细想想，在网上销售一个产品，我们总要先拍照片，先做出产品介绍页面，先定出一个价格吧？

好，那问题来了。以在淘宝销售为例，在未做任何推广宣传之前，宝贝定价（原价、常规价、小促价、大促价）、标题优化、照片（广告推广图、详情大图等）、产品文案描述、详情页设计、关联销售等等，在你产品上架的时候，就基本完成了这些第一轮的工作。虽然这个后续会不断优化和调整，但是我们这个调整也是根据上架后新品的反馈数据再来调整的。

接着，卖出去了一些，那这时候出现了客户评语、打分、销售数量等。

这些，是不是基本上都是在真正大力推广之前，你基本都已经完成了的事情？这里不说这些基本你做的有多好，而是不管好坏，你都已经做了。对不对？

那除了这些“幕后”基础工作，剩下的推广工作，对于大部分产品来说只是“锦上添花”！

因为真正决定这个产品好卖不好卖的80%因素，是由你要做推广之前的那些“幕后”基础工作决定的！如果你不理解，那再好好看我之前说的那些，仔细理下思路和步骤，是不是这样的？

理解了这个，你也就明白了为什么大部分时候，“为什么我推广了，也有顾客访问了，但就是一直没人买”这个纠结问题所在。

好多人说，为什么我花钱做了广告，还是卖不出东西？

我想说，凭什么你花钱做广告，就一定能卖出东西？

花钱做广告，属于“推广”这个范畴。既然是推广，那就请认识推广的本质：从严格意义上来讲，推广是不包括一系列的策划，营销等方面内容的，推广就是让你的产品或信息让更多的人看到。推广仅仅是引来流量，增加访问量和曝光度！

也许你不认同，你认为推广是要包括一系列的网络营销所要做的工作。这个没有关系，怎么定义推广两字，不是我们要讨论的重点。但是有一点是毋庸置疑的，那就是，人家看到，不代表人家就一定有兴趣购买你的产品，愿意了解你的信息。

所以很多人老是问为什么做了百度竞价没效果，做了淘宝直通车没效果，为什么有流量进来，广告费花了，没人买。

答案，这里已经给出了。把这问题想明白了，你就可以想明白很多问题。

那既然知道了为什么，接下来，我们要怎么做？

选款、价格、图片、文案描述等等，都是需要我们去用心思考的。

4.1.2 一张图说明营销的真谛

无意中在网上看到一张搞笑图片，这图的笑点是给如此一辆平常的不能再平常的自行车注释了好玩的文字说明。

这张图片的文字说明如下：

符合人体工程学的立体真皮软座位，特制的灰尘，可以吸收屁股在剧烈运动时流出的汗液，产生阻力，防止滑落。制动灵敏的双刹车片刹车系统，高速行驶也无后顾之忧，一刹到底决不含糊！超轻的发动机，动力十足！

改装过的 ABS 手刹，刹车信号传递线路，保证反应时间不超过 3 秒。而且还有如下特性：

1）价格便宜，下岗工人都可以买得起（但不一定骑得上，有些地方禁用）。

2）安全可靠，如果撞人，即使两部相同的车相撞（只要没有高血压，心脏病……）顶多外科手术就可解决。

3）没有偷、盗、抢的后顾之忧。

4）省油，保护环境，没有空气污染。

5）一次性车牌，永久性使用，没有烦杂的申报程序，无须年检。

6）年关优惠五折出售。

7）欢迎预订，购买方便，一个电话，由楼主送货上门。

在搞笑之余，我突然想到，这其实是一个很好的案例。其实这不正是淘宝人需要去追求的产品页面的表述效果吗？

一辆普通的自行车，在如今甚至可以用“土”来形容，可是经过神一般的介绍，立马让你觉得高端大气上档次。

在网上，和人家介绍产品的各种亮点优势的时候，和线下实体店的模式是完全不同的。我们首先来模拟两个不同的场景。

一、你想买一辆自行车，于是跑到大街上寻找卖自行车的实体店铺。找到店铺以后，你抬头看看这家店的招牌和门头装修，感觉还不错，于是进去看看。

接着，你会从店铺里形形色色的自行车里，通过眼睛的“扫描”，并用手摸一摸，试试手刹，踩踩脚踏板等行为进行比较，试图锁定自己感兴趣的款式。而往往这时候，店里的营业员也会问：帅哥（美女），喜欢什么样的自行车，然后有针对性的，根据你的需求，给你推荐你感兴趣的自行车，和你详细介绍各种款式的优点和特点。最终你把目光锁定在某一款上面，进一步咨询更具体的问题，比如价格，能不能保修之类的等等。

成交！欢迎下次再来。

二、你想到淘宝买一辆自行车，于是到淘宝搜索，进入某一家淘宝店铺的自行车具体页面后，你开始仔细看产品页面的具体介绍，包括什么牌子，多少价格，里面的优点和特点。如果不感兴趣，直接关闭页面走人，去另外的页面继续浏览；如果页面的图文并茂让你有点心动了，接下来，往往你会怎么做?

有人选择了直接下单（这是少数），而更多的人，选择了用鼠标点击亮灯的旺旺头像，进行和卖家的进一步沟通。通过卖家的进一步详细介绍，解除你的顾虑。

这时候成交就成为水到渠成的事情了。

4.1.3 线上线下购物路径的区别

现在，我们仔细分解上面两种不同的购物模式。一种是线下实体店的简单购物过程，另一种是线上网店的简单购物过程。你会发现，有几个地方是截然不同的。这里主要想强调的有两点。

线下实体店购物，你往往可以通过直接的身体接触直观地感受产品。从你进入店铺那一刻开始，就被销售人员“盯”上了，他们会主动对你进行营销和引导，和你进一步沟通，使得他们有向你详细介绍产品优点的机会。

而线上网店购物，你只能通过图片和文字来了解和感受产品。只有当你对产品页面的文字和图片的解说有兴趣，去点击旺旺的时候，该淘宝店铺的销售人员才有机会和你做进一步沟通并介绍产品的优势，才能通过销售语言来进一步营销你。

小提示

由此可见，网上销售产品，如果你的图片和文字介绍，不能吸引到顾客，你连与顾客进一步沟通的机会都没有。因为他直接就关闭网页到别的地方去了，你甚至都不知道他来过，白白浪费了宝贵的流量！

4.1.4　如何通过图文去突出卖点

那怎么样才能把一款产品的特点和亮点都通过图片和文字非常好地呈现出来？这涉及的话题就非常多了，一两句话是阐述不清楚的。有机会再慢慢来说，包括我现在录制的淘宝视频里都会去着重解释。而且不是一节视频内容就能讲完的。涉及的面非常广。这不是本章节要去细说的，这里首先着重说几点大的框架。

一、我和朋友开玩笑说，在网上卖产品，拿我之前卖女装举例，就是一个普通的扣子，我非要通过精美有质感的图片来呈现，然后明明是现实当中一个普通的不能再普通的带有普通花纹的扣子，我可能会配上几个文字：英伦风海螺蚊质感牛角扣！有人会说，望族希望，你这不是在教人忽悠和吹嘘吗？

不是的，恰恰相反，首先，做生意卖产品，诚信当头，如果你弄虚作假，特意夸大自己的产品，把顾客当傻子，那顾客一定把你当傻子，别以为人家是好骗的，最终人家不但不和你玩了，还会让你身败名裂，你的产品就臭名昭著，马上就会卖不动了。

所以这里我们要搞清楚，正常的营销话术和假话的区别。我们就以上面提到的一个纽扣来举例说明。

比如说，我这个扣子，上面的确带有花纹，也的确是牛角扣。那我写英伦风，这个没关系。因为首先顾客已经看到你的纽扣图片，至于有些人认为你这不是英伦风，也不能说我就是骗人的。因为到底是属于英伦风还是日韩风，这没有一个具体的标准。包括我把这上面的花纹描述成海螺纹，也是同样道理。你已经看到图片了，至于我形容这是海螺纹而你认为不是，都不能因此就说我是骗子，这是每个人对一些抽象概念的不同理解，并没有统一标准。这个就好比一件衣服，我在南方，我认为这件衣服已经够保暖了，而你在北方，你认为这衣服根本不够保暖。那到底算不算保暖，没有一个很具体的判定标准，不管我说保暖还是不保暖，都不能成为判断我是否说谎的依据。

那到底什么样的情况就是在说假话，就是不道德的无耻行为了呢？比如，我把这普通的扣子，说成是玉石材质做的扣子，或是把这个扣子说成是全世界最高档的扣子。

所以，正当的营销术语，相信大家只要回忆起自己平时买东西的过程，或是看到各种电视广告，都会碰到这种情况。这好比一件很普通的事情，如果我写出来看也没人看，但是被一个文采极高的人写出来，就非常好看，是一个道理。这个是艺术的表现形式。不然这世界上也不会有营销大师这个说法。真正的营销大师可不是忽悠骗子大师。两者是有本质区别的。

像前面的搞笑图片，我只是拿来举例子，讲明销售产品页面优化的重要性以及要有这样的思路。而如果实际上你在淘宝真的卖这样一款自行车，思路可行，但是不能完全照抄。比如那张图片上介绍刹车，搞笑的用“ABS 防锁死”，你要是真的在网上卖，就不能这样讲。这样讲等于就是过度夸张和欺骗，是表述不符了。淘宝规则里，对于描述不符的产品，是要严厉处罚的。

可能有些人就喜欢钻牛角尖，非要针对每一句广告语，讨论怎么样算真话，怎么样算欺骗，那就让人很无奈了。因为这不是本文的重点。这里要传达的意思，相信明白人，已经明白。不明白的人，再怎么说，他还是纠结。

二、实在不知道怎么做，就去模仿你的同行里，卖得好的店铺，他们是如何做产品的图片和文字的？优秀的文案和图片设计，先从模仿开始。所谓熟读唐诗三百首，不会作诗也会吟。当你模仿了大量的优秀产品页面以后，很多新的点子就容易出来了，这时候就轮到别人来模仿你了……

三、你必须自己充分了解你自己的产品，同时要把自己当做用户去体验你的产品。

首先，你只有充分了解自己的产品，你才能挖掘出自己产品的卖点。同时，你只有自己仔细体验产品，成为自己产品的忠实用户，那你才能深刻了解顾客的心理需求，这样才让能够让你的产品介绍页面描述出来的功能特点介绍等，处处击中要害，因为你说的，恰恰都是顾客想了解或是需求的。

当然，你说你要是一个男的，去卖女士胸罩，总不能自己去体验产品吧？没法体验啊。哈哈，那这时候，你总要找到身边的人，去体验产品，然后不断沟通，去听到最真实的声音，去聆听她们的感受和建议。也可以对你的老顾客进行不断的有奖调查反馈等，来获取这方面的信息。大数据时代，数据统计和分析很重要，利用数据统计和分析指导自己的下一步行动，更重要。

小提示

好了，最后说一句，不要老是把心思放在推广和流量上面了，你先看看，你产品的描述，到底能不能打动人了？如果不能，推广什么用呢？推死，累死，最后不成交！

4.2 关联销售和关联推荐

4.2.1 关联销售的魅力

生活当中，咱们不管是网购，还是到实体店当中，你一定会有过这样的经历：明明原本只是想购买 A，结果不但购买了 A，还购买了 B、C。

有这么一个小故事：

美国一家超市，把尿布和啤酒放在一块出售，结果尿布和啤酒的销量纷纷增加了。原来，美国的妇女经常叮嘱自己的丈夫下班后顺便去超市给自己的孩子买尿布。丈夫们往往在买尿布的同时，看到了尿布边上的啤酒，就顺手抄几瓶，一块买走了。

这是个真实的营销案例，就发生在沃尔玛，这就是一个很典型的关联销售的例子。

除了特殊的小部分类目或店铺，淘宝上绝大部分的店铺，都是完全可以做关联销售的。而且淘宝也是非常支持我们做关联销售的。你看，搭配套餐这些官方工具，就是让我们用来做关联销售的。当然，做好一个店铺的关联销售，远远不是简单随意设置几个产品，组合一块，然后价格比单独购买要便宜一些来的那么简单。

关联营销，是一门大学问。做好关联销售，意味着在每天店铺流量没有增加的情况下，却能够让我们赚到更多的钱，因为，卖得更多了！而且，这还不仅仅是表面上提高了客单价，赚到更多的钱来的那么让人兴奋，更兴奋的是，关联销售能够很好地促进店铺很多产品销售量越来越多，从而达到一个款带动另外一个款的销量，一群款带动另外一群款的销量！

4.2.2 关联销售的常见布局

目前淘宝的关联销售，最主流的有以下几种做法。

一、因为产品的功能特性方面配合密切或互补而产生的关联销售。比如，牙膏和牙刷；咖啡和咖啡杯；乒乓球拍和乒乓板等等。

二、因为产品在款式或功能上相似，而产生的关联销售。比如多种口味的巧克力；多种款式的夏季连衣裙；多种形状的一次性杯子。

这种关联，因为都是同类，那么喜欢 A 的人，可能同样喜欢 B，也喜欢 C，结果，ABC 三样都带走。还有一种情况就是给了人家更多的选择余地，既然你喜欢连衣裙是吧？这款你不喜欢，那这款呢？那这款呢？总有一款适合你！

三、因为价格便宜实惠，顺手捎带走。

像本章节最开头讲的那个案例，就是属于这种。啤酒和尿布，本身之间，你乍一听，半毛钱的关系都木有！是不是？但是因为消费者其实是需要的，并且价格又不贵，那就顺带买走了。

这种顺带购买的关联销售，往往是价格不贵，又很大众化，人人都随时可以消费和使用的日常需求化产品。

有这样一种场景你一定不陌生：你去逛超市，超市收银的地方，往往都会放着一些诸如口香糖、巧克力、棒棒糖、避孕套之类的小物件东西，价格也不贵。然后在排队等待付款那儿，你可能随手就又买了。

这三种关联，效果最好的，当属第一种，就是有精密关联度或互补的产品，这个淘宝官方也曾经公布过数据。有些关联的好的，甚至能够达到 50% 以上的关联转化率。即 100 个人买了 A 产品，就同时有 50 个人会购买 B 产品。

这一点我深有体会，比如像女装，如果一个爆款起来了，那最好关联的，就是模特照片上那件衣服的短裙或是裤子之类的。然后裤子卖得多了，引来了很多的流量，买裤子的人，又会买那件衣服。形成相互的一个关联购买的效果，是属于关联销售里面的最佳组合。

4.2.3　女装的常见关联布局

如果没有那么好的关联产品，比如连衣裙，只有衣服，没有什么裤子之类的，那我们就可以退而求其次，去搭配同类型的连衣裙。这件你或许不喜欢，但是可以看看另外一件？所以，一般我们的关联销售，是这样布局的：

1. 在详情页的上方，关联 4~8 款的热卖款。就是不管你看到我店铺里的哪个产品，我这几个热卖款，都是在上面可以让你看到的。这个也是绝大部分的服装店铺惯用的一种关联方法。这种关联的目的，主要是为了增加热卖款的曝光度，为了让热卖的款，有更多的曝光和销量，把流量导到那几个款上，形成聚焦的效应。

2. 除了热卖款，我们还关联 4~8 个同款类型的。意思就是在连衣裙下面都关联几个还不错的连衣裙；在外套的下面都关联几个外套。这个是为了增加转化率的。因为往往一个店铺的大部分搜索流量入口，都是宝贝详情页，而不是店铺的首页。很多人都没注意到这一点，把首页搞得非常漂亮，而详情页却不够重视布局。你想想，你搜索关键词的时候，淘宝搜索结果出来的，是不是都是你的那些宝贝，而不是首页？除非人家直接搜索你的店铺。

那么假如一个搜索连衣裙的人，他的意向就是购买连衣裙的，那通过你的某款连衣裙产品进入你的店铺后，你在关联那里给人家推荐外套，肯定不如给人家推荐类似款的连衣裙有效果，所以这个，就是为了提升转化率的。

1和2，两个都需要兼顾。但是对于这种做法，个人建议要适可而止，要掌握一个度。不能一股脑地关联几十个以上太多的款。你关联推荐得太多，等于是让人家看花了眼，这个看一下，那个看一下，反而会乱了人家的主意，导致你那款宝贝本身的转化率降低。流量很大的时候，可以考虑多关联一些，而流量少的时候，就要少关联一些，甚至除了几个搭配套餐，其他的就不怎么关联。

或是可以考虑不要把全部的关联都放在最上面。应该把一部分的款，放到宝贝详情页的最后面。为什么呢？当人家看完整个宝贝详情介绍以后，如果还有犹豫，那么这时候你给他推荐其他同类的款，人家就比较有兴趣去点击再看看。

其实关于详情页的布局和营销文案等的撰写，是有非常多的东西值得我们去深究和探讨的。这个来日方长，我们慢慢再聊。本小节主要讲的是关联销售，其他的暂时就不讲了。

其实上面，我们提到了关联销售和关联推荐。而真正说起来，关联销售和关联推荐，还是有区别的。关联销售，指的就是人家在购买你A产品的时候，连着一块最好把B也买了，把C也买了，这样一环套一环。而关联推荐，可以理解为，你看到我这个产品的时候，你要是不喜欢，你还可以看看我别的款。

那关联销售，我们就要做一些刺激买家能够同时买A和B甚至是C的这些举动。比如A款是100元，B款是80元。单独核算，两件是要180元。那如果你一次性买我推荐的这两样，那我可以给你包邮或是少10元，比如170元。

那这种可以做的文章就很多了。比如2013年，女装很多店铺，很流行加 1 元买两样的策略，比如我这件呢大衣是 220 元，你只要加 1 元,221 元，就能不但购买这件呢大衣，还能同时购买我的一条裤子。这样的搭配关联销售，效果很好，买家感觉占了大便宜，我 220 元买一件呢大衣，除了傻瓜，谁不知道加 1 元，连同这条裤子也买了，赚大了！而实际上，两样的产品，都已经成本核算好了，221 元卖给你，还是有利润的。只不过偷换了概念，感觉这裤子 1 元就到手了。

消费心理学，是一门很大的学问。我们既然是在做生意，这些，都要用到淋漓尽致才行，淘宝上，从来都不缺聪明的人。这样做最厉害的是，当你一个爆款起来，就瞬间带动了另外一个爆款，比如呢大衣就带动了这个例子中的裤子。那裤子的销售记录，由于是通过搭配套餐卖出去的，还是显示原价，不会显示 1 元。那到一定程度，足够火爆了，你把裤子价格一提，后面照样卖，后来的买家，并不知道你之前只要加 1 元就卖了。

其实关于促销的，就是如何让人家买得更多，比如买二送一啦，买二包邮啦，满多少减多少啦，这些套路是非常多的。

说到这里，我就想说一句，一些天天都想着推广和流量的小卖家朋友们，这些，你都去深深思考和摸索过吗？为什么就老是讲推广，而不在这些内功上面，多花一些心思呢？

小提示

实际上，淘宝也好，拍拍也好，总之是电商，我们要做的细节太多了！人家说，一个爆款怎么怎么利用直通车推起来了，可是背后，这些人家没提的细节，你又看到了吗？去思考了吗？

4.3 店铺促销的“满就送”和“满就减”

“满就减”和“满就送”，这个相信大家一定不会陌生。不管是在线下还是线上。但是很多淘宝卖家，只知道人家在做，我也要做。至于具体怎么做，为什么做，往往深究过的不多。更别提普通的消费者了。“满减”和“满送”，不同情况下，目的各有不同。

4.3.1 最常见促销“满减/送”的目的

一般的目的都是为了让人家买得更多，关联销售，提升客单价；也有的是为了清仓促销。很多人一想到清仓促销，唯一采取的方法就是直接降价。

直接降价，除非你的力度非常非常大，让人感觉到不可思议的震撼，不管是新顾客还是老顾客，看到以后都会心动。否则，未必能有多少效果。因为除了你的忠实老顾客，一般人第一次到你的店，你说你降价了，人家不一定会信，人家会认为你本来就是这样的价格。还有就是弄不好，会对老顾客带来比较大的伤害，人家买的时候是 200，现在你促销亏本 100 元，老顾客下次就不来了。

那么用“满减”和“满送”的促销方式，不但可以在清仓促销的时候，让人买得更多，增加促销销售的速度，而且还不容易让老顾客那么敏感。因为你是有门槛摆在那里，是要满多少才减，满多少才送，虽然这其实也是变相的降价，但是就比较让人不那么敏感，因为如果不满到你设置的那个门槛，依然还是原来的价格。

直接降价和变相降价，各有利弊，没有绝对的哪个好哪个不好，平时，要根据实际情况，灵活运用。

4.3.2　“满减/送”策划和设置时候的注意点

关于“满减”和“满送”，我们在策划和设置的时候，要考虑以下几个点。

1. 要考虑到成本

一定要经过计算，这个“满减”或“满送”，最大的力度不能超过自己的预期，否则稀里糊涂就做了这类促销，到时候一算账，不赚钱反而还亏钱，就得不偿失了。哪怕你是亏本做促销，也总要有个亏本的底线。

2. 要让顾客对“满减”或“满送”的幅度有欲望

一个让人完全没有欲望，不痛不痒的促销，是很失败的。一个平时价格 100 元的产品，优惠个 20 元，和平时价格 1000 元的产品，优惠 20 元，给人的欲望是完全不同的。力度要大，但是又要大得恰到好处，不能亏到把自己卖了都不知道。另外，满送的话，送的东西，要给人感觉有价值，是让人喜欢的。你卖女装，送一双老人布鞋，肯定没有送一条女孩子的围巾效果来得好。

3. 要让顾客感觉稍微努力一下，就能达到你设置的门槛

这里包含了两层意思。就是“稍微”和“努力”这两个关键词。

首先，我们这个门槛，要和我们的店铺平均客单价拉开一定的距离，否则“满就减”、“满就送”就等于是白减，白送。

为什么呢？假如你的产品本来平均客单价就是200元，你说满200元就减，满200元就送，那么你不减，不送，人家该买的还是要买，而且只要买了，几乎都达到你的门槛了，何必？起不到一个让人家买得更多的效果。

所以要高于平时的客单价。那么我们就要略高于200元的这样门槛，比如满228元才减或是送。让人感觉“稍微努力”，才能达到。

但是呢，这个门槛又不能太高，要让人感觉“稍微努力”，就能达到。假如我们店铺客单价平均200元左右，你直接设置成500元才能有优惠，那人家想想，算了，要远远高于我的预算和计划了，放弃了。等于我们的促销就达不到效果，因为没多少人会响应！

4.3.3 “满减/送”所涉及的心理数字游戏

其实满就减或送，还涉及了很好玩的数字游戏和心理。比如满100减50，表面看起来，这相当于打了5折，是吗？因为100元的东西，实际卖50元。

但是实际上，很有可能你已经购买了80元的东西，但是为了凑够这个100元的门槛，又在这个店铺里去买了40元的商品！因为没那么巧，不一定你还差20元，就能找到刚好20元的产品。

那这个时候，表面上是100元减50，实际是120减50！等于是120元的商品，实际卖70元。那是几折？四舍五入，实际是0.58折卖给你了。

所以你会看到很多线下的店里，也是这样。很多产品都是四五百元，而往往会有一些四五十元的产品搭配着卖，很多顾客为了凑足那XX元的门槛，就会买那些四五十元的东西，结果就买得更多，而且折扣比想象的要高了，只是一般的消费者，不会去思考那么多。而咱作为制定游戏规则的卖家，一定就要把这些游戏玩出名堂！

再看“满就送”，比如满100送50。除非人家直接送现金，但是一般谁会那么傻。都是送优惠券，或是送礼品。比如说满100元送你价值50元的围巾。问题是，这50元，只是所谓的价值，哪怕他真的平时售价是50元，可是那50元毕竟是他的售价，不是成本价。要是这50元的围巾成本价是20元，那实际人家也就送了20元给你而已。

优惠券就更狠了，不但让你下次为了使用掉这张优惠券，还再次去他那里消费，而且，这50元的优惠券，不是去抵扣人家的成本，而是去抵扣人家的销售价的，对不对？实际上，人家没送你那么多。更何况，为了这张优惠券，你又花费了更多！类似的思路可以衍生。

去年夏末，一天店铺夏装清仓，如果直接降价，那打算以每件50元左右销售。如果这样的话，该买一件的人，照样买一件。而望族良哥直接设置一个门槛：在指定清仓的衣服里，随意选购两件，99元！这样就促使很多人会买2件。因为买一件，就要七八十元，不划算，不如直接买两件，恩，买家感觉划算，占便宜。

小提示

奇妙的消费心理，好玩的数字游戏！实际上，一切的营销手段，都是基于研究一个点而得来的：人性！

4.4 视觉营销美工速成

4.4.1 不会美工将会困难重重

美工实在是太重要了，可是，问题来了。

一、我请不起专业美工，我是小卖家一枚，至少目前暂时都是自己做美工。可是我的水平很烂怎么办?

二、我倒是请得起美工，可是没几个应聘的是让我满意的。好不容易碰到一个，说不定哪天人家走了，就带走了我的半壁江山！作为老板，受到特殊岗位人才的威胁，可不好受！要留人家，可以，人家三天两头要求加薪。不留，你又感觉找个能顶大梁的美工太难。怎么办?

关于这个话题，我有几点切身感受。

一、美工是可以从0开始快速培养的，满足基本的淘宝做图需求，10天足够。

二、训练一个水平不错的美工，还是很容易的，有方法，等下会说。

三、做淘宝就是卖图片，如果你请不起美工，那么请你让自己成为一个美工。不需要你成为大师，但是必须要合格。

四、作为老板，你必须会，但你可以不做，但是遇到危机时，自己也可以扛枪上阵，命捏在别人手上，这是分外危险的。不管什么原因，美工突然说要走了，你咋办？在没招到另外美工前，你就让店铺死在那里？

虽然平时我们不需要做美工，不需要当客服，不需要去打包发货，我们只负责店铺的整体运营。但是一旦有需要，我们马上能当客服，客服话术、接单水平不会比专门的客服差；会做美工，虽然没专业美工做得好，但是临时应付不成问题；也懂得仓库的发货管理，去年双 11 仓库乱套了，还是我们两个去理顺的。望族良哥更牛，以前做过网吧的网管，甚至电脑坏了、网线断了，不需要打电话给别人，就能第一时间自己解决问题。

4.4.2 美工快速入门三部曲

那么怎么快速入门呢？只需要三步：抠图操作和图层概念（3 天），模仿（5 天），熟悉淘宝装修后台（2 天）。10 天 3 步，这 3 步下来，入门了。至少不会连放个店铺海报都不会了。至于做得好不好，艺术无止境，慢慢学。先解决基本温饱问题，再考虑奔小康，对吧？避免没有美工的时候，连张基本的海报都让你那么无奈。

下面具体解释下。

1. 学习抠图

百度一下视频：PS 抠图，会找到很多视频。很多人为什么会感觉 PS 很难，学了几天就放弃了？那是因为你方向不对，加上一些大而全的教程误导你。一看那么多的内容，头都晕了，信心都没了。

记住，除了你自己的产品需要拍照，其他一切的素材，网上都能找，现在专门提供素材的网站太多了。

小提示

如果你PS水平很牛，可以做些特别效果。但是大多数时候，大部分行业和店铺，是不大需要的。所谓技多不压身，多会肯定比少会要好，但是既然你美工基础差，那当然是要抓重点。记住这句话，你是要会做一个淘宝的美工，而不是PS大师，这是有本质区别的。淘宝美工，无非就是会做海报，会做钻展和直通车图片，会简单处理拍摄的产品图片。

而像上一段文字说的，淘宝美工的这些日常技巧，你学会抠图，就等于学会了一大半。比如你卖一款保暖鞋，你想在鞋上加上一团火焰，背景是雪花。来传达很暖和，不怕冷的意思。那无非就是，在你的鞋照片里，把鞋抠出来；找到一个含有火焰的图片，抠图，把火焰抠出来；找到漂亮雪花图片，哐哐哐，三下五除二，组合在一块，就行了。

至于怎么在图片上写字，这个更简单，看下马上就会了。

2. 模仿其他店铺里的图片

比如他的店铺里有一张海报，图片上左边是文字，右边是产品。整个背景是天蓝色。那你可以就按他的整体色彩搭配和布局去模仿，模仿一张你自己产品的图片出来。模仿，不是完全一模一样，但是整体的色彩搭配和一张图的结构布局，要基本保持和被你模仿的那张图一样。因为，这个过程主要就是用来培养你对色彩的感觉和布局的。

很多老板或运营，对美工这一块理解得不够透彻，往往招聘面试美工的时候，让人家做图，看看人家做图做得快不快，只要很快，就认为是好美工，这是不对的。

我面试过很多的美工，虽然我在PS的使用上面远远不如那些专业平面设计出身的人强，但是对于色彩搭配和构图，我自认为还是略知一二的。所以这并不妨碍我进行面试美工的工作。对PS软件操作不够快，做图速度还不是很快，这不重要，只要天天做，自然就快了。看他水平高低，关键就是看他对整体图片的布局和色彩搭配。

我就见过很多美工，叫他做张海报，很喜欢把各种字体，各种色彩，花花绿绿地弄上去，感觉色彩丰富了才好看。实际上，你仔细研究一下，就会发现，真正让你舒服的页面或海报，主色调一定是就那么几种的。稍微一多，就很容易花，很土。

至于说，你要是碰到一个又懂整体页面框架布局设计，又能做出非常有创意和灵感的图片的美工，那基本上这样的人实际上也不叫美工了，应该是属于设计师或视觉总监了。所以，对于美工，要求不能太高。只要能在色彩和字体等方面，做得比较好，就已经是很好的美工了。

3. 熟悉淘宝后台的装修板块

主要是如何把图片放到淘宝上，淘宝是怎么规定图片大小的等等，这个按照规则做就好了。

你看，没你想象得那么难搞定吧？学习，很重要。学会掌握学习思路和方法，更重要。看问题，要多思考本质，就容易事半功倍。

那有人问，这个经过三步，基本入门，也会一些了，想提高呢？那就不断重复第二步！这是想提高的关键。不管你是自己学习，还是想培养美工，最重要的就是模仿！模仿多了，自然会越来越有感觉。模仿到一定程度，自己试着不看你要模仿的图片，去回忆，凭印象去做自己的图片。做好后，再去和人家对比，不断总结，并把心得写下来。

小提示

在不断模仿的过程中，需要用到什么PS技术还不会的，再去学一下，不会的，又再学一下，这样你的PS操作，也就懂得越来越多了。不过还是那句话，你需要什么就去学什么，千万不要把自己变成PS大师，天天刻意去学很多做淘宝用不到的PS技术，除非你就喜欢搞PS。

我们的目标是，做好图片，多卖货！

4.5 打造有销售力的产品销售页面

淘宝店铺由许多的页面构成，而宝贝详情页又是重中之重，淘宝的消费者在搜索商品的时候，是先搜索，然后碰到自己喜欢的，就直接进入宝贝详情页面。所以，宝贝详情页是提高转化率的首要入口。一个产品卖得好不好，和该产品的销售页面息息相关。我们一切的营销理念，必须通过图片、文案等，在这个宝贝销售页面释放出来。

4.5.1 有销售力的详情页布局

随着电商环境竞争越来越大，大家面临的一个大问题就是“同质化”，产品越多，顾客选择的机会就越多，你被曝光的几率也就越小。如何让消费者信任你，选择你而非别家？如何能让顾客下次再来？怎样去培养用户的粘性？这一系列的效果都需要多个环节去传达和渲染。重在能不能吸引住买家，不仅一次要吸引住，更要持久地吸引住。做长久生意还真得想办法把这些顾客用心来“养”，让他们开心了，他们也会拿出大把的钞票来回馈你。

描述似乎很难，竞品分析，7 天无理由退换，评价截图……没完没了，其实绝大多数卖家的描述都是在塑造信任——他们已经自作聪明地假设客户非常需要他们的产品。其实大部分产品就像蓝颜知己一样，缺的不是信任，而是欲望。

想想看，连起码的购买欲望都还没有，你一个劲让人相信你有什么用？下面以女装为例，简单介绍一个比较通用的详情页布局。

1. 收藏 + 关注，轻松赚 10 元优惠卷或者购物立减 5 元（优惠幅度可以调整）

2. 焦点图（突出单品的卖点，吸引眼球）

3. 推荐热销单品（大概 3 ~ 4 个必须是店铺热卖单品，性价比好的）

4. 产品详情 + 尺寸表（比如编号、产地、颜色、面料、重量、洗涤建议）

5. 模特图（至少一张正面，一张反面，一张侧面，展示不同的动作）

6. 实物平铺图（把衣服的颜色种类展示出来，不同的颜色代表什么性格或者展示什么风格）

7. 场景图（模特在不同的场合角度，引起视觉的美感）

8. 产品细节图（帽子或者袖子、拉链、吊牌位置、钮扣）

9. 同类型商品对比（找一些同类质量不好的，或者高仿效果不好的）

10. 买家秀展示或者好评截图（展示我们去年的羽绒服买家，挑选长得好看点的）

11、搭配推荐（比如情侣款或者中长款，不要和上面的推荐重复）

12、购物须知（邮费、发货、退换货、衣服洗涤保养、售后问题等）

13、品牌文化简介（让买家觉得品牌质量可靠，容易得到认可）

虽然你卖的不一定是女装，但是这些完全可以举一反三，触类旁通。详情页的整体布局，下面这几张图片是从淘宝数据得出来的。

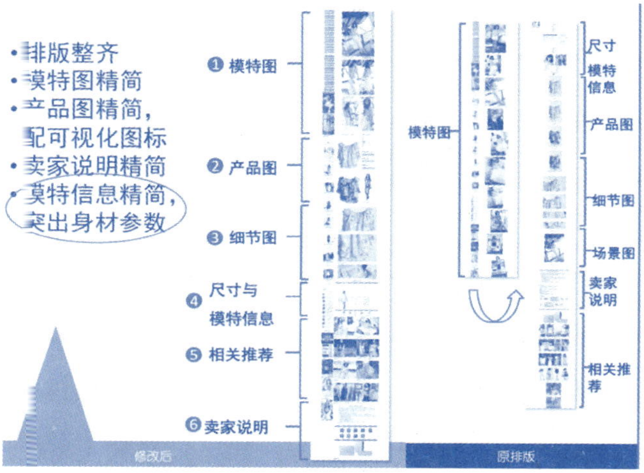

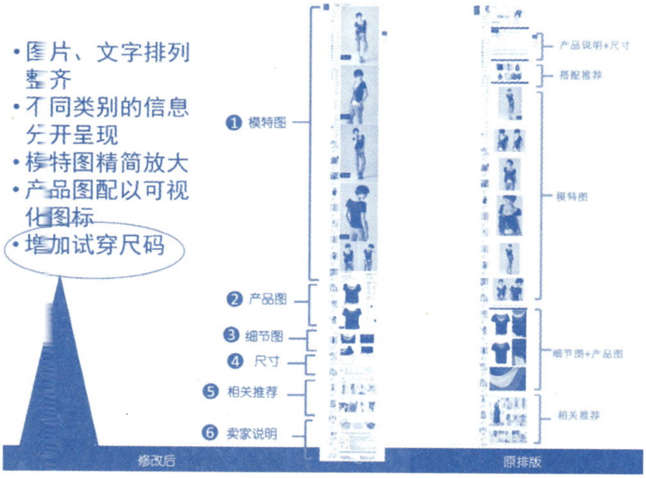

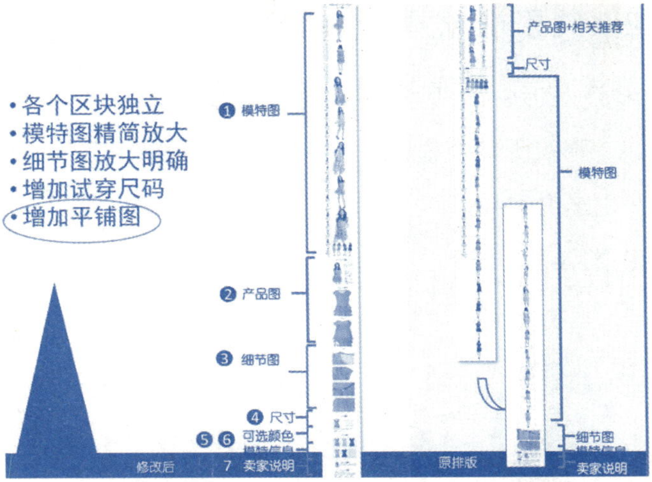

详情页里面关系到的几个点。对比一下自己做到多少：1. 主图示范；2. 客户人员系列表；3. 店铺主推活动内页 BANNER；4. 折扣商品；5. 关联商品；6. 品牌故事；7. 品牌文化形象；8. 产品参数；9. 产品尺寸大小说明；10. 产品风格介绍 – 情感元素；11. 产品购买理由；12. 产品基本信息；13. 产品基本展示；14. 产品模特展示；15. 产品细节展示；16. 产品材质说明；17. 产品介绍 GIF；18. 产品使用步骤；19. 产品使用方法； 20 产品使用前后对比；21. 产品优劣对比；22. 顾客好评；23. 顾客见证、媒体广告、实体店铺；24. 常见问题问答；25. 购买须知；26. 保障与承诺；27. 产品搭配建议；28. 拍摄视频；29. 生产制造；30. 质检报告；31. 包装盒；32. 发货前检查；33. 运费说明；34. 物流发货；35. 收货流程；36. 五分好评提醒；37. 如何找到我们；38. 内页底部。

4.5.2 关于视觉营销的探讨

网上开店，和线下开店有一个很大的区别就是，只能通过图片和文字来表述，那视觉营销这一块就显得非常重要。下面看两张视觉营销领域十分出名的图片。

第一张图片：

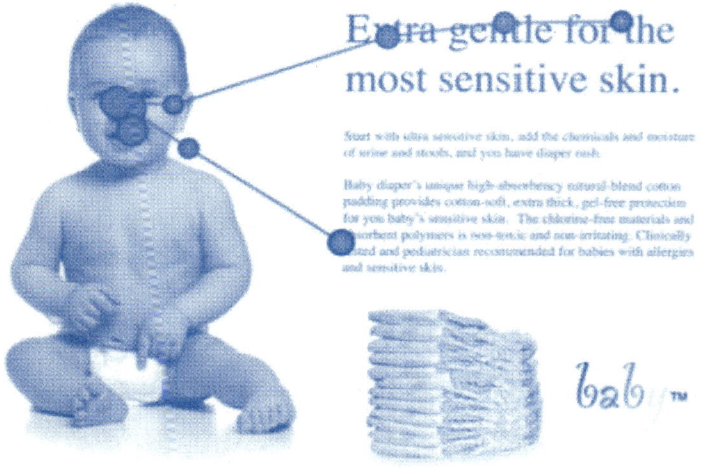

视线轨迹研究

这是一张婴儿纸尿裤的平面广告初稿，并不是很有创意，因为产品的卖点是用文字说明的（大标题）。初稿完成后老外们找了很多的人来看，记录下他们浏览不同位置的先后顺序和重点查看的位置，来进行视线轨迹研究，发现人们往往把他们的卖点（大标题）放在最后浏览。

那么这些人是否对大标题产生深刻的印象了呢？于是他们又做了另外一个实验：

视线热点研究

通过记录统计发现，很遗憾，人们的目光都聚焦在了婴儿的脸上（红色位置为重点浏览位置）。对产品卖点的关注可以忽略不计，可以说是个失败的广告。

那么我的问题来了：如果让你做一个简单的修改，让人们的目光转移到文字标题上，你会怎么做？我来公布一下正确答案：给婴儿转转身，让婴儿看着标题！我们来看看修改之后的效果。

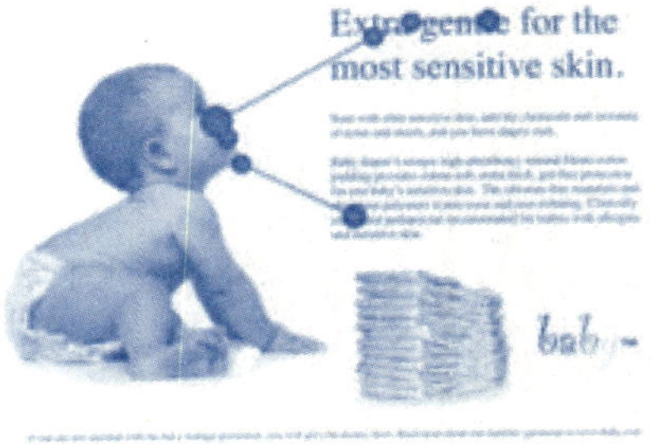

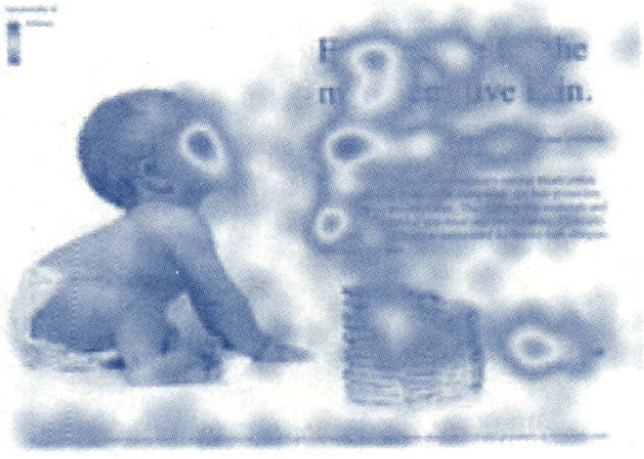

通过简单的调整达到了卖点引导的目的。这是一个非常著名的案例。在这个过程中运用到的视线律动和视线热点是老外十分擅长的，但是国内在这方面却比较弱势。

小提示

聪明的朋友应该已经想到，其实做好业绩就是在眼花缭乱的市场中霸占买家视线，让买家重点接收你想传达的信息，刺激买家的购物欲！

那么如何在万千商品中脱颖而出？如何让买家接收你的优点、屏蔽你的弊端？如何刺激买家的购买欲望？答案就是优秀的视觉营销！有数据证明，大多数女性购物决策都会受图片的影响。

第5章 淘宝营销的数据化运营

这几年数据化营销这个说法很流行。数据化运营？听起来好像很高深的样子，其实说白了就是通过数据的统计和分析，从中发现规律和本质，从而指导我们更好地开展运营工作。

很多电子商务部门甚至有专门的数据分析部门。是的，这是网络时代给我们带来的好处，因为你可以去分析很多的数据。但是有些人忘记了数据分析的本质，一天到晚在看数据，做数据表格，分析这个分析那个。

但是分析以后就放一边了。这不是数据真正的价值。怎么利用数据去指引自己下一步的步伐，怎么优化，怎么整改，制定合理的战略布局，这才是要去做数据分析的目的。

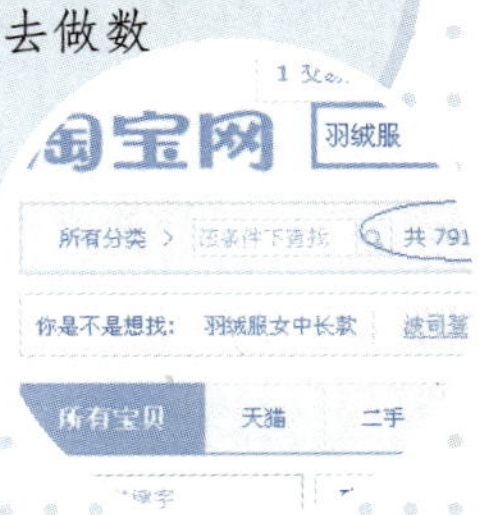

5.1 淘宝数据营销中需了解的重点指标

那在分析之前，首先我们要对那些最常用的数据专业术语，有一个认识。这一章就首先来讲一讲和转化率有关的一些数据术语。

5.1.1　转化率的综述

转化率是一切电商运营中的重要指标。一切的生意都是为了成交。那么转化率的高低，直接反应了成交效率的高低和产品推销的效果。而且在整个运营销售的环节中，任何一个点，都会最终影响转化率的高低。

5.1.2　转化率的重要性

比较书面而又官方的解释，转化率指在一个统计周期内，完成转化行为的次数占推广信息总点击次数的比率。

我这个人比较简单，喜欢把看起来复杂的事情简单化。所以如果让我来解释转化率，我就举个例子：比如做淘宝，通常指100个买家看到你的产品，有多少个会成交。如果100个人看到你的信息和产品，最终产生了1笔成交。那转化率就是1/100=1%。如果1000个看到，产生了5笔成交，那就是5/1000=0.5%。

虽然没有百度百科解释得那么官方和严谨，但是我想这样更容易让一个之前完全没有转化率概念的人，一下子就了解其意思。

把一个复杂的东西简单化，其实比把简单的东西复杂化，更不容易。因为要提炼，然后很简洁地用几句话表述出来。你去新华书店看看，你是喜欢你一看就懂的书，还是喜欢那种除了用来装一装，实际上根本看不大懂的书？现在的社会，大家生活都是快节奏，都需要快速掌握信息和知识点。

转化率，是一个非常重要的概念和指标。我们做推广，其目的就是为了让更多的人看到，让更多的人购买。而如果转化率指标非常低，就会让你的广告成本显得非常高。

比如说，投广告，花1000元买来2000个流量。如果转化率是1%，2000×1%=20，那就等于花了1000元产生20笔成交。那么如果转化率是0.1%，2000×0.1%=2，那就等于花了1000元产生了2笔成交。

这样一算，前者卖出一款产品，所需要的广告成本是1000/20=50元。后者，一款产品所占的广告成本则足足需要500元！

所以不要仅仅局限于推广来流量。这个是我一直在强调的。你想想，假如你的淘宝店，每天有 1000 个人来访问，转化率是 1%，那么一天你卖 10 单。而你的同行，他的淘宝店每天才 500 个人访问，转化率却是 3%，那实际他一天的生意就好过你，他能卖 15 单！

很多人就陷入了一个思维怪圈，当生意不好的时候，或是当想卖得更多时候，唯一考虑的就是想办法去拼命获取更多的流量，哪怕是花钱做广告也在所不惜。可是他就是没想过，有没有办法提高自己的转化率？有这样一个总的公式：

销售额 = 访客人数 × 转化率 × 客单价

那么从公式当中可以看出，当访问人数和客单价不变的情况下，转化率的提高，同样可以提升整体的销售额。

5.1.3 有效入店率

首先我们来解释下有效入店人数这个概念，对我们一个店铺来讲，顾客进来后，访问咱们店铺至少 2 个页面或是更多，然后才离开我们店铺，那么这样的一个访客，就算是一个有效的入店行为。这样的一个访客数量，就叫做 1 个有效入店人数。

但是如果访问咱们店铺，没有达到 2 个页面，就是点击进入后，就直接关闭我们店铺页面走掉了，这算什么呢？这只能算是 1 个访客数，而不能叫做 1 个有效入店人数。那么就好理解了：

有效入店率 = 有效入店人数 / 访客数

当然，这里有一点要强调的是：有效入店率是近几年一个比较新的概念。那有些人就提出了，如果一个顾客，虽然点进一个页面后，没有再访问店铺的第二个页面，就走了。但是他在他唯一停留的页面，做了一些动作，比如有点击收藏该页面，或是旺旺咨询了一下，或是加入了购物车，甚至是直接购买了。那这算不算是有效入店，还是算无效？

这个大家一致认为是有效的。

所以，严格来讲，有效入店人数的概念，除了刚刚之前的第一种解释，这种也属于有效入店人数。

比如说，我鼠标点击，进入一家店铺的某个页面，没有咨询，没有收藏，没有购买，总之没有做任何其他动作，唯一就是浏览了这个页面，然后就直接关闭这个页面了。那我算是给这个店铺增加了1个访客数，但是我并没有给这家店铺增加1个有效入店人数。

5.1.4　跳失率

也就是进入你店铺，看了一眼，没有访问第 2 个页面，就马上走掉的人数，占整体访客数量的比例。用公式表示：

跳失率 = 非有效入店人数 / 访客数

如果一个网店的跳失率过高，那就说明你的页面不够吸引人，顾客对你的产品或信息没兴趣。这就告诉我们，我们要先分析导致跳失率过高的原因了。是产品本身不受欢迎？还是价格没优势？还是详情页没有优化好？还是其他？这样，才能进一步去引导我们进一步去分析深挖背后看不到的秘密。

不过很多人对跳失率有一个很大的误区，认为跳失率越低越好。这其实也是不对的。跳失率过高，说明你的页面所展示的信息或产品根本不够吸引人，人家连进一步点击浏览你店铺其他页面的兴趣都没有，这没错；但是，如果跳失率太低，低得离谱，说明每个人进到你这个页面都会继续留意其他的页面，这进一步说明什么？说明你展示给别人的产品和信息，是大部分看到你这个页面的人都不想要的信息和产品，所以他才会进一步去点击你其他产品信息的页面！

小提示

所以对于跳失率，要掌握一个度。每个行业和类目都不同，和你自己所处的类目相比，你的跳失率低于同行一定的水平，就好了。但是如果低得离谱，往往又说明是有问题的。至于到底怎么样算高还是算低，只能根据经验以及参考自己这个行业的平均跳失率的数据，进行综合分析，没办法完全一概而论。

5.1.5 旺旺咨询率

旺旺咨询率是 100 个人进你的店铺，其中点击旺旺咨询的数据，占了多少比例。比如今天你的店铺，一共有 1000 个访客人数，这 1000 个访客中，有 800 个访客要么看了一眼直接闪人，要么是默默地收藏了你的店铺，要么是直接下单购买你的产品，总之，并没有点击你的旺旺，没有对你或你店铺的其他客服进行旺旺咨询。

而其他的 200 个访客，则都有点击旺旺进行咨询和沟通，那这 200 个访客，就是属于旺旺咨询人数。那这段 200 个人占总的 1000 个访客数的比例，就是 200/1000=0.2，那么也就是说，今天你店铺的旺旺咨询率是 20%，即平均下来，100 个人会有 20 个人咨询旺旺。

5.1.6 静默转化率

静默静默，顾名思义，就是顾客不说话、不咨询，就直接购买你的产品了。所以静默转化率，就是指这种行为的人，占到你整个访客数的比例。即：

静默转化率 = 静默购买人数 / 访客数

比如你到一个淘宝店里，看到某款产品的详细介绍，你没有疑问了，或是懒得去咨询旺旺，直接就拍下支付购买了该款产品。那么你的这个行为就是静默下单，对那个店铺来讲，你就是属于静默购买的人，给他店铺增加了一个静默购买人数。

5.1.7　什么是咨询转化率

通过咨询客服，才最终购买的人数，占整个咨询人数的比例，就叫咨询转化率。

咨询转化率 = 咨询后成交 / 总的咨询人数

静默转化率结合旺旺咨询率，把两者放在一起进行数据分析，才显得更加有意义。会出现以下几种情况：

1. 静默转化率低，咨询转化率低。
2. 静默转化率低，咨询转化率高。
3. 静默转化率高，咨询转化率低。
4. 静默转化率高，咨询转化率高。

对于 1，说明我们的产品根本没有吸引力，至少是没有让人购物的欲望。

对于 2，你要注意，这往往是你的产品页面讲解和介绍还不够具体，但是至少人家还是有兴趣的，只是你还没有解决大部分买家的疑问或顾虑。

对于 3，往往说明你的客服接待水平不行，人家不问还好，一问，都吓跑了。

对于4，说明你的产品页面吸引力比较好，不管咨询与否，都能做到很好的转化。

当然，以上4点说的只是大致的情况，实际情况可能要复杂得多。比如静默转化率的高低还和你的老客户数量，产品价格等等方面有关；而咨询转化率的高低，很大程度上却是由客服的销售水平来影响的。

5.1.8 什么是成交转化率

从上面的几点可以看出，转化率其实是个很宽泛的概念，因为它实际上还分成了静默转化率，咨询转化率等等各种转化率。所以平常我们说转化率，实际一般是指成交转化率。

成交转化率 = 成交人数 / 访客数

那么我们就可以看到，上面说的各个指标和环节，比如跳失率，旺旺咨询率，静默转化率，咨询转化率等，都会影响到最终转化率的高低。

这就让我们有事情可做了，做什么呢，那就是根据各个指标来细分这些对最终的成交转化率产生的影响，从而就能在各个环节上有的放矢，发现问题，解决问题，最终促使成交转化率的提升！

5.2 网店页面的主要构成

与其说买家是在访问我们的店铺，还不如说是在访问我们的页面。因为我们一家网店，就是由许多个页面组成的，买家每次通过浏览器浏览的，都是这样一个个单独的页面。

而买家在浏览这些页面时的种种行为，都会最终影响成交转化率。那么店铺的各种页面上，我们重点要关注的指标是哪些呢？在回答这个问题之前，我们先来了解下，一个网店主要都是由哪些类别的页面构成的。

1. 首页

2. 分类页

3. 宝贝页

4. 搜索页

5. 自定义页

页面是一个店铺的门面，是店铺流量的中转站；分类页，是产品按某个共同特性归类的集合页面；宝贝页，即是产品的详细信息介绍和细节展示页面；搜索页，是通过店铺搜索框搜索某个关键词，出来的结果页面；自定义页，就是卖家通过自身个性需求所做出来的页面，比如活动专题页面等，一般都属于自定义页。

5.3 首页需要关注的指标

5.3.1　浏览量和访客数

除非刻意给首页导入大量的流量，比如通过钻石展位，直通车页面推广，或是大型的淘宝活动，否则一般情况下，首页占到整个店铺的流量不会很高的，一般为20%~30%。这是为什么呢？其实从买家的搜索浏览入口路径和过程上，想想就明白了。因为大部分的买家都是通过搜索关键词寻找产品进入你的店铺的，那么买家进入你店铺的方式，往往就是首先通过点击你的宝贝图片，从而先进入你的宝贝详情页，是不是这个道理？

所以首页的浏览量（PV）和访客数（UV）在你店铺整个流量的占比上，一定是不会最高的。

小提示

但是首页的PV和UV如果太低了也反应了一个不好的现象：说明收藏你店铺的人群，也就是你的老顾客，往往太少。还有就是可能你的详情页等地方，做的引导非常差劲，我就看到有些店铺可能在装修的过程中，甚至导致宝贝详细页都找不到店铺的导航栏，顾客想到首页看看都找不到入口，这个也是要避免的。

5.3.2 跳失率

跳失率的概念我们之前的章节已经有介绍过了，那么，如果你的首页跳失率太高，往往说明一个问题：就是你的首页非常不受欢迎，做得很失败，等于是直接访问你首页的人，看了一眼，就直接关闭你的页面走人了。

我们都知道，要让买家真正下单购买我们的产品，才是我们的根本目的。那如果人家在首页看一眼，就直接走人了，就根本没有机会销售我们的产品了。因为首页的作用之一，就是分流各种流量到一些具体的页面和宝贝页面，那既然人家直接就跳失了，就更别提什么购买和转化了！

首页的跳失率，在平时的时候，我们要尽量控制在30%以下。在做大型活动和钻展的时候，因为曝光度极高，可能会有很多购买意向不是很强的流量进来，那么我们也至少要控制在50%以下。实际上，50%都已经是非常吓人的了，这意味着有一半的直接进入首页的流量被白白浪费掉了。

所以首页的跳失率，是越低越好，没有下限！

5.3.3 出店率

所谓一个页面的出店率，就是指顾客在离开你的店铺前，最后停留在哪个页面的？由于很多人找不到理想的宝贝，最终会到店铺首页再逛一下。如果还没什么太大的意向，往往最后停留在首页，然后关闭了页面，离开。所以出店率，一定会比跳失率稍微高一些，一般来讲，控制在50%左右，都算是正常的。

这个指标相对于跳失率，显得稍微不那么重要。不过请注意，不是不重要，是相对不重要而已。

5.3.4 首页到宝贝页、分类页等页面的点击率

因为我们首页上有海报，有各个产品的图片等，每个地方都代表了我们的布局。那么通过这个指标，我们就可以比较出，哪些位置我们的布局是比较合理的，是点击率比较高的；哪些地方是布局很失败的，是很少有人点的。

比如你做了一张海报，放在首页的某个位置，你是很期待潜在的顾客多去点击查看那张海报里的链接页面的，结果，很少有人点

击，点击率很低。这就说明你这个布局不够合理，需要及时更改位置和图片。

5.4 宝贝详情页需要关注的指标

5.4.1 宝贝详情页需要关注哪些指标

1. 浏览量和访客数

毫无疑问，一般情况下，在整个店铺流量中，占比最大的页面一定是宝贝详情页。因为顾客搜索寻找的，点击进来的，最终选择和下单，都是宝贝详情页。所以宝贝详情页是最值得我们关注的一个页面。尤其是一个爆款，该爆款的宝贝详情页的浏览量和访客数，都是相当惊人的。如果一个宝贝的详情页根本没有流量，那这个款哪怕再好，也是销售不了多少数量的！

2. 跳失率

一个宝贝详情页的跳失率如果过高，那么说明你的这个宝贝根本没有让人购买的欲望。这个时候我们就要去分析问题所在了：到底是我的详情页优化没做好，还是价格过高，还是图片太差劲，还是差评很多，还是款式本身，还是其他?

当然，宝贝详情页所起到的功能和首页完全不同，主要承载的不是分流的功能，所以它的跳失率比首页一定是要高的。一般来讲，跳失率不要高得离谱，不要高过店铺平均跳失率，就好了。

不过，对于爆款的跳失率，往往会低于所有宝贝页面平均跳失率很多。因为之所以为爆款，所以那个产品是比较吸引人的，所以跳失率自然就会低了。

3. 收藏率

收藏率越高的宝贝，反应了该款宝贝受欢迎程度越高。没有人明明对你的产品不感兴趣，还要去收藏你的宝贝的。所以利用收藏率的高低来判断一个款的受欢迎程度，借此来寻找有可能成为爆款的好苗子，是一种不错的办法。一般来说，收藏率如果有 10% 甚至更高，那往往这个款就具备成为爆款的潜质。

当然，我们讲过，观察数据，要达到一定的量。比如一款产品刚刚上线，才 10 个人看到你的产品，就有 2 个人收藏，这基数太小，不能说明问题，你不能就贸然认为这款产品的收藏率能够有 20%，一般我们可以在浏览量达到几百个的时候，再去考虑分析。

4. 成交转化率

我们做的一切目的，都是为了成交。前面的很多数据分析，都是为了更好地促进成交，是为成交做准备的。所以最终决定一款宝贝能不能卖爆，成交转化率是重点中的重点。实际上，一款宝贝的成交转化率如果非常高，那么只要你的货能及时供应，质量没问题的话，那么只需要大量的流量就行了。而流量问题，其实在你有一款非常好的转化率的宝贝情况下，根本不是问题，直接买就是。

很多人老是不愿意做花钱的事情。那可以告诉你，永远没出息。这明明花钱可以赚到更多钱的事情，你为什么不去做？

5.4.2 详情页数据指标我们会碰到的几种情况

有时候我们会碰到下面的几种情况：

1. 收藏率很高，但是转化率很低

这个时候，就有问题了：既然收藏率高，那说明产品是比较受欢迎的才对呀？为什么就是没人购买呢？

详情页没优化到位？这往往不是重点。因为人家既然收藏了，说明他的购买意向是比较高的，如果你的详情页根本没吸引到他，通常的判断就是这款产品不值得他关注，所以直接连收藏都免了。

大量的经验和数据表明，这种情况大部分都是由价格原因导致的。往往是因为你的价格有点高，超过大部分人的心理预期，很多人不舍得购买，所以买家会选择先收藏，等着你什么时候降价或是促销。

还有，就是有可能你的销量和评价还太少，人家不想做第一批吃螃蟹的人，他们想看看，等销量和评价有了之后，看看人家怎么说的，这款产品到底实际如何，我再下手！

再有，或许你的产品是季节性产品，比如像衣服，就比较明显。如果你卖的是一款夏天短袖的连衣裙，那天气还比较冷的时候，顾客会先收藏，到时候再来看看，买早了，没必要。

至于上面罗列的这些情况，到底是属于哪一个或是哪几个原因？需要我们去分析以及逐一排查。比如我们可以通过折扣工具，去调整我们的价格，观察几天，看看是不是属于价格原因。当然，有种特殊情况，就是有时候价格太低，也会导致这种情况，我就碰到过这样

的情况。例如，一款真狐狸毛羽绒服，价格卖得太低，顾客有时候会想，这是假的吧？真的狐狸毛羽绒服，会那么便宜？

怀疑销量和评价，那我们就抓紧弄几个销量和评价出来，看看反应；怀疑季节性原因，我们就设身处地想想，如果换了你自己，你现在感觉有必要购买这个产品吗？

通过这样的排除，最终找到答案，也就等于是解决了问题所在！

2. 收藏率低，转化率高

这种情况一般不常见，往往都是在那种超级便宜的产品上。比如价格几元钱，满 9.9 元包邮等产品上面，有时候会有这样的情况，因为人们根本不需要收藏，直接就购买了，反正花不了多少钱，不在乎嘛！当然这些都不是绝对的，不是说超级便宜的产品，一定都是这样的数据反映。凡事都没有绝对化的。

第6章 几种最常用的淘宝数据工具及应用

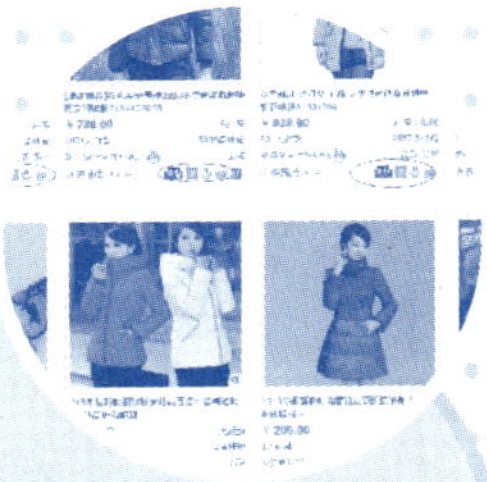

首先要说明一下的是，这里介绍几种常用工具，目的是为了让有需要的朋友，明白有些重要的数据，可以通过哪些工具的功能去获得，而不是详细介绍每款工具的具体使用方法。实际上具体的使用方法都很简单，这些在本章不做详细介绍。

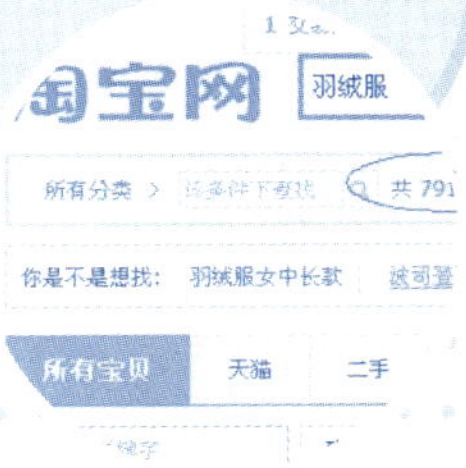

6.1 几种常用工具介绍

当然，跟淘宝有关的数据工具，肯定不止我介绍的这几种。本小节说的，主要是我平时最常用的几个工具。有免费的也有要花钱的。而且数据工具在于适用，自己感觉够用就好，不需要太多，太多就显得重复性太高，浪费数据分析的精力，没这个必要。下面逐一介绍下。

6.1.1　量子统计

量子统计。这个就不需要多说了，和淘宝店铺本身是绑定的，我说了，这里不是介绍每个统计工具的具体使用方法的。所以其他的就不多讲了，唯一的就针对量子里某个特殊功能来说下。那就是量子统计里的装修分析，如下图。

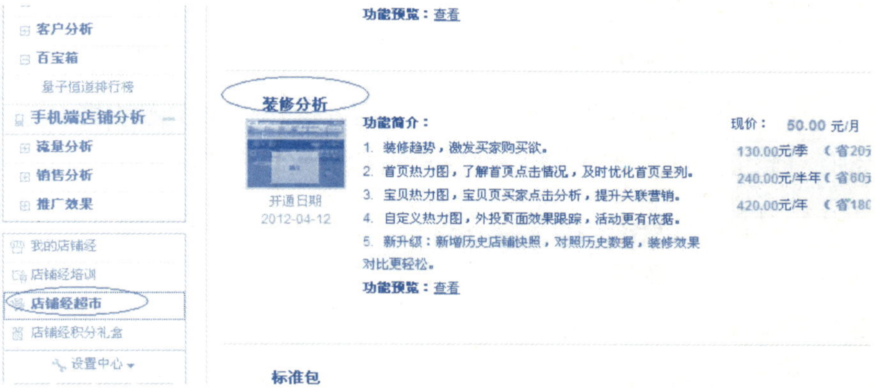

缺点就是要 50 元一个月，比较贵，不过作用还是很大的。其中的装修热力图，作用还是很大的。

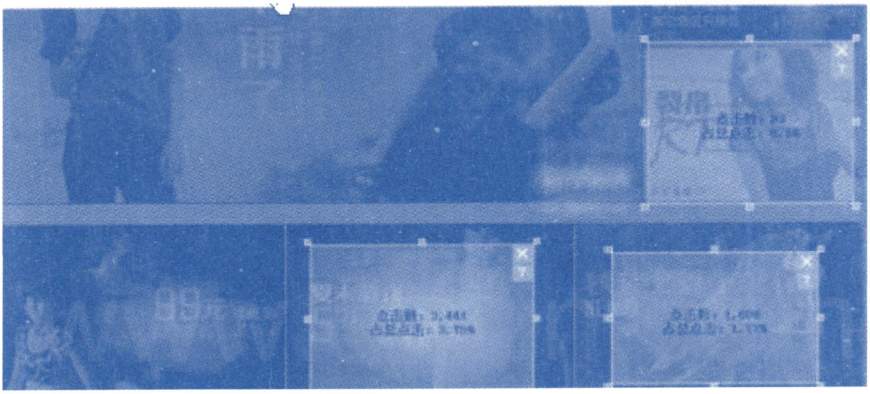

有了这个功能后，我们就可以查看我们店铺里，页面上的每个地方被点击的次数。如上图，你用鼠标框框到哪里，哪里就会显示一共有多少点击。

这个，应用的范围就很广了。举两个例子。

1. 你可以通过这个，来观察你店铺的首页，哪些地方有人点击，哪些地方是让人没欲望点击的，从而更好地调整导航、海报、布局等等，达到一个比较好的页面布局。

2. 你可以通过这个，来看一个页面上，哪些宝贝被点击的最多，如果一款宝贝点击量很高的话那说明这款宝贝比较受人关注，这也是在店铺里找“好苗子”的有效方法。如果配合一些钻展或是直通车的店铺推广活动，效果就更明显了。快速通过广告引来一批流量，然后第二天观察下，昨天哪几款宝贝被点击得多。

多多思考吧，可以利用和应用的范围是很广的。所以这个是很有用的一个功能，这里特别说一下。

6.1.2　数据魔方

这个也是淘宝官方的一个收费工具，数据魔方分标准版和专业版，他们的区别如下：

- 标准版：店铺信誉达到集市一钻以上或者成为天猫商城用户。收费：90 元 / 季，按季起定。
- 专业版：店铺信誉达到集市五钻以上或者成为天猫商城用户。专业版可直接享用“淘词”、“流失顾客分析”“第一时间”等功能。收费：3600 元 / 年，按年起定。

这两个版本，要说全面，那当然是专业版全面，价钱摆在那儿呢。不过对于一般的小卖家，往往对专业版“望魔兴叹”。不过没关系，等下我会介绍一个性价比很高的工具，功能也是非常强大的。

如上图，百度下数据魔方，你就可以找到。至于专业版和标准版，具体有哪些功能区别，有兴趣可以去看。点击免费体验，可以看看他们到底有哪些功能。那我们就来看看，数据魔方里，需要关注哪些功能。

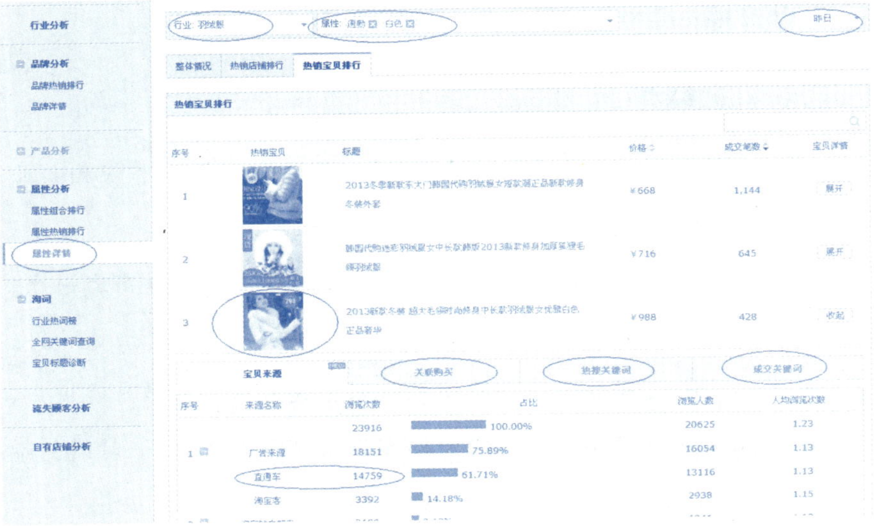

如上图，专业版和标准版相比，一个很大的亮点是：专业版几乎可以查看你这个类目任何一款产品的情况。通过对属性的多维度设置，不断细分，你就可以找到人家的那款，然后分析他的流量来源。而标准版，只能够通过品牌查找。那品牌查找，就意味着你只能够查找天猫店的，因为天猫店必须有牌子。而集市店里的宝贝情况，就没办法找了。而这个专业版，都可以。

通过这个功能，你就可以知道，人家具体某款宝贝的很多情况。比如像上图，就可以查到，这款羽绒服，昨天一共卖了 428 单，来的流量一共是 2 万多。而其中，有 1.4 万多的流量，是来自直通车。如果按他直通车平均 1 元算好了（实际上往往羽绒服类目的直通车烧那么大的流量进来，1 元还很难拿下），那一天起码也有 1.5 万元左右的直通车费用。说到这里，顺便对小卖家朋友说一句，你看到那些很多的销量，别羡慕，人家可是有实力用钱砸的。一定要量力而为，不要看人家销量好就眼红，那都是要付出代价的。

人家一天卖400多单，你一天卖4单，因为开支小，4单可能也有两三百元的纯利润了。慢慢来，脚踏实地，不要老是天天想着搞那种销量巨牛的爆款。告诉你，淘宝上年销售做几千万的，实际却是亏损的店铺，很多。光是广告费和工资以及场地费，以及海量库存压货，就吓死人！

小提示

数据魔方，其实最大的卖点，个人认为就像上图一样，能查看一个款或是一个店铺的具体情况，比如流量来源，他是通过哪些主要关键词成交的等，就这些。其他的很多功能，其实一些性价比很好的工具，也能满足条件。所以很多人买专业版，就是冲着这个功能去的，要不然，太贵了。

那你在想，我是做女装的，交3600元一年，只能看到女装类目的。如果想看其他类目，如母婴类目呢？对不起，请再交3600元！也就是说，你想多看一个类目的数据，就要多出一个3600元一年！同时能看10个类目，就是3.6万元！贵吧？当然，估计除了一些专门帮人家运作淘宝店的代运营公司，一般没有人需要开那么多个类目的数据魔方。

等于是淘宝在卖数据！所以说，淘宝所谓的免费开店，那只是一个噱头而已。真正把淘宝当事业做，有些钱，是逼着你去花的。下面就再介绍一个超高性价比的。

6.1.3 生e经

生 e 经，也分加强版和专业版。但是专业版也就 500 元一个月，要么你不用，要用的话，我强烈建议用专业版，平均一个月 50 元不到，还是很划算的。

注：标题分析、关联分析、订单来源ROI、查看淘宝所有行业情况仅限专业版。

生 e 经，里面好用的功能很多。比如：可以实时查看当天的产品转化率，这在打爆款的时候，比较有用，随时观察，心中更有底；它的订单来源功能，可以使你知道买家具体是通过什么途径最后在你店铺里成交的；对于你店铺里哪些产品关联度最好，也有很好的建议；可以随时去设定上下架时间，很方便等等。总之，生 e 经可圈可点的地方很多。

特别一提的是，比如对于 SKU 比较的产品，比如衣服，当你一个款卖了几千件，又要继续下单的时候，哪个颜色，哪个尺码，卖得最多？各个SKU的比例是多少？通过生e经，一目了然，给下单或进货就提供了相对准确的数据，不再按心里估算了。

再一个，它可以跟踪到店铺里成交率最高的是哪些地区。那对于直通车的地域投放，都起到了很好的参考作用。

虽然，这篇文章怎么看起来都像篇软文，都像是在做广告，但是我可要说，这些是我用的最多的工具，感觉真的好用，也知道很多新手朋友有这方面的知识需要了解，所以不得不被迫帮他们打了回广告，哈，他们又没给我一分广告费。

6.1.4　淘宝指数

最后，再介绍一个完全免费的工具：淘宝指数。

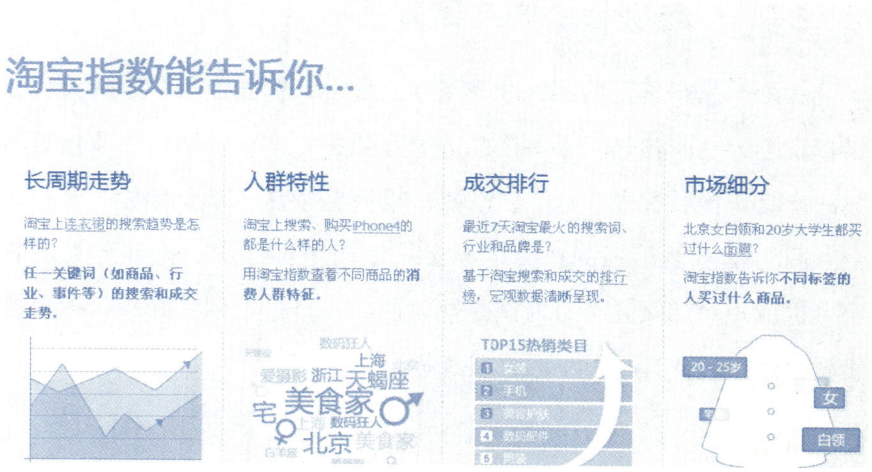

淘宝指数，主要能得到哪些数据，上图已经说得很清晰了。自己在地址栏输入 shu.taobao.com 就会一目了然。

好了，再次强调，本小节主要是大致介绍本人最常用的一些重要工具，而不是全部，不要因为我介绍了这几个，你误以为做淘宝有这几个就完全够了，那不一定，有时候为了特定的需要，可能还要用到一些不常见的工具。不过还是那句话：工具，够用就好，在于精，而不在于多。

6.2 利用数据进行产品的预热

前几天，有个朋友问我，咱们在开始推产品时，是不是要提前推呢？为什么提前推？到底该提前多长时间呢？有什么参考没？那现在就讲讲这个吧。

6.2.1 什么样的产品需要预热

一个产品在真正的销售旺季来到之前，我们先进行一定的人气和销量积累，这叫预热。哪些产品需要预热呢？往往是销售季节性很明显的产品。比如衣服、鞋子、空调、暖手宝等等。为什么呢？

因为季节性很强的产品，不会一年四季都好卖。比如夏天的衣服，也就短短那么几个月时间是热卖的，一旦过了销售旺季，你想热卖就很难了，并且一不小心，就压货了。

小提示

大家都知道，淘宝，是一个马太效应很强的地方。总的来说，你的产品销售越火爆，越是容易得到曝光的机会，即免费的流量越多。尤其是天猫的豆腐块，一旦上去，就不容易很快下来，从而获得大量的免费流量。而且，销售数量多，转化率也会有很好的提升。

所以，我们就要提前进行预热，抢占山头！哪怕没有实力抢占山头，至少也不会落后人家太多，早点积累销量和人气。不然，等到销售旺季真正到来的时候，很多竞争对手都已经遥遥领先我们，这时候，我们的曝光率和转化率，和人家比起来都没有优势，要想赶超人家，就要付出比人家更多的代价。

就单说直通车，销售旺季来临的时候，平均点击价格（PPC）都会飙升。而在旺季没来之前，PPC 是要便宜很多的。而早一些就开始预热的那些人，无形当中省了一部分费用。

那有人就说了，如果早一点开始推，销售旺季还没来，会不会因为产品的转化率比较差，而很不划算呢？这个也是有道理的，所以我们要找到一个合适的时间节点，然后根据产品所处类目的本身情况，去控制投入产出比。不至于投入太大造成无谓的浪费，又能拿时间和金钱换将来的机会。

6.2.2　什么时候开始预热

那这个时间点，如何找？如果早早开始推，推广费用，如何控制？这正是接下来要说的。就拿季节性比较强的女装来举例子。为了更直观，用图片来说明。打开数据魔方（其实用免费的淘宝指数也可以，这个分析的道理是一样的）。

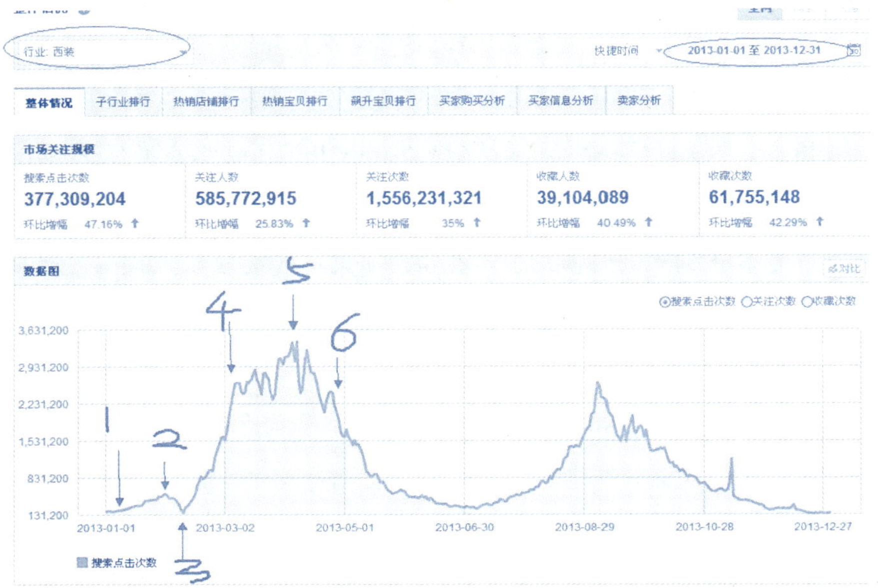

上面这张图，是数据魔方里出来的，2013 年 1 月 1 日到 12 月 31 日，女装小西装整年的销售走势曲线图。曲线“山峰”越高，代表热卖程度越高。如果把鼠标放到曲线上，就能显示鼠标停留的每个点上面，具体是几月几号，这里截图为了标注，就不具体展示每个点了。

假如，2014 年我有新款的女西装要推广，那我应该是什么时候就开始预热呢？因为将来还没发生，没有数据。那我们能参考的，就是过去的，已经产生的数据。所以我们就要先来分析 2013 年的数据，从往年的数据中，分析女西装的销售走势，从而来预测和制定今年的计划。先对我红箭头标注的地方，做个简单说明。

红箭头 1 的地方，是 1 月 4 日。然后一直到箭头 2，女西装的销售，是呈现逐步上升的阶段。红箭头 2，是 1 月 31 日。刚好是由于 2013 年的春节，快递几乎全面开始停止的时候。快递都停了，那还买什么，反正买了过年前也收不到货。所以销售曲线急剧下降，到了箭头 3，成为最低谷。

红箭头 3，是 2 月 9 日。刚好是 13 年的大年三十。

红箭头 4，是 3 月 8 日。由于这个时间段的气温很适合穿小西装，加上三八妇女节的各种店铺促销，引来了第一个销售高峰期。

红箭头 5，是 4 月 5 日。这里赢来了女西装的销售最高峰！最热卖的时间。

红箭头 6，是 4 月 26 日，女西装由于天气越来越热，很多人开始期待要穿夏装了，销量开始快速下滑。

6.2.3 利用数据敲定时间点

那么我们可以发现，从箭头 1 这个时间节点开始，女西装就开始预热了，也就是 1 月 4 日。

这里要说明一下，有人会问：为什么上架预热，偏偏是在箭头 1，是 1 月 4 日？为什么不可以是 1 月 5 日，或 1 月 3 日？

其实这个都是可以的。只要在这个时间段的大致范围内，你给自己做计划的时候，具体定个日期就可以了，比如，从上面曲线我们看到，从 1 月 1 日到 1 月 5 日这个小范围的时间段内，是一个预热的起点，那么你就可以在这 5 天内，具体给自己定一个时间就好。而不是说偏偏就是很死板固定哪天。

那为了做计划，需要有具体的几月几日的时间点，以便各部门和环节的把控，我就给自己定了 1 月 4 日。这个，相信明白我说的意思了吧？好，定下来是 1 月 4 日以后，我们做计划，好玩的倒推法就开始了。

1 月 4 日，既然我的女西装就开始预热，那就意味着，在 1 月 4 日，我必须有已经测试好的，适合去推的款了。那么如果用直通车去测款并发现有潜力的款，根据经验一般是 3 到 7 天。为了测得更准确一些，我们就给自己 7 天的时间。那么，我们就从 1 月 4 日往前推 7 天，意味着最迟要在 2012 年 12 月 28 日必须产品上架！

既然要在 12 月 28 日产品上架，如果你是自己下单生产，同时又不想预售，想现货售卖，那如果辅料和布料都已经采购好的情况下，上流水线制作。假设首批下单 100 件，需要 3 天，那么就是最迟 12 月 25 日必须开始生产。如果面料采购和辅料还没采购，假设采购，要 7 天。那么在 12 月 18 日，必须开始采购。

小提示

注意这里说的生产和测试之类的具体需要几天，每个人自身情况都不同，我这里是结合我经历过的一些情况举例，为的是说明倒推方法和逻辑。具体要几天，你可以结合自己实际情况。

同时，因为 2012 年 12 月 28 日必须新品上架，那么假设美工的制作时间需要 4 天，那么 2012 年 12 月 24 日，拍摄的产品照片必须到手。

假设拍照和初步修图的时间，需要 3 天，那么 2012 年 12 月 21 日，必须开始拿样衣去拍照片。

如此这般，不仅仅是考虑到我要在何时预热的问题，而且在预热之前的一系列问题，都把每一个时间节点敲定死了。这样才能有效地保证计划的执行。有很多朋友就光是考虑何时预热，却没有把预热之前的一系列计划做到位，那往往到了那个时间点，不能顺利执行计划。

这就是作为一个店铺运营，需要考虑的范围之一。

6.2.4　两条腿走路

那有人问，你怎么确保在预热开始的那个时间点，就一定能找到有潜力的款？问得好！

我们也为这个事情头痛，因为之前公司是自己开发款式，你能确保开发的款式，就一定好卖？所以，我们要做两手准备。在预热之前，一手抓自己设计开发的款式，另外一只手，就要通过往年的分析，以及对今年最早一批开始上架的别人家的新款，进行跟踪分析。通过数据魔方等，观察哪些款的转化率等情况是比较理想，而且是推起来比较快的，我们快速去模仿打板，可以在人家的款式上，适当改进。在整体款式和版型上，和人家差不多。

这个是很好的一个做法。可惜我这几年所在的公司，是一家传统企业女装公司，虽然对电子商务部分用了心，但是总体来讲，公司还是主要考虑线下为主。所以精力有限，公司没有百分百拿出决心配合我们电商部门主动去根据淘宝开发款式和模仿人家淘宝好卖的款式。我们有沟通过，但是最终没很好地配合实施，这个是小小的遗憾。不过可以理解，做企业都不容易。

小提示

如果真的有条件这样去做，那么这样就最大限度地保证了一批货上来，总能找到那么一两个款，是容易推起来的。当然了，凡事都没有绝对，谁也不能保证百分百每次都那么顺利。只是我们做计划的时候，去努力了，就好了，至少把成功的几率，放到最大！

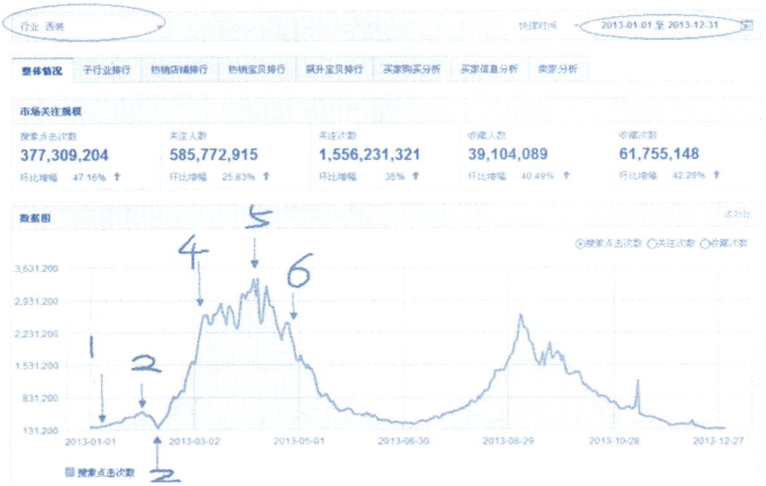

同样还是这张图。箭头 4，达到了第一个女西装的销售小高峰，箭头 5，达到了最高峰。那么我们可以在 4 和 5 之间这个时间段内，再找另一款女西装迎头赶上，通过第一个已经推起来的女西装，去带动第二个女西装，趁热打铁。

6.2.5 爆款接力棒的必要性

这个在有条件的情况下，是有必要那样做的。你会发现，一个款经过一段时间的直通车推广后，点击率和转化率可能都会有所下降，因为该买的，好多已经买了，加上竞争进入白热化阶段，又加上人家看腻了你这个款的图片，势必导致直通车点击率和转化率有所下降。

这时候，就需要那么一个款，来把这个款的接力棒给接过来。所以这时候通过关联推荐等，慢慢培养另外一个女西装的款。

这时候，逐步降低第一个热销的小西装的推广费用，因为第一个已经形成气候，自然流量会很多了，把第一个款的费用，慢慢挪用到第二个款的小西装去，加大第二个款的推广投入。这样就实现了很平稳的过渡，减少了单款爆款的风险，又增加了在女西装这个类目免费搜索流量上的持续持有时间。

箭头 4 和 5 之间，如果顺势来个聚划算之类的巨大流量活动，是很不错的选择。不过还是和上面的倒推法一样，要早早就把计划做出来摆在那里，然后有条不紊地去执行。

相信说到这里，大家就明白了。假设几个月前，我就开始做 2014 年计划，我要推广女西装，通过刚刚 2013 年的数据，就可以有目的地去推算和预估，做计划了！

比如 2014 年的除夕，是 1 月 30 日，那么根据 2013 年的数据，我们可以推算出 2014 年 1 月 20 日左右，快递大面积要停止。

2013 年数据表明，2013 年的 1 月 4 日预热到 1 月 31 日快递停止的时间有 27 天，那么，可以推算出，2014 年的女西装，大致在 2013 年 12 月 23 日前后，就要开始预热，然后继续倒着推。

6.2.6　预热期间需要投入多大

那还有个问题，预热期间，我们应该推多大力度？毕竟预热阶段，不一定产品的转化率非常好，因为旺季还没来嘛，如果投入太大，怕浪费钱呀？别急，我们继续看看数据魔方。

点开属性详情，然后先看看，昨天，占据女西装热销排行榜的产品，大致都卖多少件？再看看最近7天，他们又共卖了多少件？然后点击“展开”选项，看看流量来源，把那种通过聚划算等活动上的，都剔除掉。就看那些不靠聚划算等大型活动，而是靠直通车和自然流量卖的那些款，大致每天都卖多少件？

我现在这张截图已经不准了，因为现在已经是1月21日，一大批的女西装销量气候都已经形成了！而如果在刚刚预热的时候，这些都不会卖到那么多的。因为都在预热，那你参考下就有底了。假如这个热销宝贝排行里，排名在第20名前后的四五个宝贝，每天大概销量多少，比如是30件左右每天，那么意味着，如果想以后占据20名以内的销量，我们要在预热阶段，就至少要跟上人家的步伐，那我们预热的时候，至少每天就要推到一天30件左右。因为你的销量和人家接近，那么到时候获得的排名，往往也不会差到哪里去。这样一算，预热阶段大概需要多少推广费用，就心里有底了。不过大家一定要明白，是根据数据大致的预估，具体排名之类的，神仙也算不准，以前说过，和其他一些情况，都息息相关，这不是这里要说的重点。

当然有些小卖家说，和他们这种拼，我拼不起；或是有些卖家，说我看不懂你上面说的这个什么预算之类的，感觉有点不是特别能理解。那这个没关系，没理解的，或是一些小卖家，你就按着自己的推广节奏，在自己的能力范围内，能直接持平或盈利最好，如果不能，那适当亏一点点也可以。毕竟是预热，亏一点也正常，但是不能亏太多。这个具体亏多少算正常，亏多少算太多，我没法给出答案。各家各行业，情况都不同，靠你自己对自己本身的行业了解，量力而为吧。

小提示

更多时候，这种投入和产出的估计和判断，靠的是自己平时操作自己产品的一种经验，很难表达，无法一概而论。所以这里只能起到抛砖引玉的作用。

这篇文章，主要目的是为了让大家能够明白什么时候开始预热，和倒推做一系列工作。那部分的内容，能够理解就行了。

好了，对于小西装，前面我们告诉大家倒推的方法，以及看数据和分析的一些小技巧，那对于连衣裙呢？其他类目和产品呢？道理，还不是一样的嘛！

第三篇

淘宝开店之推广篇

其实任何的网络渠道的电子商务，都离不开三个点——产品、流量、转化。那么我们在之前的定位篇，讲了产品，又在内功篇，讲了转化，那这一篇专门讲推广，是专门针对流量的，推广就是为了解决流量问题。当然，关于站外推广，什么博客营销、SEO、百度竞价等，不是本书的重点，所以这里主要就围绕淘宝站内的推广进行重点讲解。站外的推广作为少量的补充，就点到为止了。对于站内的推广，主要是直通车、钻展以及淘宝活动。

第7章 淘宝直通车入门到高阶

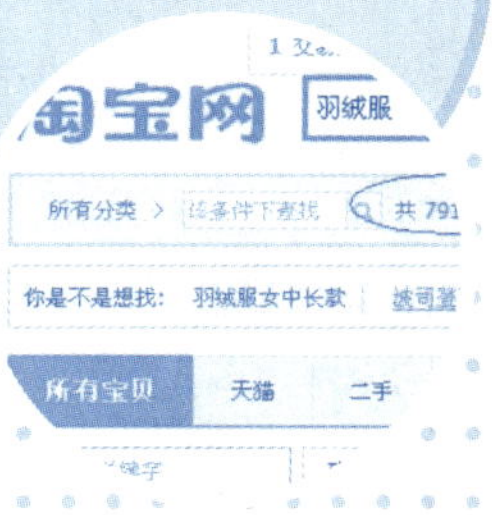

操作直通车，很多人往往用“烧”来形容，为什么呢？因为他花费很快。一天从几十元到上万元，只要你有钱，随便就给你消耗掉了。花钱快，很像用打火机点人民币的节奏，所以慢慢地就说：烧车！

7.1 认清直通车的真面目

很多人烧直通车，不管三七二十一，就盲目去操作。花了一些钱，发现没效果，马上就放弃了，并且从此再也不想去触碰这个东西，得出的结论就是直通车除了烧钱，根本没用，就是个骗钱的工具！真的如此吗？未必。通过本章的内容，相信你对直通车会有一个全新的认识！

7.1.1　直通车概述

讲直通车，就先来说说直通车的本质，让你从意识上对直通车有一个清晰的认知。这一点，相当重要，不搞清楚直通车的真面目，不懂他的本质和意义，接下来的所有东西，都是错的。

你就想一个问题：如果直通车真的是那么得无聊和不中用，为什么还是有那么多人在讨论直通车，那么多人在乐此不疲地研究直通车？而且为什么每年参与烧直通车的人越来越多，把价格抬得越来越高？

这说明真正能通过直通车获益的，还是大有人在。我一直有这样一个观点：存在即是合理。一样东西如果真的不行，不会存在的，因为大家都不玩。之所以大家都说这个东西吭人，不好玩，那是因为玩得好的人，不希望别人也都去玩，少一些竞争；玩得不好的人，自然是要开口叫骂来泄愤！

“二八法则”永远存在，不管是什么行业什么事情，一个人的机遇、性格、魄力、执行力、思维模式、资源、先天优势等等，成功的永远都只有 20%，还有 80% 就是打酱油。就算你努力了，也未必能做好一样事情。这是实话。只要努力，就一定能成功，那只是鼓励人的一句话而已。但是请别灰心，请别破罐子破摔，认为反正做什么都不容易，我干脆就不努力了。你要这样想，努力，我或许能成为 20%；不努力，那就绝对是属于 80%，你要做哪个，自己选吧。

小提示

学习任何东西，首先都要从意识上，看透本质，看到一些别人没想过或表面看不到的东西，你才能做得比绝大部分人要好。

所以我是一个极度不喜欢直接就讲如何具体操作，而不讲意识的人。

当然，为了节省彼此的时间，提高效率，看到这篇的朋友，如果有完全没接触过直通车的，那最最基本的规则和概念，比如直通车是出现在页面的哪些位置的，直通车到底指什么等，这些问题就百度一下或看官方的直通车介绍。我正在录制的淘宝视频以后讲到直通车，从基础到高级，这些都会讲，但是这里就不讲太基础的了。毕竟用文字表达有些东西，费劲，嘿嘿。

7.1.2 直通车的本质

很多人做直通车，有一个很奇怪的想法，就是我花钱烧直通车了，就一定能够把产品卖出去了。当然这其中有很多人是因为受到了网上各种利用直通车打爆款文章的影响，进入一个误区，以为只要花钱做直通车，就有很多人进来购买我的产品了，你看，人家都说用直通车打爆款很爽。这其实忽略了一点，因为人家没说，这里有一个前提，那就是一个好苗子。

我们每个人的店铺里，对于很少卖出去的产品，原因无非就是三种。一，这个款本来就不受欢迎。二，这个款其实是个好苗子，人见人爱，可惜每天曝光率太低，很少有人看到。当然还有第三种，明明是好苗子，可是由于你在定价上，详情页的描述上，都没做到位，导致没有把它优秀的一面展现出来。

小提示

直通车，是用来购买流量的。你的店铺里，有某个产品是有潜力的好苗子，是受顾客喜欢的。那你利用直通车让这款好苗子被更多的人看到，于是这个好苗子最终成了抢手货，成了爆款。反过来，把一个本来就不受欢迎的款，通过直通车卖成爆款，是行不通的。

所以请记住：直通车对于一款产品来讲，只会是锦上添花，而不会雪中送炭！直通车要么让有潜力但是卖得少的款，卖得多起来；要么就是让已经卖得很好的款，卖得更火！

理清这个认知以后，直通车推广什么产品，你要做的就是两点：

- 找出目前卖得少，但是有潜力的款，把价格、详情页等用心做好，去推（如何发现潜力款，在接下来的章节会讲到）。
- 直接拿你已经卖得很好款去推。

从此以后，再也不要傻傻地凭自己喜好，或是因为哪个产品库存多，就直接拿哪个去推直通车，这是行不通的。

而且，当你的某个产品利用直通车怎么推都推不起来的时候，首先要考虑的是好好审视你的产品本身，比如价格，款式，或是详情页的优化等是否不行？不要动不动就把所有的问题都放在自己的操作上面去找，老怀疑自己操作不对？

7.1.3 点击率是直通车的核心

看看你的直通车，如果你的点击率惨不忍睹，那就等于再好的戏，都出不来。没有点击率，就没有流量，你硬是要买流量，那钱可以花的是人家的四五倍以上。而且就算你肯花，也没有很多流量。没有流量，哪来的成交？

什么样的点击率算是合格的？这里先大致说下，就是根据直通车里面的关键词数据，来看你投放的具体这个词，整个淘宝的平均点击率是多少。如果低于平均很多，那就是很差。反之，就不错。

再一个就是根据经验来判断，那是基于你对自己本身这个类目的了解。比如女装，他的直通车点击率如果能到 1% 以上，就是很优秀的了。但是有些行业，可能到了 1.5%，都不算好。

不过根据我的发现，大部分行业，如果能超过 1%，基本上都算可以的了。同样，大部分行业，如果低于 0.5%，那就有点危险了。如果低于 0.3%，那基本上就是我说得惨不忍睹的那种。不过这里这样说，只是暂时给新手朋友一个自行的大致判断，不一定就很准的。因为还涉及到具体的关键词投放，比如你是投放热门词多，还是冷门词多，都会不一样，改天细讲。

你是不是被很多网上的教程，还有网络上的万堂书院告知：影响直通车质量得分的有什么这个点击率啦，类目相关度啦，什么点击反馈啦，什么竞争度啦等等，总之是说了一大堆，最好把你搞晕，看起来很厉害的样子，又感觉他什么都没说，因为他没说哪个是重点。

重点就是点击率！

小提示

现在你只要先在认知和概念上，知道点击率是直通车的第一关。如果点击率太低，那么基本上别的一切后续工作都没法展开，这个直通车，火是越烧越小，烧不起来的。

7.1.4　学会算直通车的账

算直通车这个账，要从总体投入产出去算。很多人算账算不清，对直通车的账也算不清，这会导致错误的判断。比如明明亏本的，他还继续以为自己赚钱的，一个劲玩命去花钱；明明赚钱的，他以为自己是亏本的，早早就放弃和降低了直通车投入，错失机会。

很多人是这样算的：我直通车花了多少钱，通过直通车本身，直接产生了多少销售额或利润。

比如最近10天，小明店铺的一款产品，总共卖了95单。而小明的直通车花了6000元。通过直通车直接转化卖出去有50单。一单利润100元。

小明一算，不得了！这直通车太吭人了，我花6000元，通过直通车直接卖出去的才50单，也就是才产生了5000元的利润。这5000−6000=

亏本1000啊！

小明这样算直通车的账对吗？表面对，其实不对。因为他还忘记了一点：这10天，他这款产品总共卖的是95单。也就是说，除了通过直通车直接卖出去的才50单，还有45单，是通过免费的自然流量销售出去的。

那就是95×100=9500元利润。9500元−6000元直通车=3500元。

小明没有亏本1000元，实际上是盈利了3500元！

这里有的朋友可能会想，望族希望，你这算的不对：他直通车明明是亏的，反正他除了直通车，光是靠其他免费的流量，就卖了45单。那干脆不投放直通车不是更好嘛！因为45单就有4500元利润。这里，就涉及到一个基本的全局观和淘宝的规则问题了。

一个最基本简单的道理就是：淘宝会给销量好的产品，更多的曝光率，更好的排名。所以通过直通车的推广和销售，直通车给你贡献了更多的销量，也就等于给你这款产品贡献了更好的排名，才使得你的免费流量越来越多。（不是新手的朋友请谅解，为了照顾很多新手的读者，好多非常基础的地方，还是要解释一下，别嫌我啰嗦）

也就是说，没有你的这个直通车，也就没有多少自然流量。没有直通车卖出来的50单，你免费流量也没那么多，也就卖不出45单。

这下明白了吗？这就是为什么很多人看着做直通车亏本，但是还是要做直通车的原因。因为单从这款直通车看，我是亏本的，但是算这个款的整个销售量，如果能盈利的话，那这个款的直通车，还是值得烧的。

那我们可以继续延伸一下思路：一个爆款，即便是真的亏本的，但是带动了整体店铺的销售和人气，这个款亏本，总体一算，却是盈利的，那我这个款亏得值！

小提示

相信到这里，很多人可能就会明白了以前一直没想明白的问题。比如看到某个店，你很纳闷有什么精神力量支撑他那样去亏钱。因为你算的角度和人家不同。人家其实是赚钱了。为什么这几年，老是讲爆款，老是讲直通车，就是因为能够通过这种模式去做一个店。尤其是前几年的淘宝，一个爆款起来，给你带来的自然流量和店铺整体的盈利贡献，是很明显的。

但还是那句话，爆款，直通车，你要会。不过不能指望他和以前一样那么牛了，因为淘宝在变！

当然，注意这个前提是，整体的账，要盈利。不能稀里糊涂，明明整体是不划算的，却还一个劲在做亏本的事情，那就真的是人傻钱多了。

7.2 烧直通车的不同侧重点

有人觉得，烧直通车，不就是大卖家有资金实力，小卖家没几个钱，广告花费得多一些和少一些的区别！人家广告投入大，那就多卖一些，我没钱，就少烧一点，还要分什么策略点啊？其实，我想说，这和昨天第 1 步带领大家先认识直通车真面目一样，是在你烧直通车之前就首先要搞清楚的东西。

7.2.1 超级大卖家烧直通车的策略

在这之前，我们先来定义一下，什么是大卖家，什么是小卖家。实际上，如果按规模来分的话，我们可以分为 4 种。当然这里的大小划分，也是没有绝对标准的，只是大概的这样一个意思而已。

（1）超级大卖家

（2）大卖家

（3）中级卖家

（4）真正的小卖家

第一种，超级大卖家，其实就淘宝来讲的话，屈指可数。往往指的就是那几个名头很响的，做淘宝的人基本上都会略有耳闻。每年的双 11，都是他们几个上主会场。平时的日均销量动不动就是两三千单以上。像女装我关注得最多，了解得也多一些。比如裂帛、茵曼、韩都衣舍、OSA 等。男装的 GXG、七匹狼、杰克琼斯等。

这种超级大卖家，不管在管理、资源、人力、物力上，都是一般的卖家所达不到的实力和规模。而这种卖家，往往是不屑于去通过直通车打造一两个爆款之类的。因为他们都有年度的整体品类规划和品牌战略，到了这个级别了，都是从全局上去考虑了。要求的是整体的货都能走，而且走的比例很协调，在他们的计划之内。比如连衣裙销售占比多少，羽绒服销售占比多少，他们基本都有详细的预算和计划。

所以基本上，你很少看到这些超级大卖家在某个款上面猛砸直通车。他们不投放吗？不，相反，他们每天的直通车花费，是我们普通人承受不起的。虽然我身边目前还没有超级大卖家的直接朋友，但是由于身边信息源比较多，大卖家倒是有几个，加上淘宝也经常会拿他们这些超级大卖家做案例去讲课去宣传，所以从很多历年的公开数据上，都能略知一二。

他们直通车投放的一个大概策略就是会把很多款都投入到直通车里，虽然对每个款每天投放的花费的侧重点有所不同，但是往往是在单个款上面比较粗放管理，不会很仔细地对每个款每个关键词和时间段等方面很细节地去调整，但是对于直通车整体账户的数据走向方面，控制得比较科学。基本都有专门的部门，甚至是细分到专门的直通车专员，去负责这一块。

总之，款式投放多，对于每款不抓细节，而只抓整体的方向，是他们的普遍做法。一天的直通车花费，从几万到十多万不等。不要感觉已经多了，其实他们更多广告是投放在钻展上面。因为钻展更好地起到了品牌曝光率的作用，符合他们这种级别的战略需求。所以钻展一天投放个几十万，是很正常的。想一想，有时候一天就上百万销售额的卖家，真的完全没有海量广告投入，可能吗?

顺便说下，现在的数据魔方，对于每个店，都是透明的。你都完全看得到人家的每天销售额，也可以通过数据分析每天他们的投放量，估算大概的每天广告花费。所以，这个，不是我随便乱说的，都是有数据摆在那里的。

这里还要说一下，在广告的投放方面，不同企业、不同阶段、不同目的，侧重点都不会完全一样。

比如，如果你的广告更多是为了提高品牌曝光度，为了更多的品牌知名度。那往往不会计较短时间的投入产出比。不像我们小卖家，投放1万元，就要考虑是赢是亏。这种战略性亏损，眼光放的是比较长远的。

小提示

所以这种超级大卖家的直通车，他们有时候甚至不会考虑短期投入到底是亏本还是盈利，关键是一个曝光率，提高影响力。最终把一个品牌的价值做出来，形成品牌溢价，获得行业的话语权。

所以，不要认为那些超级大店的直通车操盘手，就一定什么都会。你让他去很精细化地去炒作一个爆款，未必！玩法不同。

7.2.2 一般大卖家烧直通车的策略

大卖家往往指那种在整体的实力、供应链等方面，稍微低于超级大卖家的。相当于超级大卖家的降级版本。我关系还不错的，达到这种级别的，也就一两个。年销售额在六七千万元左右。

所以他们的策略和思路，是介于中级卖家和超级大卖家之间的。这里就不做详细介绍了，只需要继续来说说中级卖家以及小卖家，这才是我们一般的淘宝小玩家所需要重点关注的。

7.2.3 中级卖家烧直通车的策略

第三种，中级卖家。像我这几年所在的公司电商部，就是属于中级卖家，我这里定义的范围就比较广了。比如像女装，年销售额四五百万元到两三千万元，我们都可以定义为中级卖家。或者是说，只要有超过七八个人的团队，有专业分工，比如有店长、客服、美工、文案（很多店铺规模不大，可能文案工作直接由美工来完成）等专门的细分岗位。所以中级卖家的直通车策略，我就比较熟悉和了解了。

超级卖家和大卖家基本上是以钻展为主，直通车为辅。而中级卖家，往往都是以直通车为主，钻展为辅，有些甚至连钻展都不怎么投放。因为钻展的投放，对于店铺整体的根基要求比较高，而中级卖家其实还是实力一般的，投钻展效果往往不如直通车来得干脆有效。虽然在小卖家眼里，往往把很多日销售额三四万元的都看成是大卖家。其实还是只能算是中级卖家。

那么，中级卖家，在投放直通车上，有哪些具体的策略和指导思想呢？

一、通常会主力推广一到两三个款，尤其是最重要推的款，比如爆款，会操作得非常精细，花费占比不高。碰到真正爆款的时候，根据类目的不同，花费从几千到几万不等。一天总共花费要是三万的话，可能光是一个或几个主力推广的款，就会花费两万四五。

二、通常除了主力推的几个款，还有三四个还不错的款，适当投放一点。比如在这部分每个款一天就花个几百元。

三、平时没有爆款在推的时候，可能就是随便几百到一两千这样推着，为的是维持店铺人气不要轻易掉下去。等待时机，伺机而动，一旦有爆款可以推起来，就会马上发力，为了抢占更好的排名，获取更多免费流量，就会在很短时间内，比如一个礼拜内，就直接达到一天七八千、上万的花费。

四、就是因为为了抢占快速的排名，快速获取更多免费流量，那就花钱买大量的流量进来才好打那种销量暴涨的爆款呀，所以基本上，直通车里面的大词、热门词、宽泛一点的词，都会去投放。尤其到一个款起来，转化率很好，销量越来越火的时候，如果这时候从投入产出上是真的能够盈利的，那就更加会放开了去烧，想办法获取更多的流量。包括直通车的定向、页面投放等，都会考虑去投放。

五、中级卖家，为了从淘宝上分一杯羹，为了和时间赛跑，尽量抢占时机多分到一些，所以往往还会用直通车来试错和选款。

什么意思呢？比如一批新款到手，上架后，为了尽快在这里面找出好的苗子，看看有没有可以推火起来的款，但不会挂着观察太久。因为不像超级卖家和大卖家，每天的免费自然流量那么大，一上架就可以根据数据来分析哪些款好卖，因为他们数据大呀。那中级卖家，数据不够大，挂一天两天，可能由于数据不够大还观察不准。那为了节约时间和加大效率，直接就上直通车，先少量投放几百元或上千元不等，用直通车导入流量进来快速判断到底行和不行。行，发现好款，马上发力。不行，继续测试和观察别的款。

六、一个款要是有点戏，前期不会一味考虑投入产出比，哪怕一天亏个几千，只要从数据加上经验各个方面判断在中后期能够翻本并盈利，也会加大马力，亏就亏，先亏后赚！难道完全没风险吗？有是有，不过毕竟是中级卖家，这点风险承受能力还是有的。

以上这些，不能说每家每户的中级卖家都在这样做，但是这是一个比较普遍的，典型的，能够代表大部分中级卖家的直通车策略。

7.2.4 小卖家烧直通车的策略

好，最后来说一说，真正的小卖家。这里的小卖家，我们可以把他定义为，只有几个人的小团体，典型代表比如夫妻店之类，甚至还有一个人集售前售后客服、美工、文案、打包、发货于一身的个人卖家。

这样的小卖家，由于资金、团队等各方面的实力都不具备。那要是烧直通车，当然不能和中级卖家一样！

小提示

很多小卖家看到那些大卖家或是中级卖家分享的直通车操作思路，就直接拿来用了，结果就会发现往往没办法执行，或是死得很惨。不是说人家分享的那些直通车操作思路和策略就一定是不靠谱的，也的确有很多文章是人家实实在在地分享出来了。只是他忘记提醒你，你自己又不懂得去根据自己的具体实力来过滤一下吸收到的知识，直接就用，就难免出问题了。

你看，人家推爆款，一天花费那么多，你也要按他那样操作；人家为了快速测款，宁愿花钱用直通车去快速试错，可能等测试到一个款不行，一两千元就扔掉了，对他损失不算大，但是对你小卖家来说，就不是小钱了。

所以小卖家的直通车策略，应该是以下几点：

1. 一般情况，不要轻易拿直通车去测一个未知数的款。你应该拿你比较有把握，已经在卖，感觉还卖得不错的款，去好好分析下数据，感觉还行，再去投放直通车，这样更靠谱，因为你没那么多钱可以试错。

2. 我说过，爆款是相对的。小卖家，不要去追求那种中级卖家才追求的爆款销量。一是你没那么多的钱可以去砸那样的爆款，二是就算给你这样一个爆款，你的团队和供应链都不到位，发货都来不及，你店铺马上就要死掉。因为差评和售后会搞死你。所以，要量力而行。

3. 既然不去追求那种中级卖家的爆款，那我作为小卖家，我就去追求那种对我自己来讲，小小的爆款，比如相对我店铺里其他款，这个款卖得比较火。追求这样的款，那你的整个直通车节奏就和中级卖家不一样了，大词、热门词，不要轻易去烧。这些，以后看情况再说，一开始一定要多烧那种精准的长尾词，精准长尾词，总体来讲，这种词价格没热词、大词贵，但是转化却比热门、大词要好。

但是这种词，缺点就是来的流量太少，可能你 100 个长尾词，都顶不上一个热门大词。这就是为什么中级卖家要去用这些大词。既然这样，那我们只能像个勤劳的小蜜蜂，多添加这些词，靠量取胜！

4. 小卖家，不能像中级卖家那样挥金如土，前期亏本个一两千一天也可能照样干！咱们从一开始要考虑的重点就是投入产出比。即 ROI，一定要注意，只有一开始就盈利，才能支撑你小卖家继续有信心和承受力把直通车烧下去。关键词价格控制得低一些，再低一些，不要盲目就随便什么词都想抢占很靠前的位置。

5. 除非是自己有绝对把握，包括资金，都有一定承受能力了，然后碰到一个款真的越卖越好，如果要加大火力，才考虑定向，热门词这些，一般不考虑。不然你也不是普通意义上的小卖家了。

7.3 如何利用直通车测试发现潜力款

在前面的几步里，我们反复强调过，你店铺里的产品，不是随便哪款，都是适合去烧直通车的，我们要拿有潜力的款，通过直通车去烧，而不是随随便便凭感觉和喜好。

那么，问题就来了，如何发现潜力款？这正是本章节要讲的。我们不能把自己当做伯乐，去找到我们店铺的“千里马”。判断是不是有潜力的款，你的感觉说了不算，一切要以数据说话。如何分析数据？

7.3.1　直通车测试爆款需要关注的重点指标

要发现潜力款，主要通过两个工具：一是量子统计，二是直通车本身的数据统计。量子统计重点关注以下几点：

（1）转化率。

（2）收藏率。

（3）停留时间。

（4）跳失率。

直通车本身的数据统计，重点关注以下几点：

（1）直通车转化率。

（2）直通车点击率。

小提示

如果光是为了发掘潜力款，这两个工具就够了！为什么你看过很多文章，老是感觉会晕，看了等下又感觉不会了。无非就是两种情况：一是作者故作高深，在装专家，故意把问题讲得很复杂，让你晕掉。二是作者的确用心良苦，很想把他了解的所有东西都讲清楚给你听，可问题是，往往越想讲清楚，就越讲不清楚，因为越讲越多，越讲越复杂，最后自己都晕掉。

这里，为了照顾部分基础相当薄弱的朋友，大致解释下上面那几个数据术语。官方对这些的解释虽然严谨而科学，但是为了更加清晰明了，我就用可能不是特别严谨的解释来说一下，那样马上就没那么麻烦。注意，这篇文章，上面说的几个数据指标，特指针对单款产品出来的数据。

- 转化率，比如100人，有3人购买，那转化率就是3%。
- 收藏率，比如100人，有10人收藏产品，那收藏率就是10%。
- 停留时间，在量子里也叫平均停留时间，是说在指定时间内，平均每个人在这款宝贝上面停留多少时间。
- 跳失率，比如100人，其中有50个人看到你这款产品页面后，不再浏览你店铺其他页面，直接就关闭离开你店铺了，那跳失率就是50%。

以上这4个，是在量子统计里看的。下面截图，红圈圈的就是。停留时间和跳失率在量子侧边栏的“宝贝被访排行”里，转化率和收藏量在“宝贝销售排行”里。

下载　打印

宝贝页浏览量	宝贝页浏览量日均值	宝贝页访客数日均值	宝贝平均停留时间	跳失率
9300	1300	1100	6分45秒	59%

最近上架时间	宝贝价格（元）	宝贝页访客数	宝贝页成交转化率	宝贝页收藏量
2013-12-19 16:30:00	576.00	11,307	1.27%	654

这里有几点顺便说下：

1. 上面图片的箭头，看到那些小问号了没？里面有这些数据术语的官方详细解释。

2. 细心的朋友可能有疑问，这个最近上架时间显示的是这款宝贝今天才刚刚上架，怎么突然就那么多浏览量，并且有成交了？这里要注意，他这个最近上架时间，不是指这款宝贝真的刚刚发布上架，而是按 7 天上下架时间来计算的，凑巧，这个款今天已经过了 7 天一个轮回，重新上架了。淘宝的 7 天上下架，只是一个概念，不是真的说 7 天时间到了，就把你产品下架了又再上架，其实是都处于出售状态的。那只是一个时间节点的概念。只要真的在做淘宝的朋友，应该都清楚的。

3. 老是有朋友要具体的店铺地址，说是学习学习。说句实话，我们做淘宝的人，大部分都把自己的店铺当做自己的孩子，所以基本上都不喜欢自己店铺被很多人围观和评论的味道。而且给了店铺，由于每个人情况不同，类目不同，很多店铺布局之类的，就都有所不同，有时候甚至会因为店铺而无意中误导到别人。所以，抱歉，请不要再问我店铺地址。

7.3.2 如何利用数据指标来发现潜在爆款

好，接着来重点说说，看这几个数据注意什么，如何通过这几个数据来大致判断和发现有潜力的产品。

1. 看这几个数据，最好都是看 7 天以上的数据。因为往往一两天的数据，由于偶尔性和可能数据不够大，会导致数据没有太大的参考价值。

比如，今天你一款产品只被 1 个人看到，偏偏凑巧，这个人还真的就买了，那转化率就是 100%！你说，这样的数据，有意义吗？所以要看 7 天以上的数据总和。

2. 在你店铺所有产品里，比较一下，哪些产品平均停留时间长，跳失率低，转化率高，收藏率高？

3. 然后按这个标准，以这 4 个指标，综合实力最好的产品，来作为有潜力的好款。

4. 这 4 个指标里，就我个人习惯来讲，参考的重要性是转化率 > 收藏率 > 停留时间 > 跳失率 。之所以是个人习惯，因为每个人对这些重要性的地位排名，未必都看法一样。我只能分享我的个人看法，不代表百分百准确，这个还是要说明一下的。

当按这 4 个指标综合考量的时候，有好多款都不错，比如 A 款转化率特别高，但是停留时间不长，B 款转化率一般，但是停留时间很长。

A 和 B，如果非要二选一，我更看好哪个？那这时候，这个重要性的排序，就派上用场了，我肯定会先考虑 A 款应该更有潜力。

要知道，我们一切的数据，再怎么好看，如果转化率不行，说明你这东西就是卖不动。所以转化率，当然最重要。

到这里，你可能会有疑虑：那万一实际上，我店铺所有产品这些指标都不够好，那我光是和我自己店铺里的产品比较，得出来的潜力款其实还是根本没潜力呢？或是我的类目，店铺里就那么几款产品而已，这和自己店铺里的比，是不是就不准了？

是的，的确会有这样的情况。那这里就需要有个前提，你拥有自己这个类目在淘宝上的总体平均指标，让你可以参考。不过这往往很不容易得到，淘宝也没好好公开过。所以还是靠你和同行的交流和经验的积累，不要慌，只要你用心，慢慢的你一定就会大概知道同行业平均水平到底在多少了。

就好比我接触女装时间长，那基本上，一款价格几百的中端价位女装，如果有潜力，往往收藏率会在 8% 以上，转化率在 1.2% 以上，停留时间至少接近 4 分钟或更长，跳失率一般不会高于 65% 等，这些，就是一个行业做久了，大概的经验总结。不过，做女装的朋友，千万别把我这个作为指标去衡量，我这里只是一个大概的判断，而且是根据我自己的实际情况。店铺具体风格，价格之类的不同，都不能完全照搬的。

所以不要想复杂了，就先从自己店铺入手，去比较就行了。想的太复杂，难不成你就不干了？

7.3.3 直通车本身的几个重要数据

本文开头时说过，还有两个指标也是要参考的。那就是通过直通车本身的：直通车点击率和直通车转化率。

注意这里的点击率，是指投放直通车的宝贝，比如100个人看到你的这款产品的直通车图片，有1个人点，那就是1%的点击率。

而直通车转化率，和上面说的量子统计里转化率不同。直通车转化率是指，比如100个人点击你的直通车广告进来后，如果有3个人买，那就是3%的直通车转化率。不包括自然流量带来的转化。而上面说的那个量子转化率，是指包含了直通车和其他所有一切流量所产生的转化率。这个要搞清楚。否则后期交流起来，费劲，我说东，你说西。

我说过，小卖家，往往是先没有本钱去用直通车直接试错来选款的。而中级买家，往往会直接用直通车购买流量来快速测款。

但是就算小卖家，通过量子统计的那4个指标，选出感觉最好的，放入直通车里面，还是要经历测款阶段的。因为要用直通车进一步检验，你这款到底行不行。所以直通车本身的这2个指标，也重要。直通车的点击率，是越高越好，转化率就不用说了，一定也是越高越好。

直通车，关于点击率和转化率的深入话题，这里就没必要再讲了。因为这个直通车主题推广的话题，接下来，会重点介绍，这里说，就显得重复了。

还有就是，平时当某个款卖的感觉不错，或是咨询的人有点多的时候，你就要引起注意了，马上就关注这个款的那几个数据吧。

小提示

要提醒一下的是，这里说去发现有潜力的款，那仅仅是你根据数据甚至是加上少许的经验直觉判断出来的，是你认为叫做有潜力的款，未必真的就有潜力！能明白这个意思吗？就是很有可能，徜若你的判断经验不足，会判断错误。

再一个，就算你判断经验再怎么丰富，也不能都判断准确。真正好不好，还是那句话，能通过直通车等手段，真的卖得火起来了，才是真的好。我承认，我也是一样，不能保证每次判断都是准的，常在河边走，哪有不湿鞋，这些年，判断失误的情况，有好多次的。

7.4 如何预算投入和产出

7.4.1　做预算规划的重要性

投放直通车，把销量卖爆，这些都是手段，而不是我们真正的目的。不过，淘宝上，每天都有很多人在上演着悲剧，很多人已经忘记了，烧直通车时候的出发点。烧直通车，爆款，都不是目的。我们的目的很简单：赚钱！如果不去预算，盲目投入，这样就会产生三种结果：

1. 不管三七二十一，看到每天销量起来，就乐得合不拢嘴，却不知道可能是越卖得多，亏得也越多。

2. 由于不做预算，心里没底，烧了两天，一看没什么大的反应，就开始慌了。

3. 对于直通车的出价和日限额等，就是凭感觉，反正只知道不烧没生意，人家都在烧，那我也要烧。

7.4.2 如何利用数据进行具体预算

所以在烧直通车时候，懂得预判投入和产出，是非常重要的。那么，如何来计算这个东西呢？首先主要关注以下几点：

（1）这个行业的平均点击单价。

（2）宝贝的转化率。

（3）你的产品利润。

大家都知道，直通车是按点击扣费的，点一下，多少钱。至于人家点进去买不买，不管，反正点了就要钱。点击单价，简称 PPC。那我们在烧直通车前首先要明白自己的类目，自己的这类产品，投放直通车，在整个淘宝上的平均 PPC 是多少。可以通过直通车后台的流量解析来看数据，如下图。

比如我要观察女装羽绒服的市场平均点击价格，那就可以通过这个走势图，看看每天的价格。多搜索几个，像“羽绒服”，“羽绒服女”这些大词，前后一个月内的大概价格。然后，再搜索下和羽绒服相关的一些长尾关键词，比如“中长款羽绒服”，“修身冬装女羽绒服”等这些词。

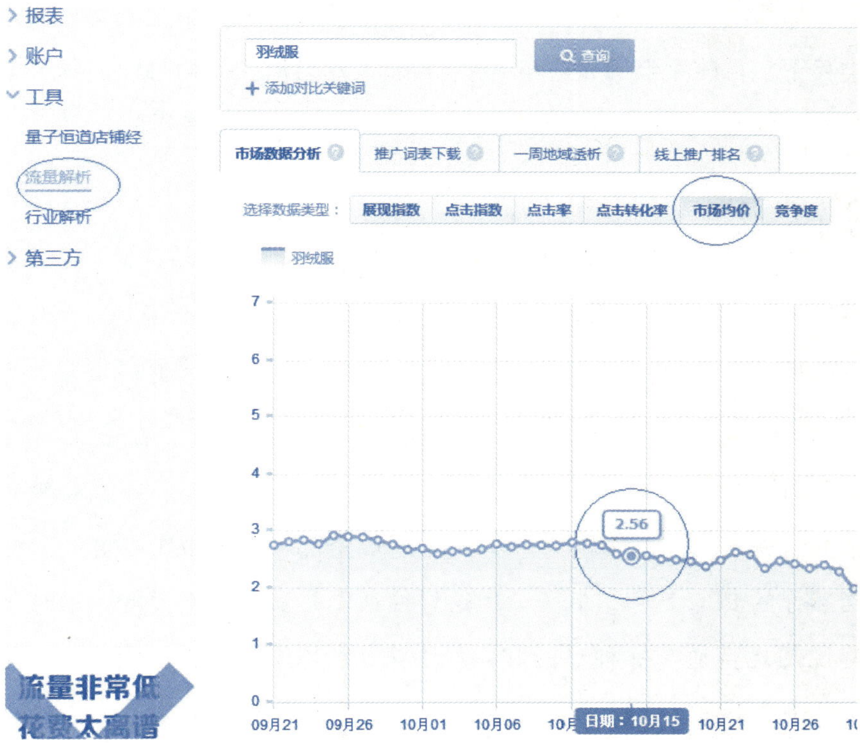

通过大词热门词，配合一些长尾词，你就大概能明白，这个类目的大致价格。那比如我们一共搜索了 10 个词，其中 ABCDE 五个是比较热门的大词热门词，价格分别是 2.5，2.1，2.3，1.8，1.9。

还有 5 个词 FGHIK 是搜索量不大，竞争度不是很高的中等或偏下的长尾词，价格分别是 0.9，1.5 ，1.5，1.6，0.8。

那我们就大概取个平均值，比如一块五六的样子。注意，这里是为了表达这么个意思，不是说非要那样死板地去拿出计算器计算。因为你再怎么计算，也不会真得很准。其实直通车烧多了以后，你看一些数据，心里就有个大概的估计了。

那像这里举的例子，我们可以就以 1.5 作为羽绒服这个女装细分类目下，目前大致的直通车 PPC 价格。（写这篇文章的时候，我这里只是举例子，假设的，实际上没有去看，请不要照搬照套）

小提示

注意，大致行业的PPC算出来了，不代表我们去烧的时候，真实的PPC。如果你的点击率、收藏比、转化率非常好，那到时候PPC可能会远远低于1.5，甚至1元钱不到也说不定； 如果这些方面都没做的，直通车被你操作得很糟糕，那可能远远高于1.5，甚至3，5元也不奇怪。

而且我这里说的一个前提假设，是在一般正常去烧一个款时候的情况。如果你说，你就把每个词的出价全部都放在 0.5 或更低，那当然你的 PPC 就非常低了，但这样往往不是我们这里说的，平时普遍说的烧直通车那种目的和操作手法，所以不在本篇讨论范围，这个要注意下。

7.4.3 转化率和直通车的关系

把你的量子统计打开，看看你要推的这款产品的转化率。当然，如果你说你的产品还没什么流量，也几乎没销量，转化还是零。你没办法知道转化率到底会是多少，那没办法，只能等有了再说。要么就是之前说过的，用直通车去快速引流进去测试。

假如你的这款产品，转化率有 1.5%，那么意味着，平均 100 个人浏览你这个产品，最终能卖出 1.5 单。

也就等于平均是：100/1.5=66.66

这代表，平均 66.66 个流量，会成交 1 单。

那要是通过直通车销售 1 单，我们需要花多少车费？

结合上面说的预估平均 PPC，

我们预估 66.66×1.5=99.99 元，相当于就是 100 元。也就是通过直通车卖 1 单，我们需要花费 100 元。

那如果你打算卖这款产品，一天销售走 50 件，直通车要预算多少呢？根据上面的那些数字，得出：

100×50=5000 元

也就是说，如果你的预估目标是每天销售 50 件，你的直通车每天预算是 5000 元。接下来，我们再来说下，你的这款产品毛利润。比如你的产品售价为 218 元，成本为 118 元，那毛利为 100 元。一天如何花费 5000 元，卖 50 件，刚刚好是 5000 元的毛利。等于不赚也不亏，刚好持平！

那如果你的这款产品，毛利润 100 元不到呢？比如只有 60 元。那就等于 50×60=3000 元，等于每天直通车亏损：5000−3000=2000 元。

那我的平均 PPC，要控制在多少以内，才是不亏的呢？我们假设 PPC 为 x。

需要，$x \times 66.66 \leq$ 利润 100 元

可以算出，100/66.66=1.5，也就是 PPC 等于 1.5 时候，持平，低于 1.5 盈利，高于 1.5，亏！

以上的算法和逻辑，一定要搞清楚，因为在直通车的具体价格调整为维护时候，都会用到。根据每个词的投入产出，以及每个词的出价高低，可以知道每个关键词在价格上如何有效调整，虽然实际过程

中，不会都那么死板地去做，但这是一个重要的参考指标。

说到这里，下面要说的，才是重点！

请不要忘记了我在直通车系列第一篇里的内容，里面告诉你如何算直通车这个帐，千万要记住！

7.4.4 直通车的边际效果和后续效果

这里，是用公式来讲明了预算的方法和原理，但是真的去开直通车，你要是完全按上面这样的算法，不考虑直通车带来的边际效果和后续效果，肯定不对。

小提示

这里再三强调，是预算，既然是预算，就在于一个“预”字，是你根据经验和数据去判断的估计值，不代表一定是这样。但是在没有结果前，我们的预算当然只能先大致去这样判断。

前面说，如果你的预估目标是每天销售 50 件，你的直通车每天预算是 5000 元。

那真实里，如果其他几个前提，比如 PPC 就真的和你预算的一样，难道真的要 5000 元卖 50 件吗？毕竟你还有自然流量呀！

就算你一个款还真的没什么自然流量，不可能有自然销量，那随着你直通车卖起来，要是真的每天 50 单，你的自然流量总会慢慢倒入一些进来吧？

再一个，如果烧的越来越顺，越来越火，PPC 还会继续降下来。也就是说，一开始你 5000 元要是卖 50 单，后期可能只要 3000 元就卖 50 单。

所以，很多经验非常丰富的人，真的预估预算的时候，还是要考虑这部分的，这也是为什么说炒作爆款的时候，一开始哪怕亏，但是只要在自己的预计和对趋势的判断，掌控范围内，还是愿意继续去烧的原因。当然，如果直接就能通过直通车盈利，那是最理想的！

这篇文章说的预估，是为了让你有一个参考值，这才是要表达的真正意思，而不是真的让你完全按那样去做。比如按这篇文章的意思，一天卖 50 件需要 5000 元直通车，那如果按公式，我就算不考虑后续的自然流量等这些因素，算出来都直接能够足够盈利，或是就算不能盈利，都还能持平，那你还怕什么？至少通过预估，心里有底了，控制风险的能力和承受能力就强大了许多，就不容易让自己发慌。再或者是说，有了这个参考值，比如 5000 元，那你就可以以 5000 元为基准线，低于多少，还是在你的可控范围内，对吧？

小提示

至于到底低于多少，高于多少，才算可以，老实说，每个行业不同，每款东西不同，实在没法给你一个具体值了，哪怕你骂我，我也没法说呀，不然说出来，就会成为教条主义，害死一批人。

主要还是根据自己的经验去掌握，经验，对于直通车的投放非常重要。

7.5 直通车关键词的质量得分

7.5.1 直通车的扣费原理

质量得分，是直通车的一个核心指标。大家都知道，直通车是按点击量收费的，无点击则不扣费。那么我们先来看一个直通车点击扣费公式：

扣费 = 下一名出价 ×（下一名的质量得分 / 你的质量得分）+0.01 元

与此同时，如果按这个公式算出来的扣费，是大于你的出价，那按你的出价扣费。如果小于你的出价，那按实际得出的数值扣费。

比如：某个关键词，你的出价是 2 元，而按上面公式，扣费是 2.3 元，那实际扣费，不会超出你的 2 元，所以就扣 2 元。如果按公式算出扣费是 1.8 元，没超过你的出价 2 元，那就扣 1.8 元。那好，针对上一面的公式，我们先来分析下：

下一名出价：就是直通车位置排在你下一名的那个人的出价。那这个不是由我们控制的，同时人家要出多少钱，我们没法知道。

下一名的质量得分：这个，也不是我们能操作控制的。

你的质量得分：这个是我们自己去把控的。

好，这就很明了了：影响我自己直通车扣费的，唯一可以控制的，就是我自己的质量得分。而且从公式可以看出，我们的关键词质量得分越高，那么在直通车排名位置不变的情况下，我们的车费花得就越少。

所以，质量得分和我们口袋里的钱直接相关。我们来举个具体的例子：

假如你有一款羽绒服，你投放“中长款羽绒服”这个关键词。

假设“中长款羽绒服”这个词，你出价为 1.5 元，质量分为 10 分；排在你下一名的出价是 2 元，质量分为 8 分。

那你的直通车被点一下，下一名出价 ×（下一名的质量得分 / 你的质量得分）+0.01 元 =2×（8/10）+0.01 元 =1.61 元。

但是，你出价只有 1.5 元，那你的实际扣费 =1.5 元。

那再来一个假设，你出价同样为 1.5 元，质量分为 10 分；排在你下一名的出价 2 元，质量分为 5 分。

按公式，下一名出价 ×（下一名的质量得分 / 你的质量得分）+0.01 元 =2×（5/10）+0.01 元 =1.01。这时候，你的出价虽然是 1.5 元，但是实际扣费只要 1.01 元。

那假设直通车排名位置在你上面的人，出价是 2.5，质量分为 6 分，你的出价依旧 1.5 元，质量分 10 分，那他的扣费呢？对他来讲，你是下一名。按公式，你的上一名扣费，那就是 1.5×（10/5）+0.01 元 =3.01。

那你上一名的实际扣费，就是 2.5 元，如果他出价是大于或等于 3.01 元，那他的实际扣费，就是 3.01 元。

7.5.2 认识原始质量得分

前面讲的好像没有问题，但是实际的扣费，真是这样算的吗？错了！往下看。这里，我们要引出一个非常重要的概念：原始质量得分。注意，这里多了“原始”两个字，这有别于 质量得分。

我们通常说质量得分，都知道系统是从 1 到 10 分的自然数。10 分为质量得分的最高分。

而实际上，上面的扣费公式没有错，但是淘宝系统在计算扣费的时候，是按原始质量得分去算的。

那原始质量分到底是一个什么概念？（注意是原始质量得分，而不是初始质量得分，初始质量得分是指你刚刚投放某个关键词时，这个关键词一开始显示的系统给你的质量分）

我们可以这样来理解：实际上，原始质量得分不是单纯的 1 到 10 分，单单分为 10 个档次。他可以是一个很大的数值。比如，0001 到 1000 分，都被归档为 1 分，而 1001 分到 2000 分，都被归档为 2 分……依次类推，比如 10001 开始为 10 分，那么从 10002 开始，没有 11 分了，都是在后台显示 10 分。（这里要说明下，实际上这个原始分到底是以几位数显示，到底是多少到多少归类到 1 到 10 分的哪个档位，我不得而知，我这里只是为了让你能够理解原始质量分到底是什么而假设的。淘宝也没有透露给我们这个内部数据。淘宝官方只告诉我们是通过原始质量分计算的。）

小提示

这下明白了吧？也就是说，同样你是10分，人家也是10分； 或是同样你是5分，人家也是5分，但是实际上，这看起来同样的质量分，其原始质量分实际上还是千差万别的！

所以真正的扣费公式应该这样来表述更准确：

下一名出价 ×（下一名的原始质量得分 / 你的原始质量得分）+0.01 元

那就等于，我是 10 分，你也是 10 分。而实际上，我的 10 分可能远远高于你的 10 分，那要是某个词，你我的出价都相同，但是如果我排在第 3 的位置，可能点一下，扣费是 1 元，你虽然出价和我一样，后台质量分也是 10 分，但是可能就比我贵得多，因为你的原始质量分比我高许多！

7.5.3 直通车排名规则

我们再来说说，直通车排名，是依照什么规则来排的？是看谁出价高，谁就排前面吗？其实除了出价，还有个质量得分在制约着你的最终排名。质量得分越高，出价不变的情况下，越容易排名靠前。质量得分要是很低，那你哪怕出价高一点，也很难排名靠前。

所以很多人就得出一个结论：直通车的排名是根据“出价 × 原始质量得分”而来的。这两者相乘，谁的数值高，谁就排名靠前。你还别说，这还解决了一个疑问：A，B 两款宝贝，当出价一样，后台质量分都是 10 分的时候，怎么办？总不能并列第一吧？那这个理论就能自圆其说了：你看，有原始质量分嘛，同样看起来都是 10 分，其实原始质量数值很大，基本不可能刚好一样的，所以即便你们两个 10 分，但原始分根本不一样，所以“出价 × 原始质量”肯定有高有低，所以不会存在并列第一，一定有前有后嘛！

估计看这篇文章的朋友，有的压根就没考虑过这个问题；有的呢，真的就一直是这样认为的。因为这个说法在网上很流行，甚至有些不靠谱的直通车培训，都是这样讲的。

但是，谁告诉你就真的是这样，淘宝官方有这样承认过，这样说过吗？大家都这样说，就一定是真相吗？

小提示

我最开始的好长一段时间，也是这样认为的。但是在一次偶然中，发现了直通车排名规则远远不是“出价×原始质量得分”谁数值大谁就靠前，来的那么简单！应该还有更多的因素被计算进去。

我是通过什么情况发现的？

有一次，同一个词，我和望族良哥的两个店都在投放。关键词为“风衣”。A 店的风衣关键词为 10 分，B 店的风衣关键词为 9 分。出价都是 1.31 元，而我发现这个质量得分 9 分的风衣，直通车排名却比质量得分 10 分的要高。

如果两个词都是 10 分，或许我马上理解为，因为高的那个，是原始质量得分高嘛。但是这后台显示 9 分的词，不可能原始质量分高于 10 分吧？这逻辑上讲不过去了。

所以，直通车排名规则，我们通过大量的经验总结，只能说，影响它排名的主要因素是“出价”和“质量得分”，但是系统计算真实排名，还有更多的因素被计算进去的。具体是什么因素，官方没有任何公布，我们不得而知。只能从一些逻辑上去猜测，比如，更愿意给点击率高的，给点击反馈好的产品。真实的依据没有，官方也不会公布，因为有些规则一旦公布，就会被很多人钻漏洞。

而事实上，近几个月，也的确有些研究直通车的人，发表过类似的看法。都说这不是简单价格乘以质量分那么简单，具体是什么，大家没法知道。

好，说了那么多，接下来，我们要来研究一下，影响质量分的因素都有哪些？

我们会发现，在我们的直通车账户里，有些计划，你加入关键词后，关键词的初始质量分（再次注意，这是初始质量分，不是原始质量分，不要混淆）就很不错，有些甚至一加上，就马上 9 分 10 分了。而这种情况，往往出现在一些长尾关键词。而热门词汇，大词，往往一开始的初始质量分不会太高。

7.5.4　影响初始质量得分的因素

初始质量分的多少主要由以下几个因素导致。

1. 你的直通车账户和具体计划的历史操作，会产生权重

比如，你的直通车账户，一直操作得比较好；你的具体直通车计划里，之前操作款，质量分和转化都很不错，那往往初始质量分会不错，整体权重会高一些。我们发现，计划里的历史点击率对后加入的词的初始质量分影响较大。

什么意思呢？针对一个宝贝，如果你之前的那些词，点击率都很好，质量分都很高。那你之后再加入一些词进去，很容易就获得高分。反之，如果之前你的很多词烂在里面，都是点击很差，那你之后

加一些新的关键词进去，都会普遍偏低。这就比较费劲一点，需要拉大出价价格，让有展现和点击，然后慢慢养回来。当然，前提是你点击率过关，依旧不好的话，还是会照样低的。

这个，可以带来一个思考，就是一开始投放某款宝贝的时候，观察一两天，把质量得分高的词，最好都是10分的词，都留着，其他的，基本都删除掉，稳定几天，然后加入要加的词，这时候，你会发现，哪怕是大词，可能一加上，就9分10分了！

2. 和你的关键词竞争度有关

比如有些词，比较冷门，那就算你的相关性之类的，不算很好，但是因为竞争不高，和你一样同时投放这个关键词的人比较少，出价也不高，那往往直接就9分到10分了。而热门词，竞争度大，哪怕你相关性全部都很好，也往往是六七分，然后如果数据反馈比较好，就会慢慢涨上去。

3. 还和你的关键词类目属性相关

但是这个一般大家都不会搞错。比如你把外套不小心发布到了连衣裙类目。那你投放直通车的时候，你投放外套一类相关的关键词，不管怎么样质量分都是出奇得低，因为类目不匹配。同理，如果卖包包，宝贝属性里填的是纯色，而在投放关键词时候放上一个“花色包包”这样的关键词，那这个关键词的质量分，往往也不会高。不过有些可以慢慢养上去，有些则养不出来。总之，这样的词，你出价出得很高，也未必就有什么展现和排名。

这也是为什么你搜索“连衣裙”这个词的时候，几乎不可能看到化妆品直通车图片的原因。这些，都是很基础的知识。只是顺便提一下。这里给出一张官方的解释图片。

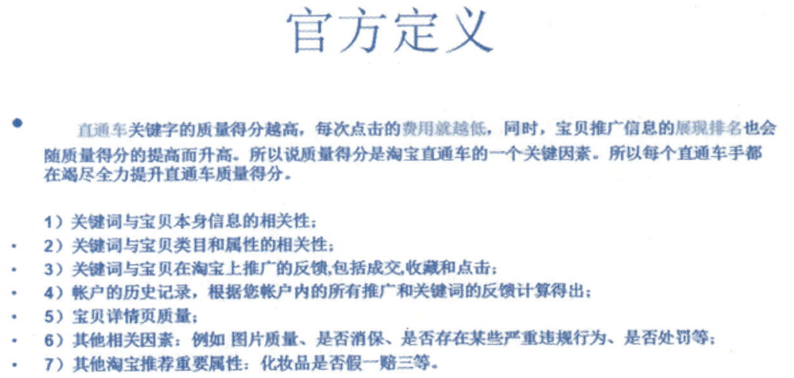

官方定义

- 直通车关键字的质量得分越高，每次点击的费用就越低，同时，宝贝推广信息的展现排名也会随质量得分的提高而升高。所以说质量得分是淘宝直通车的一个关键因素。所以每个直通车手都在竭尽全力提升直通车质量得分。

1）关键词与宝贝本身信息的相关性；
- 2）关键词与宝贝类目和属性的相关性；
- 3）关键词与宝贝在淘宝上推广的反馈,包括成交,收藏和点击；
- 4）帐户的历史记录，根据您帐户内的所有推广和关键词的反馈计算得出；
- 5）宝贝详情页质量；
- 6）其他相关因素：例如 图片质量、是否消保、是否存在某些严重违规行为、是否处罚等；
- 7）其他淘宝推荐重要属性：化妆品是否假一赔三等。

4. 最关键的是点击率

可以这样讲，真正影响直通车质量得分的因素，理论上面是非常非常多的，甚至可以超过几十种因素，但最关键的一点，就是点击率。下面我会重点讲述。

7.5.5　影响质量分的最大因素

我要说的就是，影响质量分的高低，点击率这个因素，起到了80%或更多的作用！

只要你的点击率够好，超过该关键词在整个淘宝的平均点击率很多，那你的质量分绝对不会低。如果你的点击率低于平均点击率很多，对不起，不管你怎么在其他地方想办法，就是没法提高那些热门词汇的质量分。这一点，在热门词，大词上，表现得尤为明显。对于点击率的重要性，之前的几篇文章里，不止一次地提到了。你一定要相信我，这是直通车熟练操盘手都很清楚的一点。

你可以忘记其他所有的因素，就是不能忘记点击率！

虽然，今年下半年直通车改版后，明显可以发现，点击率在决定质量得分的重要性里，稍微有点下降，因为你光是点击率非常好，但是如果这个关键词带来的转化率和收藏率都很差，那好多热门词可能就卡在 8、9 分不动了。你要到 10 分，光是点击率好还不行，不像以前，以前只要你点击率高，其他统统都是浮云。

但是，这依然不能从根本上撼动点击率在直通车里的最重要地位。

有人可能会说，点击率高有什么用，转化率才是最重要的。这话本身没错，但是对于直通车，之前文章也说过，是引流工具，转化好不好，和直通车关系真得不大。基本上，该投放的词，你能想到，人家也能想到。你总不可能冒失地给一款呢大衣去投放一个羽绒服这样牛头不对马嘴的词！

小提示

所以大家用的词，都差不多。所以转化率，根本因素就是之前说的，你的产品、价格、详情页等，和你的直通车关系不大。无非就是你有经验，你可以投得更精准一些，让转换好一点点罢了，但这个是微乎其微的。

其实，很多新手烧直通车，最大的问题不是花钱不转化的问题，而是你想花钱，却花不出去。

为什么？就是因为你的点击率不行。你的点击率不行，那你的质量分就不行。你的质量分不行，那你的展现就不行。你的展现都没有，那你当然没点击。没有点击，你的钱就花不出去。钱花不出去，等于是流量没有买进来。流量都没有，你怎么通过直通车卖出产品？

想想，是不是一回事？那问题就变得可以聚焦了：直通车首先就要解决点击率问题，没有点击率，其他一切都是扯淡！

本章节主要是围绕质量得分这个概念展开的，所以这里不再对测试点击率和如何做出一张高点击率好图，进行更深入的话题了。百度一下，如何提高直通车图片点击率，加上搜索那些爆款的直通车图片，或许能给你带来思考，先从模仿开始。

写到这里，我突然发现，对于有比较丰富实战经验的朋友来讲，直通车就那么几句话，一篇文章就可以把整个直通车讲完了，因为讲几个提炼出来的点，就好了。但是，要想从基础普及开始，对基础薄弱的朋友进行细讲，还真的要讲得挺多。不讲透，那这部分还是不够有收获。所以就耐着性子讲吧。像这种那么细致的系列文章，本来我完全可以包装一下，营销一下，去卖钱。只要你敢卖，就有人敢买。

那好，这一个章节，看到这里，我们拿一个总结，作为本小节的结尾。

1. 直通车质量分，实际上并不是简单的 1 ~ 10 分，而是有原始质量分。

2. 直通车的排名规则，出价和质量分相乘所得数值大小，对排名影响是主要的。但不是完全简单按照“出价 × 质量分”。

3. 质量得分是浮动变化的。点击反馈好，质量分会越来越高，逐步提升，也就是所谓的养词。反之，就算你今天质量分通过作弊方式，让很多人点，也没用，因为过几天依然会被打回原形。还有可能逐步下降到比你最早的初始质量分都低。

4. 越是热门词，质量分变化速度越大，几乎是几个小时变化一次。而变化的频率，和你的关键词展现和点击也是息息相关的。比如虽然是热门词，你的出价过低导致展现和点击非常小，那变化也慢。反之变化就大。

5. 计划里的历史权重和点击率对后来加入的词，初始质量分影响较大。

7.5.6 如何提高直通车点击率

我们先来回顾一下，影响直通车点击率的六大因素：

- 产品价格。
- 图片。
- 销量。
- 直通车标题。
- 词的宽泛度。
- 你的周围环境。

再来看看关键词的一张直通车图片，通常包含了以下几个信息传达。

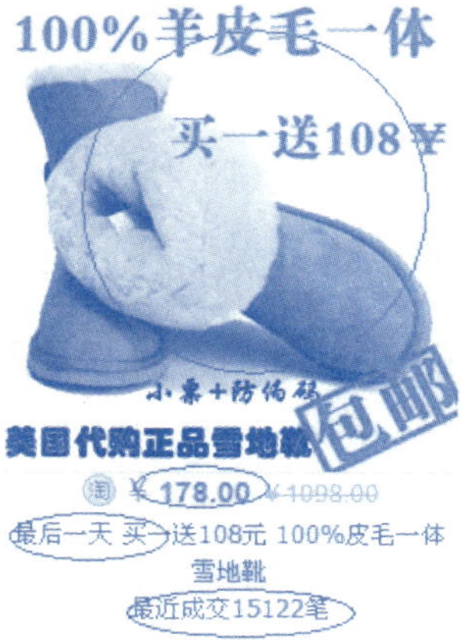

1. 价格

比如一件600元的羽绒服，你降低50元，对点击率几乎没什么影响。但是如果一件90元的T恤，你降低50元，才卖40元的时候，那90元和40元的点击率，可能就会相差0.3%以上的点击率。大家都知道，50元，对于价格高的产品，和价格低的产品，所占的比例是完全不同的。600减50，没感觉，90减50，那可能就有感觉了，减了一半多。价格这东西，考虑到成本，不是你想怎么减就怎么减的！所以，操作自由度不大。

2. 图片

图片包含了两个因素。一是你的款式本身，对于一张图片来讲，款式，没操作余地，是什么样就什么样了。如果真的款式不行，那就换款吧，没办法。二是后期的选图和制作。这个是有操作余地的，我们可以不断地经过PS，比如像女装，模特大头照、正背面模特图、不同颜色组合图、各个角度等等，再配合各种文案和促销等文字。所以要不断地去测试，一直找到点击率相对最好的图片为止。

小提示

夸张点讲，网上卖产品，就是卖图片。一模一样的东西，由于图片的表现方式不同，比如模特、灯光、色彩等等的不同，就会导致截然不同的结果。尤其是对于款式和视觉要求比较高的类目，比如服饰鞋帽箱包等。

我们曾经碰到一个款，今年夏天的时候，开始一动不动，后来死马当活马医，重新拍了一次，抱着试试看的态度，结果，不管是点击率，还是转化率，相比之前，真是天壤之别！后来就卖爆了。1 单 100 元左右的毛利，一天最多推 2 万直通车费用，那款后来最高卖到 400 多单一天。

关于拍摄，就不是我们这里要讲的主题了。但是，由于图片的后期制作，是我们操作余地和尝试比较大的一块地方，而且，图片对于整个图片点击率的影响作用，占了 80% 以上，点击率好不好，关键就在于图片，所以对于图片，要多说几句。

我们先来看几张图：

同样一款 T 恤，你感觉哪张点击率会更好？

- 左图，简单明了。
- 右图，显然传达的内容更多一些。但是这个内容也不是随便想写什么就写什么，你看，第一，价格很低，突出价格优势。第二，突出销售火爆。第三，包邮。还有就是，这张是生活背景，显得生活化一些。

相信如果这两张图放在一块，绝大部分的人，第一视觉焦点，肯定会被右图所吸引，右图点击率更高。事实上，数据显示，的确右图的点击率高过了左图很多，最高达到了 2% 多！

当然，这里不得不说一句，从整体的大数据来看，的确，直通车图片，配合适当醒目的文字，对点击率的提高起到挺大的作用。但是，要注意这里指的是绝大部分时候。有些款，有些产品，不一定你加了文字，就一定比不加时候点击率要好，有些如果处理不好，加成了牛皮癣一样，大面积加，或是字体很丑，反而把图片搞成了地摊货，还不如不加。所以这个真正是加好还是不加好，都需要你经验的积累，培养感觉，不过，最重要的当然是通过测试，让数据说话。凭感觉，永远是不准的。

小提示

做电商，不管你是做淘宝还是独立B2C，一定要拿数据说话，不要完全相信自己的感觉，感觉是不靠谱的。经验沉淀出来的感觉，能够让你事半功倍，也就是我们做生意通常说的一种直觉和敏感度。不过，最终好不好，还是要拿事实说话，拿数据说话。

我们再来看一组图：

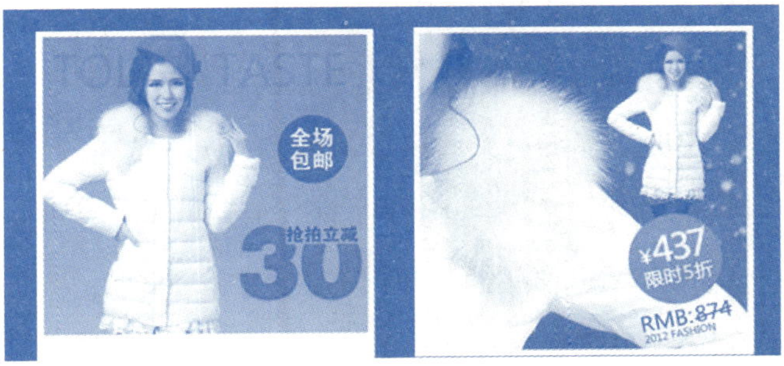

这一组图，和上一组图有所不同。上一组图，左图是没有字的，右图有文字。

而这一组，左图和右图，都是有文字的。但是，即便是都有文字的图片，点击率是不会一样的。这组图，你认为哪张图点击率更好？

数据显示，右边的图片点击率要高过左边。右边的图片，是经过一系列的优化的。所以再次强调，图片，一定要进行测试！

7.5.7 如何做一张点击率高的图片

如何测试？往下看，本篇文章会讲到。这里我们首先来说说做一张直通车图片的大致思路。

促销	从众	品质	明星
打折、包邮 秒杀、送X	热销XX 收藏XX 卖疯了	法国进口 70%羊毛	明星同款 米兰时装

我们直通车加图片文字，一般从以上几个点去考虑。

不过这里要提醒下，不要指望把所有你想到的点，都全部描述在直通车图片上面，因为那样的图片，就成了大花脸，喧宾夺主，反而把产品本身给抹杀了。所以要加文字，要提炼你认为最重要的几个点，就好了。比如你提炼出来，可以写的点，一共有 8 个。

那要不要把 8 个全部都写上？直通车图片就那么大的一个地方，写得太多，人家不看。要在第一时间抓住人家眼球，聚焦人家的目光，就要做到少而精。那 8 个点，你可以在一张图片列两三个点，另一张图片又列两三个点，这样做个三四张，然后去进行测试，看看哪张点击率最好。

小提示

做图片之前，首先要充分地了解自己这款产品，把一些卖点和亮点都提炼出来，写在一张纸上。然后再仔细想想，这些提炼的点，哪些应该最受人家关注，最吸引人的？

这个我们可以通过以下方法来分析。

到淘宝上搜索你这个产品的关键词，把你的同行卖得好的那些爆款，尤其是长期直通车排在前面的那些款，多分析一些。看看他们的直通车图片表现形式是什么样的？因为能够长期排在前面的款，说明他点击率一定是不错的，除非是傻傻的人，一般来讲如果点击率不好，在大词热门词汇上面，是做不到长期占据很靠前的直通车位置的，因为点击率低就会导致广告费很贵。

同时，还可以点进去看看这些款，买家评价是怎么样的？从评价当中，我们可以了解到这些和我们类似的产品，买家最在乎哪些？如此，便能在心里越来越有底，知道在你的直通车图片上去表现什么文字。

如果图片上的信息能给予买家一种紧迫感，它的点击效果相对比没有紧迫感的要好。下面 3 个图片，您觉得哪个更让您有下单的冲动呢？

“抢”字，在传达抢购的欲望。但是“最后 1 天”这 4 个字更具杀伤力，会给人一种再不买就错过的紧迫感。

除了文字，我们再来看看图片的一些表现元素。如下图：

图片的组合方面，可以是放大图片镜头，增加品质。可以是多角度展示，也可以是多个颜色的同一款集合等等。还是那句话，多去留心观察你同行里做得比较火的产品。一个产品，卖得好，都是有内在原因的。不是单纯就因为人家推广厉害。图片不好，价格不好，产品也不好，你以为推广人员就是神仙？

有些话，不断地去强调，就是因为很多人看了就看了，从没有仔细去理过这些知识，最终就等于没有真正吸收和消化，还是稀里糊涂的。所以我不喜欢有很多人来问我里面有提到的问题，你要是连文章都没仔细去看，没有反复琢磨，凭什么让人家不厌其烦地去回答你？

7.5.8　创意图片可遇不可求

关于直通车图片，最高一个层次的，就是创意了，这就需要你有非常深厚的内功和创作灵感了，所以不需要刻意去强求。但是如果有好的构思的时候，一定不要轻易放过，因为真正有创意的图片，会颠覆人家的视觉，往往能取得很好的点击效果。如下面几张图：

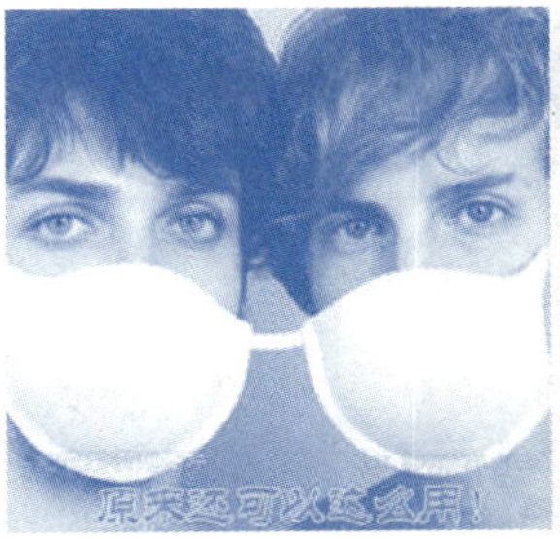

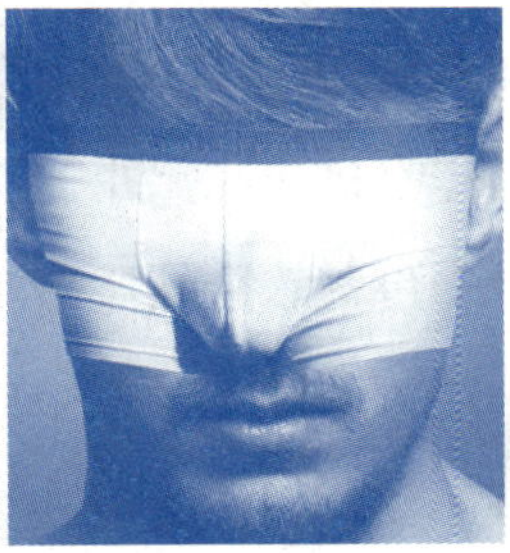

第一张，是文胸广告。第二张，是内裤广告，会呼吸的内裤，透气！第三张，兔毛保暖袜子。

7.5.9　其他因素

关于图片，就先说到这里，这东西比较抽象，真正好的图片，需要自己多摸索，多观察。下面来说说销量。

1. 销量

销量也是影响点击率比较大的一个因素。尤其当你的销量远远超过你周围竞争对手的时候，很多人都会被你的销量吸引，那么火？看看！

不过销量，也不是我们完全能控制的因素，因为不是我们想卖多少就卖多少。

2. 直通车标题

直通车标题也是一个可以让我们自由发挥和做一些文章的地方。这里要注意，直通车标题和宝贝标题是两个概念。你的直通车标题可以完全和宝贝标题不同。直通车标题的写法可以从以下几个方面考虑。

突出卖点和优势。比如：京东流行 保暖超大貉子毛呢大衣 今日包邮

新奇特。比如：点一下又不会怀孕！

做噱头。比如：潮牌外套 今天老板娘生日 买衣送衣。

好奇心。比如：警惕！吃橘子吃出虫。

紧迫感。比如：特价女包秒杀全场 2 折起，仅限今天！

玩数字。比如：500000 人浏览 50000 人收藏 5000 人购买的连衣裙。

当然，这种类似的例子很多，大家自己发散思维。要养成平时想到一个点子，就拿笔记下来，用的时候就可以直接派上用场了。

小提示

总之，就是要吸引人的眼球，即标题党。当然，写这些标题的时候，一般还考虑加主要的几个关键词进去。因为人家搜索某个关键词的时候，如果你的直通车标题里含有这个关键词，那关键词会飘红，比较醒目。

如下图，搜索“雪地靴”的时候，这个关键词就变红了。

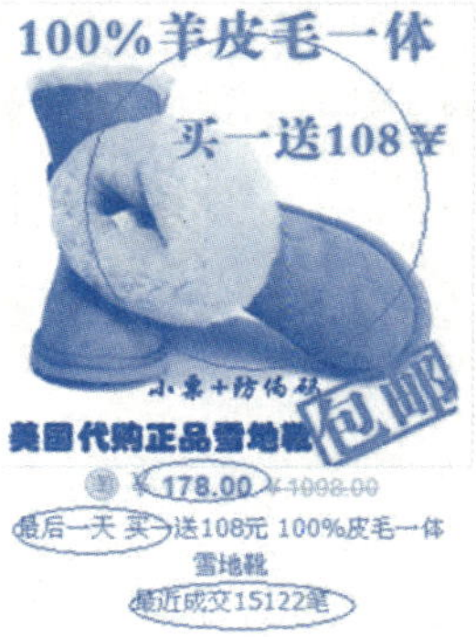

3. 词的宽泛度

这是指你投放的关键词的宽泛程度，宽泛程度不同导致点击率也是不同的。比如你投放“连衣裙”这个词，那搜索连衣裙的人，很有可能是想买短袖连衣裙，也有可能是想买长袖连衣裙，有可能是想买娃娃领的，也有可能是想买圆领的。那如果你是一款长袖连衣裙，他虽然是搜连衣裙，实际就是直接奔短袖去的，看到你的长袖就不大有兴趣点你。

小提示

这也是为什么越是宽泛的词，点击率越不容易有精准长尾词来得高。但是话说回来，做直通车要综合考虑，不能因为光是考虑点击率，而专门去投放类似“秋季圆领长袖连衣裙”这种很长尾的词汇，因为毕竟宽泛一点的词，流量高，虽然它的点击率和转化率会差一点。

这个，靠自己去悟吧，不难理解。

4. 你的周围环境

周围环境是指，你直通车附近的其他同行对你的影响。想想，如果你的直通车图片，不管是销量还是价格以及款式，都远远不如你附近的其他家的直通车更有吸引力，那自然你就会被淘汰，点你的人就少，点击率和转化率都会受到一定影响。当然，这种一般都是主要针对你重点关注的一些词汇。你不可能也没必要花精力把每一个你投放的关键词都时时盯着。

有个高人说，做直通车，让你的图片“页页做新娘”，指的就是这个意思。就是在每一页，你的图片都要像新娘一样，风头盖过其他的页面，才会得到更好的效果。假如你在第一页，做不了新娘，那你就退而求其次，到第二页去。

虽然实际操作中，未必就那么死板得在每种情况下，都去按这种办法，但是所表达的意思，是有参考价值的。

7.5.10 测试点击率过程中的注意事项

那最后说说，测试点击率过程中，要注意的一些事项。直通车在一个计划里，同一款宝贝可以创建两个“创意”。很多人只是用了一个，把另外一个给浪费掉了。实际上两个都要用上。而且，我们可以首先让2个“创意”里的直通车标题都一样，而图片却是2张不一样。第二天看到数据以后，就可以根据数据，把点击率相对低的那张图片替换成新的图片，继续测。如此循环，测个一小段时间，就能把你做的点击率最好的图片给找出来。

然后再是2个“创意”里图片都一样，让两个直通车标题不一样，继续进行测试。同样道理，可以测出标题怎么写，是点击率比较好的。

那有些人还说，我知道点击率不行，接下来的一切都是免谈。但是测试点击率，在没有确定到底这款产品点击率行不行的时候，每天测试要花好多钱，说不定到最后就浪费了。

这个完全不用担心，这时候，直通车的“日限额”这个功能就派上用场了。比如你可以把这个计划“日限额”设置成100元或多少，具体根据你的类目的烧钱速度等来决定，总之是在测试点击率阶段，你要是考虑到经济问题，就可以限额。比如今天到了100元，就自动直通车下线，到明天看看点击率再说。不过现在新版直通车有个实时点击率数据，如果你投放的款就那么一个或两个，看这个数据的话，当天就可以估计个大概了。

其实真说起来，这些细致的小地方小技巧，还是挺多的。有些人会想，望族希望，我看网上有些文章，讲直通车几句话就讲完了，哪有你说的那么多事情？

那只有2种情况，要么是那人已经很熟悉直通车了，所以讲的东西就是那么几个重要的点，细的东西不需要再废话了。就像我说的，要是不为了照顾基础薄弱的朋友，一篇文章讲直通车都足够了，因为你一点就透了。

还有一种情况，也不排除那人本身就对直通车还了解得不透，反而感觉自己都明白了，想的就出奇得简单。

小提示

这让我想起来，就好比电影里的武林高手，可能在从小练武的过程当中，从扎马步的基本功开始，要练很多很多的招数，吃很多的苦。而虽然学了那么多招数，到最后他的成名绝招，就那么几下！你说那早知道就那么几下，干什么还要练那么多？

7.6 直通车的定向推广

7.6.1 定向推广会出现在哪里

直通车，以前还有个类目投放，不过今年已经被取缔了，目前没有了类目投放。之前那几步，我们说的关键词等操作，主要是针对直通车单品，关键词投放而讲。那这里我们要来说的是直通车的定向投放。

我们先来了解下，定向投放的直通车广告，它都会出现在哪些地方？

1. 旺旺焦点图（见下图）

当我们登录旺旺的时候，这个弹窗就会弹出来，可能有些朋友平时对这些都司空见惯，但是也没去想过，这些图片是怎么来的。其实就是投放直通车定向，会出现在这里。

特点：1. 自动弹出，自动性强。2. 流量大。3. 精准度一般。4. 广告图像素大小 100*100。

所以这里的广告消耗是高峰，在早上和吃完饭后的晚上。因为这 2 个时间段登旺旺的人最多。

2. 收藏页面的定推位置（见下图）

作为收藏的位置一般情况转化率应是最高的，所以这里的竞争特别激烈。除了直通车 4*4 随机轮播外，下面有 4 个比较抢眼的钻展位置。

特点：1. 转化率高。2. 竞争大。3. 精准性高。4. 广告图像素大小

180*180。

3. 已买到宝贝物流详情页（见下图）

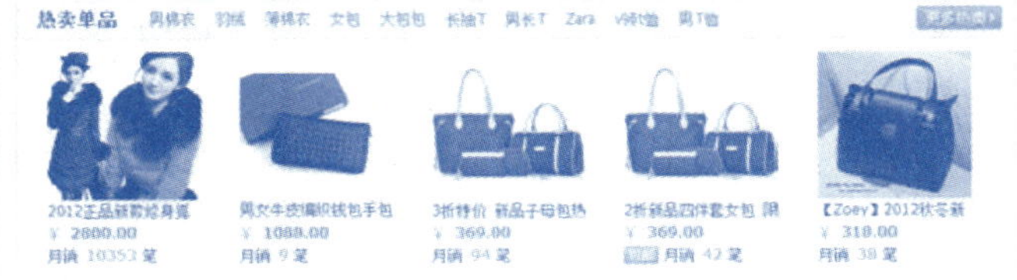

这个位置在查询物流的页面，总体的点击率和转化率比较一般。这里的用户购物习惯更加关心的是它的物品到哪里了，什么时候可以收到货。再次购买欲望不强。这里的位置也没有其他位置那样特别多产品。

特点：1. 点击率低。2. 转化率一般。3. 竞争一般。4. 精度度一般。5 广告图像素大小 120*120。

4. 已买到宝贝的位置（见下图）

它和收藏位置一样 4*4 轮播，主要是给你展示近期收藏或者未付款的或者你已经购买的类似款。这个位置对于快消品我觉得还是可以做的，但对于一些耐用品，不推荐这个位置。还有我们不难看到，在下面淘宝也给我们自动推荐了你近期关注的东西。这个猜你喜欢是一个很大的学问，有空我们再来说说它。

特点：1. 转化率高。2. 竞争大。3. 精准性高。4. 广告图像素大小：160*160。

7.6.2　定向投放的几个维度

何为定向？定向就是精准营销。说白了就是把你的产品展现给有可能对你产品感兴趣的人。直通车定向推广和关键词推广有一个很本质的区别在于：关键词推广是人找产品，定向推广是产品找人。这什么意思呢？

比如关键词推广，假设我投放一款连衣裙，那只有在人家通过类目导航或是搜索连衣裙一类的关键词，我的产品才会被展现给用户看。如果人家是搜索外套，那他是不会看到我这款连衣裙的。所以是人家主动搜索和寻找某一类的产品，然后相对应的这类产品直通车推广信息会展现给人家看。

而定向推广，是不需要人家主动去搜索和寻找的，而是反过来，在刚刚说的那些地方，就是旺旺弹窗焦点、已购买的宝贝、已收藏的宝贝等这些页面，主动展现给人家看。

不知道你有没有注意过一个现象，如果最近你搜索过哪一类的产品，那这一类的产品就很容易通过上述的这些页面展现给你看？也就是说，假如我最近想购买内裤和眼镜，在淘宝关注的最多的就是这几样东西，那我就很容易在各种页面上面，看到有关内裤和眼镜一类的图片广告。

小提示

网络系统，可以根据你电脑的COOKIES等，来追踪你的上网记录，从而分析出你比较关注什么信息，对什么东西最感兴趣，然后把你感兴趣的产品，都展现给你看。

这，就是定向的性质，是产品找人，主动去寻找对这个产品本身感兴趣的人！所以很多时候，我们都说，定向推广，其实和淘宝的钻石展位，在本质上是差不多的。现在的直通车，都是新版本了，所以我就拿新版本的界面截图来说明。

如上图，现在的定向推广，可以根据系统通投、搜索重定向、展示位置、性别、年龄等等来进行投放。

通投，是根据你的宝贝标题和产品属性，系统自动进行识别，并自动地分配投放到各种定向推广所能出现的广告页面去。

而下面的几个，如展示位置、性别、年龄、购买意图、访客定向等，又可以让你更加精准和有侧重点地投放。

如下图：

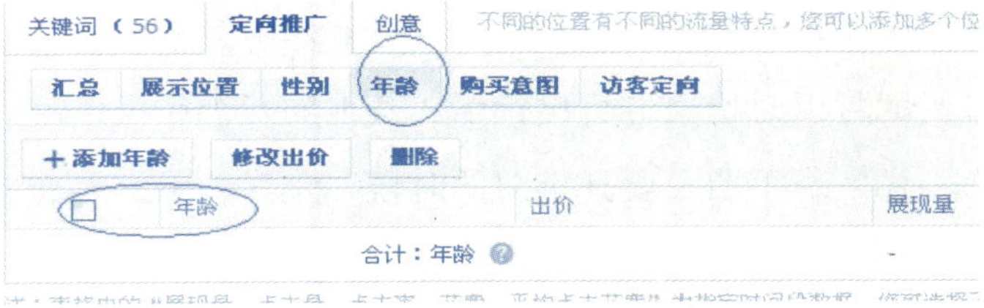

假设我的这款产品，是24岁以下的小年轻最感兴趣的，那我就可以通过年龄的设置，让定向广告显得更为精准和细分，主要就展现给24岁以下的人。而24岁以上的人，不需要展现。点击“添加年龄”后，会出现下面的对话框。

然后我们就把18岁以下和18～24岁这两个年龄范围的人都加入，就等于是圈定了人0～24岁的人。确定后，就出现下图：

这时候就可以对价格进行出价了。其他的几个精准维度、操作方法和这个一样，新手朋友要开定向的时候，摸索一下，点开看看就明白了。

7.6.3 定向维度的几点补充说明

还有就是关于“搜索重定向”这个功能，大家认为这个看起来很拗口的样子，不知道是什么意思。其实很简单，就是开启这个功能后，系统会检测到买家最近搜索过哪些关键词，比如某个顾客搜索过连衣裙，那他就很容易看到“连衣裙”的定向直通车广告。

这里要强调的是，当你同时开启“系统通投”和下面的那些按性别、年龄等精准维度后，直通车系统优先按你设置的那些精准维度去展示（但优先也不是代表当精准维度能花出钱的时候，系统通投就一分钱都不花，只是占比会有变化。比如1000元，你有设置了精准维度的时候，可能800元都是精准维度这里消耗出去的，剩下200元是通投消耗出去的）。当精准维度的这些展示量太小（比如你的通投出价足够，而你的精准维度这些出价太小），导致精准维度没法把钱花出去的时候，才会按“系统通投”为主去展示。

当然，如果定向里你的所有功能出价都是很低的，都没有高到有一定的展现，那就不管是系统通投，还是搜索重定向，还是其他年龄、性别、爱好等这些精准维度，都没法消耗出去，也就是没什么点击了。

小提示

这几段话，可能对于对直通车定向没怎么操作过，不熟悉的朋友来讲，比较抽象。我也不知道怎么更好地表达，不过不要想得复杂，当你开过定向一段时间，留意观察下，就会明白了，不难理解的。

很多人学习到某些内容的时候，感觉有点吸收不了，那是因为你还没去操作过，或是操作得太少。那没关系，比如你现在暂时还没打算开定向，那不懂就不懂吧。等你什么时候去尝试了，再回过头看我这些文章，应该就豁然开朗了。学习，就是这样一个过程，实践中总结的经验，才是让人进步最大的。纸上谈兵，很容易成为一个只能说出很多理论的大师，但是成为不了一个成功的实干家。

直通车的投放，还有个站内投放和站外投放的概念。

直通车站内，就是指你投放的直通车广告，都出现在淘宝系统内的，包括你的旺旺窗口等。

而站外投放，是指通过直通车，把广告投放到淘宝系统以外的，和淘宝有合作的大型门户网站。如下图，如果你选择了站外投放，那你的直通车推广的产品，还会被展示在这些网站的页面。

网站列表

薄荷女性网	一听音乐	114la网址导航
遨游今日	泡泡网	火狐导航
上网百事通	8684公交合作	PPTV
直播吧	秀女网	折扣啊
言情小说吧	红袖添香	中国教育在线
人民网	天极网-手机-分类页/品牌页	中国经济网
起点中文网	风行客户端	金鹰网
天府热线	大拿网	体坛网
中彩网	YOKA内容页右侧	114搜索
小说阅读网	快递小帮手	时尚网
九酷网	火狐首页	360网址导航
新浪	闪闪电影	搜狗关键词搜索投放
去秀	网易首页二屏	44344全能搜索
中通快递订单查询终端页	圆通快递订单查询终端页	韵达快递订单查询终端页
星空宽频	秀秀美图	地方联通
酷我音乐盒客户端显示	搜狐网	电驴
天虎网	爱丽女性淘宝频道合作	

调整站内站外的分配比例等，这里就不细说了。可以通过推广计划里的投放平台进行设置，如下图：

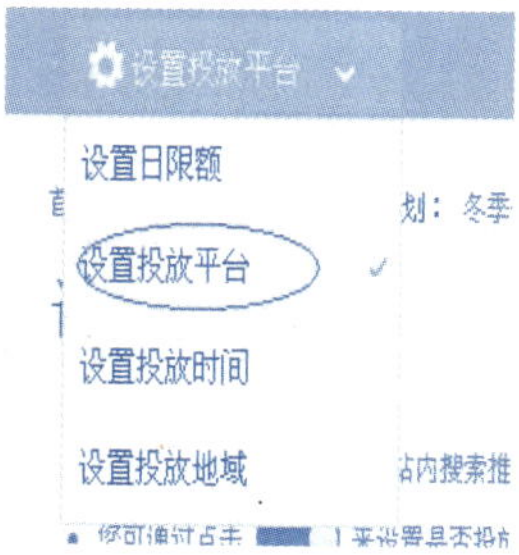

需要指出的是，除了定向可以设置站外推广，关键词也可以设置站外推广。而站外推广，一般情况下，特点是价格比站内低，转化率也是随之相应的比站内要低。所以到底好不好用，看个人具体情况。

7.6.4 定向推广的出价问题

定向推广维护起来比关键词推广要简单。因为它没有关键词需要你一个个去调整。在设置好了地域和分时折扣以后（这些设置方法、道理和之前讲过的关键词推广是一样的，这里不再赘述），平时主要工作无非就是调整出价这一块了。所以它的维护比较省心，对于新手，难就难在一个地方。是什么地方呢？

就是其不可控性。你会发现要么是在你出价出得挺高了，都没什么展现；要么是突然爆发，在短短几个小时内就消耗你几千上万的钞票！小心脏受不了啊，呵呵！所以，尤其是对于新手，建议一定要设置日限额，比如你设置 1000 元，那到了 1000 元，定向推广就自动下线了。这样比较保险。

记得有一次，和望族良哥两个人都不在，没设限额，结果没想到某款产品的定向突然就爆出来了，1 个小时消耗了我们 5000 多元。而我们当初根本没计划给那款产品消耗那么多的。

这里顺便提一句，你看到或听到那些直通车针对某一款产品，一天就烧几万元或更多的，基本上都是开了定向。要知道，女装类目，关键词搜索量算大了吧，实际上你把大词热词都加上，也未必就能轻松消耗掉两三万,三四万一天。因为光是靠关键词的点击，还是不够，而加上定向，就没底了。只要你扛得住，像女装可以很轻松地消耗掉很多钱。

我有一个朋友，直通车运用得那是炉火纯青，其实就是烧钱烧出来的经验，最多时候烧过一天 7 万元左右，其实 5 万元就是靠定向消耗掉的。所以你看到淘宝那些月成交量成千上万的爆款，很多都是配合定向来烧的。

不过，小卖家主要精力还是要放在关键词推广上，定向不要随便玩，量力而为。所以这个一定要注意。好，设置了日限额以后，我们就开始调整定向的出价。

7.6.5 出价方法之做加法

参考行业类目的常规出价。在哪里看？如下图，调整系统通投那一栏的出价，就会有提示了。

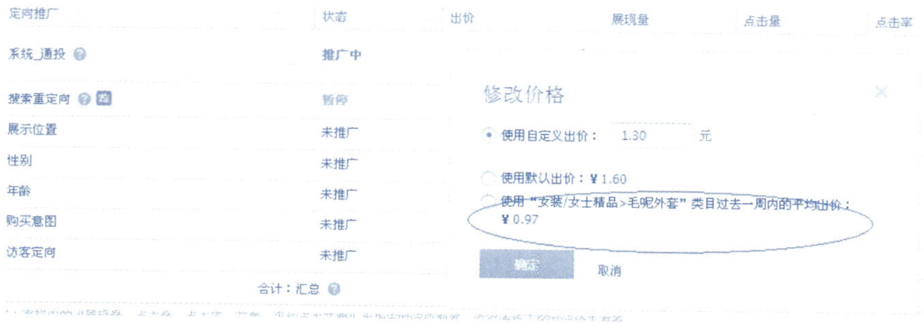

如上图，是毛呢外套类目过去的平均出价，参考价格为 0.97 元，那一开始我们出价 9 角或 1 元左右，

小提示

然后以一定的幅度（建议0.05~0.1元），每隔几个小时缓缓提高出价，然后每隔几十分钟或是几个小时（这个具体时间没有明确规定，自

己掌握）观察直通车的实时数据和量子的实时访问，一旦发现突然有很多定向流量进来了，就进一步观察流量有没有达到你的心理预期了。

如果感觉流量太大，就降低出价一点，注意，降低的时候也要慢慢降，和你提高出价时候的节奏和频率相同。不然很容易突然又一点流量都没有了。直至定向流量稳定到你心里感觉差不多的时候，就可以不用再那么频繁地去调整出价了，然后就是每天观察和细微调整。

这种，就叫做加法，是先给一个价格低的出价，慢慢提高出价，一直到定向流量逐步到稳定为止。这种方法，建议小卖家多用，比较适合。

7.6.6　出价方法之做减法

这种是不怎么考虑资金问题的做法，更适合不缺钱的中级卖家或以上。就是一开始以高于参考价格的一倍或更多一些的出价，比如参考价为 0.97 元，那我直接一上来就先出个 2 元或更高一些。然后设置好日限额，随时盯着。一旦定向流量开始大量进来了，就不断地降低出价。一直到定向流量稳定，到自己预期的差不多消耗量为止。

所以，定向，就是一个加加减减的游戏，维护起来，是比关键词更简单的。关键词往往不止一个两个，自然就费劲一些。

直通车定向，总体来讲，因为有点类似钻展的味道，所以他的性质决定了，转化率往往没有关键词推广来得高。所以基本上，一个款在一开始推的时候，一般我们都习惯去先推关键词，如果慢慢推起来了，这个款越来越火了，或是基础销量有个 100 来件以上了，才会去考虑打开定向。

小卖家，不要轻易去尝试定向，先做好你的关键词推广。当然，一款东西越来越火了，那你可以去尝试的。这个东西，用好了，流量是非常大的，是推超级爆款的利器。

不过关于转化率，也有个别的案例，看具体点类目。像我有个朋友卖高端女装，一件衣服都是一两千的那种，他做直通车，转化率很差。后来让他试试定向，却取得不错的效果，转化率明显比关键词推广高得多。因为他的价格，在关键词推广里没优势；而定向，我们说过，是属于产品找人，通过精准维度等设置，系统会自动展现给那些高购买力的人看，反而提高了转化率。

说到这里，这篇关于直通车定向推广的文章，基本上要说完了。不过等等，还有一个很重要的东西不要忘记了，质量得分！

小提示

定向的质量得分，我们是看不到的，后台也没有显示。但是实际上，定向也是有质量得分的。这个质量得分的高低由什么来决定，可以说，基本上是和关键词的质量得分原理一样的。那之前关于关键词质量得分都写那么详细了，这里就不需要再说了。就是你要明白，点击率，依然是影响定向推广的第一要素！

你的点击率高，定向就更容易有展现，早早地把钱花出去。很多人定向一直没流量，哪怕价格出得老高了，还是感觉没什么展现，往往是因为点击率实在很差。不过，关键词点击率和定向推广的点击率，指标有所不同，一般定向的点击率是要远远低于同一款宝贝的关键词点击率的。每个类目不同、宝贝不同，没法具体量化指标，不过凭经验，给你大概一个参考值，就是假如你的关键词点击率总体有1% 的样子，那定向一般 0.4%~0.5% 的样子就算很不错了。具体的，自己去体会吧，别把我说的这些数值当教条，每个店铺都不同，产品不同。

7.7 直通车页面推广和明星店铺

由于这 2 个板块要讲的东西并不多，所以就合并在一篇文章讲了。而且对于一般小卖家来讲，这些，未必一下子就用得到。但是一定要了解，或许你哪天开天猫店了，或许哪天你碰到一个款火了，要加大火力去烧车的时候，都要用到的！而且，本篇文章还会解释一下有关直通车广告展示的一些相关内容。

7.7.1 直通车页面推广

先说说页面投放，其实官方的正规叫法叫：店铺推广。对于天猫店，页面推广没有限制，只要开通直通车，就可以直接投放。而对于普通的集市 C 店，则需要达到一个皇冠级别。也就是你店铺还没有皇冠的时候，是没法开通直通车店铺推广这个功能的。

另外要注意，直通车的关键词和定向推广，同一个店铺的同一个关键词，在直通车里，最多只能展现 2 款产品。

我们来举个例子：比如你的店铺里，有 ABCD 四款连衣裙，那这 4 款连衣裙你都去推直通车，并且，这 4 款裙子你都用了同一个关键词，比如“长袖连衣裙”。那么，当买家在淘宝搜索“长袖连衣裙”的时候，展示给买家看到的，最多只会是你这4款裙子里的其中2款。直通车有个优先展出的概念，即会展现你这4款里，“长袖连衣裙”这个关键词、原始质量分好、表现力最好的2款宝贝，给买家看到。而剩下的2款可能展现和被点击的机会就很少了，不是没有，而是占比会比较少。

这就产生了一个问题，也就是当你店铺里2个以上的宝贝都想投放同一个关键词的时候，难免会产生自我竞争，也就是所谓的内耗。那如果利用店铺推广，就很好地弥补了这一点的不足。

因为店铺推广可以推广除单个宝贝的详情页面外的店铺任意页面：导航页面、分类页面、宝贝集合页面。你可以利用店铺推广，推广你的首页，推广你的自定义页面，也可以推广你店铺里的搜索结果页，总之，除了宝贝详情页不能推广，其他任何页面，都可以，非常灵活！

当然，推广单品照样也可以！因为你可以做到，一个搜索结果页只有一款要推的单品呀，而且还可以做自定义页面来做个单品海报呀，掌握了原理，那就可以举一反三嘛。

对了，店铺推广会出现在哪里？请看下图：

你看，搜索任何一个关键词，在淘宝页面右侧，除了最上面的那些直通车关键词推广，这种长方形的图片，上面有店家精选几个字，每页三个位置，这就是属于店铺推广了。

7.7.2　店铺推广和关键词推广的几个主要区别

他们的区别主要体现在如下五点：

- 店铺推广的关键词可以加好多，最多一个计划可以加 1000 个。而关键词推广计划，最多是 200 个。
- 由于店铺推广的图片比关键词推广要大一些，是长方形，所以更醒目，点击率会比关键词推广图片的要高一些。
- 在淘宝每个搜索页面，店铺推广只展现 3 个位置。而关键词推广每页有 13 个位置（右侧 8 个，最下面 5 个）。
- 可以利用店铺推广来推广集合页面，所以可以把最好卖的一些款集中在一起做个自定义页面，效果不错。或是可以利用这个特性进行测款，看集合页面里哪几个被点击的次数多，这个可以通过量子里的相关功能来追踪。

➢ 加上店铺推广，那其实同一个关键词，同一个店铺，同时可以出现在淘宝搜索结果页面的，就会是3个。增加了店铺的曝光率和最大化的引流。

关于店铺推广，它的关键词质量得分，也是和普通推广的关键词质量得分道理一样，不再重复讲述。唯一要说的就是店铺推广的质量得分，初始分往往都是非常低的，甚至只有2分、3分。但是一旦点击好，过几天就上来了。

很多人只知道，点击率是影响质量得分的关键，但是为什么淘宝要这样去设计呢？你想过没有？大家都已经明白，直通车是点击扣费的，点了才扣钱，不点不扣钱。那假如你的点击率很高，另外一个人的点击率很低，你的直通车位置，100个人看到，2个人点；那个人的，1000个人看到才2个点，如果你们的出价一样，你说，哪个给淘宝贡献的广告费更多？

想明白了这点，就豁然开朗了是不？这就是为什么点击率好，就给你质量得分好，排名靠前。你点击率低，质量得分就不好，排名靠后。你一定要拉高出价排到前面？那好，那你点一下一定要交出更多的钱才行，不然凭什么给你这个位置？

小提示

看透了本质，我们就更加深刻理解了为什么要那样做，就更能让我们掌握很多知识。学习，知其然不知其所以然，是不够的。养成独立思考的习惯，很重要！

7.7.3　明星店铺推广

明星店铺推广，也是属于直通车推广的一种，根据目前的规则，一般 C 店是开通不了的。有些开通明星店铺的 C 店，那也是以前。现在主要针对天猫店，而且要审核通过后才能开通。明星店铺就是当你搜索某个品牌词时，对应的这个店铺就会出现在最顶部。相信很多人都看到过，比如搜索淘宝女装店铺里，会显示大名鼎鼎的 OSA 女装。

再次强调，明星店铺，不是真的很大牌很明星才能申请。审核标准不是这样的，那都是不靠谱的说法。只要你是天猫旗舰店，就可以申请。另外，如果你是天猫专卖店和直营店，要有接到小二的邀请审核，才能通过。不过这规则也会变动的，指不定以后怎么样，所以哪怕你是 C 店，你要是有品牌的，或是有品牌授权的，可以打电话给淘宝问问看。

淘宝，有些东西规则上是一套，背后就看你的能力了，你懂的。就像我一个朋友，今年双 11 没资格上分会场，结果硬是被他软磨硬泡，给上了分会场，当天女装卖了几千万销售额，真是羡慕嫉妒恨！

明星店铺推广要维护的东西几乎没有。无非就是根据需要，偶尔更改一下下面圈圈的这几个地方。

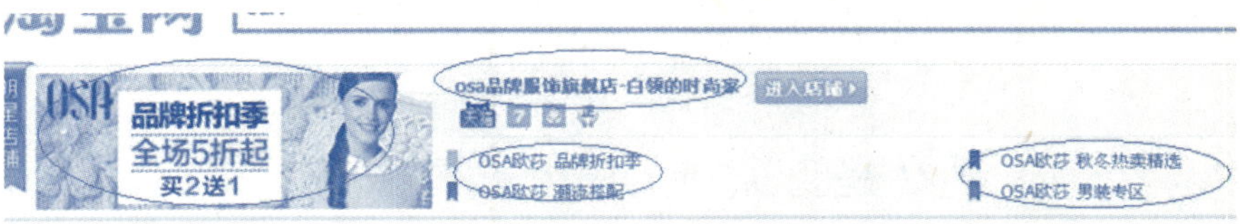

这些，如果你有明星店铺，在直通车板块左上面会有“明星店

铺”这个选项。

打开，然后点击“编辑创意”。就可以编辑了。可以利用这个板块来经常更改一些促销主题等。明星店铺，关键词不是你想加什么就加什么，系统给你什么词，你就只能加什么词，一般不会超过 30 个，而且基本都是和你的品牌词相关的。价格，也不是你出多少就多少，系统固定给你多少就是多少。

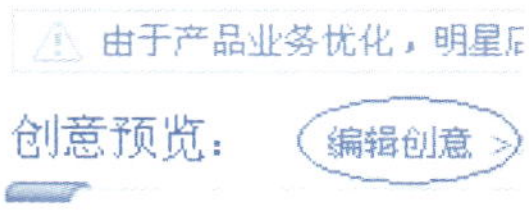

此外，明星店铺推广主要就是增加品牌曝光率，以及在买家搜索某个品牌的时候，对一些山寨货进行截流，因为你直接排在搜索页面的最上方，让人知道你销售的才是正品！

7.8 直通车的活动推广（P4P）

7.8.1 什么是直通车的P4P推广

直通车 P4P 是什么呢？说白了，就是以直通车为活动方式，点击收费。它是需要你主动在直通车后台报名的，如下图。

目前主要分两种，一种是“淘宝热卖单品”活动，另外一种是其他各种组织的活动。看上图，除了最后的这个“淘宝热卖单品”几个字，其他那些都是属于各种官方组织的活动。

首先说下活动报名通过后的活动时长。淘宝热卖单品活动没有时间限制，报名通过后只要不自己去取消，理论上是没有时间限制的，就是活动没有期限。不过，这只是理论上，因为对产品点击率、转化率等都有一些考核，总之感觉你这东西要是评分太低了，点击率不好了之类的，那就算你报上了这个活动，早晚会把你从活动上“赶”下去的。

而其他的这些 P4P 活动，都是有期限的，看上图就明白了。直通车 P4P 活动用一句话概括就是，用低于普通直通车推广很多的点击价格，去获得海量的直通车流量。

7.8.2　直通车的P4P的扣费介绍

一旦活动报名通过，就会给你很多的展现，展现大，自然通过直通车点击进来的流量就大，而每次点击，所要消耗的费用，就是你报名时填写的价格。比如你报名时填的是 5 角，那要是活动通过，每个点击，就是 5 角。

其中的“淘宝热卖单品”直通车 P4P 活动，理论上最低可以出价 0.05 元，也就是 5 分钱一个点击，去参加活动。

不过，别高兴的太早。这只是理论上而已。实际上，现在很少有机会能够以 5 分钱上活动了。一般都要四五角到八九角之间。看你什么类目，竞争大不大了。

而其他的 P4P，就看每个活动的具体规定了。比如我刚刚看了一下，女装无线站外，起步价就要 5 角。

不管怎么说，从出价的价格上来讲，这种直通车活动，是比普通的直通车推广要便宜。但是，它的转化往往没普通推广的好，而且流量太大。要是你的产品转化率不咋滴，就算便宜，你也未必扛得住。

所以报这个活动，一个中心思想就是：尽量拿自己的爆款或热卖产品去报，让好卖的更好卖！而不是感觉便宜，就想拿你自己最想卖的款去报。这个和做直通车的道理是一样的。

至于具体的报名流程，这里就不说什么了，因为按上面那张图，只要你点击报名，里面一目了然，非常简单就报名完成了。然后请耐心等待活动审核结果，成功参加活动并上线展示后，将在当天以阿里旺旺弹出方式友情提示卖家做好活动准备。

7.8.3　直通车的P4P的出价技巧

淘宝热卖单品活动报名时，需要您在宝贝设置活动出价，并且会有参考出价说明。活动出价请注意以下几方面：

- 请按自己能承受的价格出价，在报名宝贝合格的情况下，宝贝出价的高低会影响报名成功的几率；
- 出价越高在该活动的类目排名可能越靠前，展现几率越大；
- 审核通过后可以通过修改出价来提升自己宝贝的展现量，但是修改后的价格不得低于审核通过时的最初出价。

最后一条要注意，一旦活动通过，你只能选择不加价，或是选择加价，但是不能减价。所以一开始不要为了报上活动，出一个很高的价格，那到时候你马上就受不了了，想减又没法减，只能中途放弃活动。所以应该是报低一点，不行就加一点再报。还不行就再加一点，再报。活动对卖家的要求，在你报名的时候，都会说得很仔细的，你会看到的，我这里就不啰嗦了。

直通车活动主要展示在如下位置。

1. 淘宝热卖单品活动

审核通过的宝贝将有机会展示在淘宝网首页下方热卖单品区、部门门户频道下方热卖单品区以及淘宝站外媒体资源（如：淘宝热卖频道等其他联盟网站），并可在这些区域里进行轮番展现。

2. 淘宝直通车主题专场活动

淘宝直通车主题专场活动是利用淘宝网、天猫或者其他网站的临时资源位引入流量开设的主题专场活动，除活动主题集合页面外，淘宝不承诺活动展示位置。

3. 招商活动

不同招商活动会有不同展示位置，详细请查看活动报名信息。

建议选择一款价格适中、图片靓丽、符合当前季节和时尚潮流的宝贝报名活动。同时，热卖单品对宝贝的销量有所要求，建议选择一款店铺内相对较为热卖的宝贝报名活动。图片在符合规则的情况下要有创意，这样才能吸引更多的点击量，将外部流量引入至店铺内部，提升店铺流量，从而提高店铺成交量。

注意一旦中途因卖家自身原因退出活动，将视为自动放弃本次活动。淘宝网将不做任何补偿，并且会影响到直通车活动下一次活动的筛选。也就是说，你要是经常中途退出活动，那下次你就越来越不容易参加这种 P4P 活动。

那有的店主说，如果不是我主动退出，比如突然钱不够了，忘记充值了，或是日限额到了，自动下线了呢？这种没什么大问题，只要充钱了，他又会活动继续。只不过，那样容易导致你的整体点击反馈不怎么好，日限额又老是控制得很少，断断续续，那要是很多次都这样，可能就会被“请”出去了。也就是这次活动就算结束了。

为什么我上了淘宝热卖单品活动，很难在展示位置上看到自己的宝贝？该活动采用人群定投的方式进行展示，就是根据个人日常在淘宝网上的浏览以及购物行为，系统自动给予展现买家喜欢浏览的宝贝，可以大大提升宝贝的点击转化率，而且该活动被选上的宝贝数量比较多，再加上出价的因素会影响你的展现几率，所以掌柜有可能无法看到自己的宝贝，但是只要这个活动给你带来流量，说明别的买家还是可以看到您的宝贝的，不用担心宝贝没有被展现。

好了，关于 P4P，实在是没啥好说的了。唯一要再次提醒的，就是这种活动是当你直通车推一款产品推的效果很好的时候才会去考虑。不要随便拿个款就去报了。原因是就算产品很便宜，但不好卖，你也顶不住一下子消耗很多钱。那要是好卖，这个还是划算的。

7.9 如何通过直通车的数据维护和调整账户

一款产品上了直通车推广以后，到底效果好不好，到底哪些关键词给我们带来的贡献大，哪些关键词纯粹是在浪费钱；一个关键词出价到多少的时候，才是比较合适的，我这直通车到底是赚钱还是亏本的等等一系列的问题，都需要我们平时在直通车维护过程当中，不断去调整，这样才能让我们这辆车不至于越跑越偏。

7.9.1　关于直通车数据的简单介绍

而我们调整的依据，主要就是通过数据！所以学会如何查看数据，如何通过数据分析进行有效地调整，是必不可少的工作。

直通车后台有相当多的数据，我这里不会对每一个数据都进行非常详情地说明和解释。主要原因有 2 点。

1. 每一个数据的详细说明，在直通车后台都看得到。如下图所示。

看到上面这些问号了吗？只要把鼠标放上去，就会看到关于这些名词术语的具体解释。直通车数据表格里有许许多多这样的问号，就是起到这个解释的作用。所以这里就没必要对这些名词，都进行解释了。

2. 对于一个新手朋友，如果太多东西摆到你的面前，你反而更加容易乱了。这也是我一直在强调的，做事情，一定要抓重点，这样才会清晰明了。如果一堆的数据放到面前，你都乱了，都不知道到底应该怎么办？

说老实话，今年下半年直通车新版刚刚出来的时候，我一下子适应不了新版的操作界面和数据界面。因为已经习惯了之前的旧版直通车，突然来个新版，我怎么用怎么别扭，而且数据比以前更多了。望族良哥这点比我好，他早早就去适应新版了，而我这个人比较固执，由于新版刚刚出来那会，有个缓冲期，那时候还是可以切换到旧版操作和查看数据的，所以我一直就始终用旧版。

终于，有一天发现缓冲期过了，旧版的直通车彻底不让用了，只能用新版了，我这才硬着头皮去用。不过，毕竟对我来说，这不是第一次接触直通车，虽然改版了，里面功能基本变化不大，所以很快就适应了。适应之后才发现，其实还是新版本好用！尤其是对于数据的分析，虽然新版本看起来数据更多更凌乱，实际上稍微理一下，反而是比以前更加地方便了！而且很多数据以前旧版是不能提供的，现在也能提供了，如 7 天转化、15 天转化等。

7.9.2　直通车数据最需要关注的指标介绍

那好，言归正传，既然太多东西摆在面前，我们容易眼花，那我们就直奔主题，只讲最关键的点，保证你下次在看数据的时候，就不会显得那么头大了。点开直通车报表，见下图：

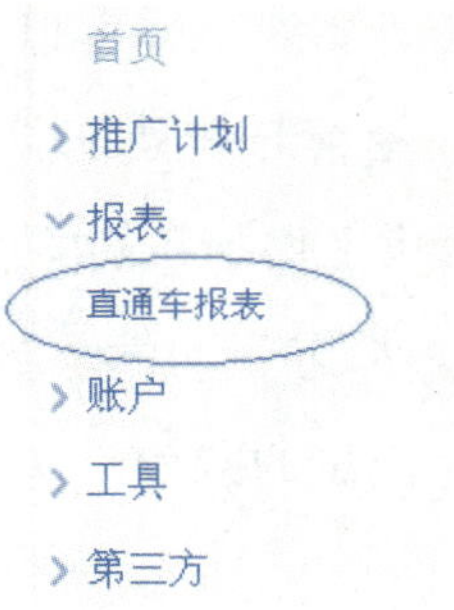

我们会看到以下的界面：

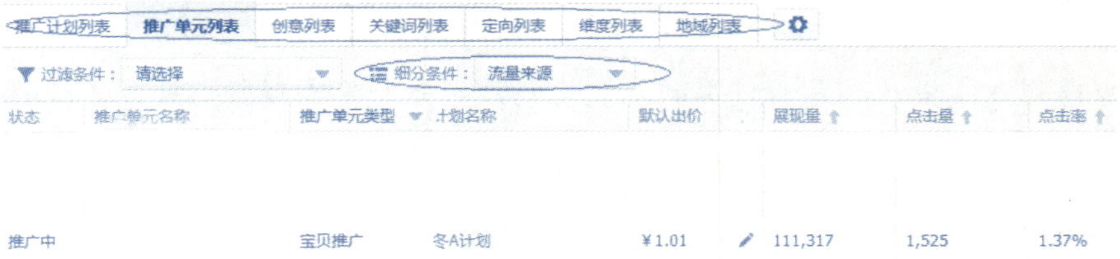

如上图，一共分为 7 张列表。分别是：推广计划、推广单元、创意、关键词、定向、维度、地域。这里只介绍维度列表，其他的很简单，就不再介绍了，读者可以根据提示看明白。

维度列表，也是针对定向推广里的精准人群投放，来查看每一个精准维度的数据，总之，它是针对定向的。不过让人纠结的是，现在这个维度列表，只能选择“人群维度”，而人群维度反应的偏偏是购买力的高低和购买账户的购买级别，其他比如年龄、性别等还不提供数据。而同时，偏偏新版直通车对于购买力和购买账户的级别维度，又还不能投放。这就导致了其显示给我们的这个维度，我们现在没法投放。我们能投放的维度，它暂时还不支持显示数据，所以这个以后如果完善了会很好用，目前，就是个鸡肋。

假如我们某个词的点击率始终不够理想，质量分上不去，那我们考虑根据这里的数据，把一些点击率低的地方去掉。只保留高点击率的地方，这样也会在一定程度上增加我们的点击率。

不过，不管什么事情，都有两面性。当你把点击率低的地方去掉以后，也就意味着直通车流量的减少。这个，请自己根据实际的情况，来做选择。

小提示

就好比我上面的这张图，为什么广东的点击率会比较低呢？主要原因应该是投放的是比较厚的冬装，而广东天气没冷到穿那么厚衣服的程度，所以可能点击的人相对就少。但是由于广东还是有通过直通车转化的，而且投入产出还能控制在合理范围内，那就继续投放。

我们再来回顾上面的一张图。看到上面的“细分条件”那里。一共有三个选项，分别是流量来源、投放设备、投放类型。

- 流量来源，如果你开了站外投放，那它就能给出站内、站外的分别数据。比如一款报表，你的站内点击率、转化率等等是多少，你的站外这些数据又是多少，我们假设站内数据反馈转化率和投入产出比都很好，站外却不好，那我们就可以有针对性地降低站外的出价，甚至是关闭站外等等。
- 投放设备，你就可以看到通过电脑访问的具体数据和移动设备如手机等访问的具体数据。等于是更细化了数据。我们可能根据这些数据，有针对性地去操作。
- 投放类型，就细分为关键词推广和定向推广的报表。

7.9.3　关于转化周期指标的理解

什么是转化周期指标？请看下图：

这里的几天转化数据，就是指转化率指标的。以前旧版的直通车，只有当天转化率、3 天转化率。而新版有 1 天转化率（这就是旧版本的当天转化率）、3 天转化率、7 天转化率、15 天转化率、15 天累计数据。我们把鼠标放在上面图片的左上角那个“感叹号”上，就出现了官方如下解释：

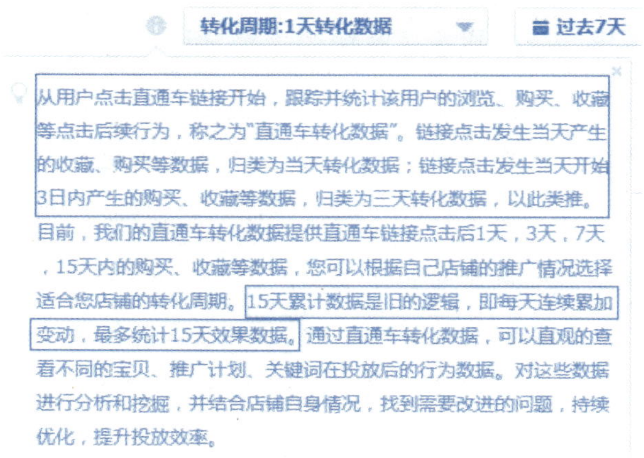

好，官方的解释虽然也算简单明了了，但是我总感觉还是有点拗口，我直接举个例子说明一下更清楚。

比如，你直通车推广一款连衣裙，今天（12月28日），我点击了你这款连衣裙的直通车图片，进入了你的店铺以后，当天（12月28日）就直接购买了。那么这就是属于1天转化数据，也叫当天转化数据。如果像我这样当天点击你直通车，当天就购买的人有10个。而当天点击你直通车一共是1000个人，那你的当天转化率就是1%。

那要是我今天（12月28日）点击了以后，没有买，而是在3天内才购买的。比如有可能在明天（12月29日）才来买，也有可能是后天才来买，总之，我在点击你的直通车后开始算的3天内购买，那就是属于3天转化数据。如果今天（12月28日）一共有1000个点进你的直通车，而今天，也就是当天没有买，而是在从今天开始算的3天内才购买的有20个人，那么你的3天转化率就是2%。

好，依次类推，7 天转化，15 天转化，就是指这个意思。而很多直通车新手往往不够心细，没去好好理解规则，错误地理解为 3 天转化就代表一共 3 天时间的转化，15 天转化就代表这半个月的转化。

所以，一定要搞清楚，这里的几天几天，是代表的计算规则，而不是代表 1 天 2 天 3 天。再看下面的图：

你看，当我选择要查看"15 天转化数据"的时候，旁边的这个时间段的选择，只允许我选择最多查看到 12 月 13 为止。为什么？因为今天是 12 月 28 号呀，也就是说，按规则，14 号开始的 15 天转化数据，它还没办法提供给我。如果我要看 14 号的 15 转化，我必须要到明天，也就是 29 日才能看到。

以此类推，如果我要看 7 天转化数据，那我最多只能查看到 12 月 21 日，是不是？不信，你自己去看看。

好了，说到这里，相信大家都明白了，如果还不明白，自己去领悟一下。

7.9.4 如何根据数据进行调整

平时我们如何根据数据进行调整？这里只讲最关键的几步，其他的，读者摸索几下，就可以了。

（1）打开标准推广页面，如下图：

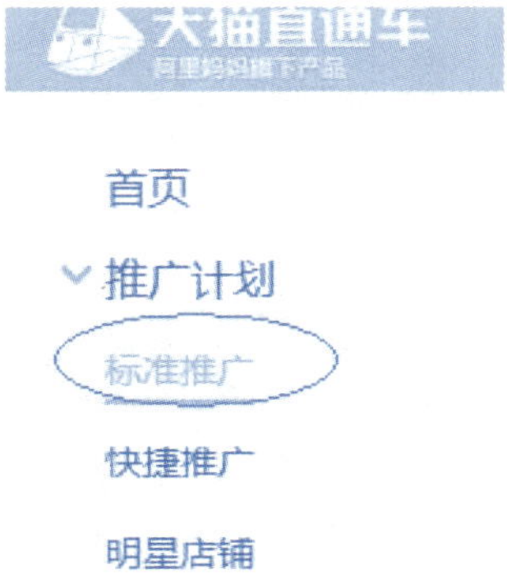

（2）点击具体某个计划的某个宝贝，如下图，里面有许多我们添加的关键词。

（3）点击具体某个关键词后面对应的，查看报表。点击后，我们马上就能看到这个关键词的一系列数据。然后我们可以根据上面介绍的选择 1 天转化数据和 3 天转化数据进行参考。

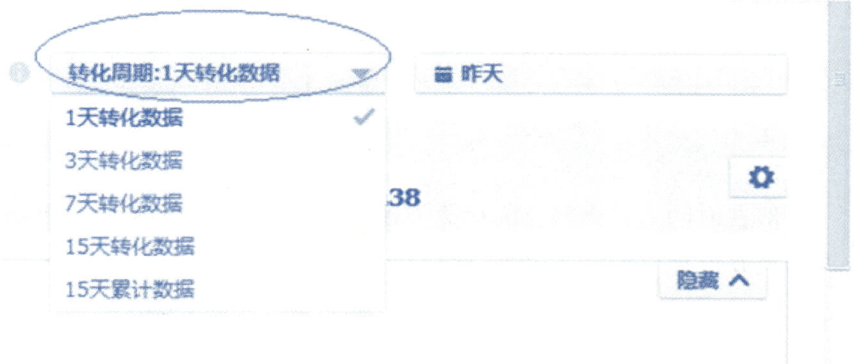

（4）如果你选择 3 天，那数据报表就显示给你这个词的 3 天转化率、收藏量等等各种数据。具体要看什么数据，你可以进行筛选。如下图：

一般在时间上，大部分的行业类目，我们都是参考 1 天转化数据和 3 天转化数据，因为 7 天和 15 天的数据，个人认为时间太长了点。如果对于没什么季节性的类目，还可以参考。对于女装之类季节性很强的类目，等你 15 天去参考一些数据再做决定，黄花菜都凉了。所以这个还是看你具体的情况，我是比较习惯只看当天和 3 天转化数据的。当然，这和旧版只有这几个数据也有关，哈哈，我习惯了。

要看的指标方面，主要就是看上面圈圈的这几个。然后在查看时间段的选择上，最好都选择 7 天以上，时间太少了有偶然性，不够准确。

小提示

再次强调，这个时间段和3天转化、7天转化是不同的概念。查看数据选择时间段，是指下面图的右边。而几天几天转换，是下面图的左边。

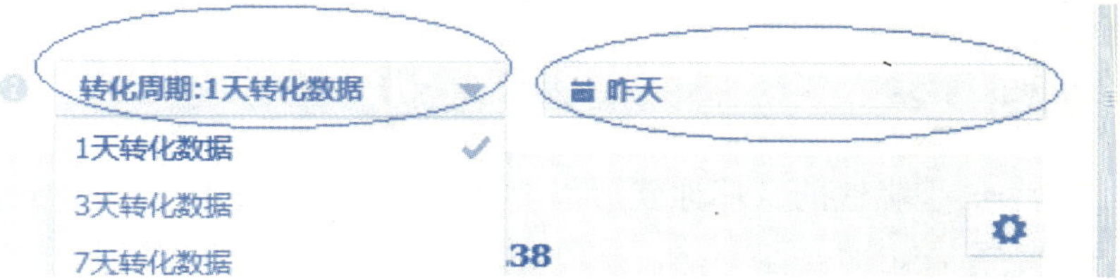

根据转化率等指标，你就能算出这个词到底是盈利的还是亏本的。这个具体怎么算？给你传送门，对于还不会算的朋友，去看看前面的章节。

7.9.5 通过数据分析删减关键词

如果一个词，通过直通车在一段时间内，都有好几百个的流量了，钱也烧了不少了，结果还是一个成交都没有，那我们就可以果断删除，放着也是浪费钱。当然，具体情况还是要靠你自己分析。比如你卖的产品，行业平均转化率都有 10%，也就是 10 个可能就有 1 个人买，那不用等到几百个流量进来，只要有个五六十以上流量进来还没成交，你就可以考虑放弃这个词了。反之，如果你的产品是很贵的产品，可能行业平均转化率就是 0.1% 的样子，那几百个流量还没有成交的时候，未必就说明这个词要删除掉。

如果发现这个词虽然有成交，但是他是赔钱的，很不划算，但是如果直接删除又不大好，毕竟还是能带来转化的。那就可以考虑适当降低出价，可以把价格降到完全持平或是适当亏一点点就行。

小提示

为什么说适当亏一点点也行，而不是降低到完全盈利或持平？因为有些词能带来巨大流量的话，你完全降低到能持平或盈利，可能总共价格太低，买不了大量流量进来，那对你打爆款还是有影响的。

某些词是赚钱的，那你就可以考虑是不是加大出价，进一步引入更多的流量进来？这些，都是需要灵活运用的。

有人说，一款宝贝，具体的要什么时候出价，什么时候降价，一开始我要怎么出价，加什么关键词，中途要怎么删除没用的词，要加什么词进去？望族希望，我看了你那么多步，总感觉还是连贯不到一块而。如果现在拿一个款，让我烧，我还是像个无头苍蝇，怎么办？

别急，这些全部都连贯起来的操作流量，会在接下来的章节里，以实战推爆款的角度来讲。

7.10 如何在烧直通车的过程中把握节奏

人的学习和进步都是分阶段的。当初，刚刚接触直通车的时候，每次圈子里的朋友一来，就被我抱住大腿，不让走，非要跟着人家学习直通车的操作技巧。我身边有几个操作直通车非常不错的朋友，都是身经百战，比我接触淘宝要早，那时候就是和他们学习实战的经验。从如何预算，如何查看数据，如何出价等一点一滴地去实践，去摸索。

7.10.1　烧直通车如何才能进步

平台和机遇，对于一个人很重要。之所以积累了大量的经验，和我接触到的平台和机遇有关。从 3 年前最初开始到现在，大致估算，经过我的手，花出去的直通车费用也有几百万了。感谢公司的信任和给了我这样的机会。有人说，直通车就是烧出来的经验，钱花到位了，自然就懂了，这话我赞同。你就想这样一个问题，一个人再怎么悟性高，连 1 万元都没有花过，他怎么能有机会去不断实战和总结那么多的东西呢？所以不是我有多聪明，那都是钱堆出来的。

上次有个朋友对我说，他想去做 TP 公司，帮人家开直通车，而且是帮很多人开直通车。我说这种事情吃力不讨好，要烧好一款车，所需要的前提很多，比如老板的魄力和信任，提供给你选择的货品的好坏，供应链的能力等太多的前提了。所以这就意味着，你势必会遭到一部分人的唾弃，因为肯定会有好多合作，你发现最终是烧不起来的。这也是为什么老是有人说付报酬让我帮其开车，我不同意的原因。交流可以，把你的身家性命交给我，我担不起。找人开车的，往往是不懂直通车本质的，还都指望直通车能给他赚钱的，你没做到，你就是骗子！

于是我劝那位朋友不要做。可是朋友却给我来了一句：没事，对于开不起来的，我大不了白干，分文不收。但是我这等于是花人家的钱，去积累自己的实战经验。

这话，怎么听着感觉那么别扭，有种不负责任的感觉。但是，又不无道理！

有哪个经验十足的老医生，刚刚出道时没医错过病？有哪个手艺精湛的理发师，刚刚出道的时候没坑过人家的头？都不是天生的，都是从零开始的，那就总得有“垫背”的。这话说起来很难听，但却是大实话，只是一般人不愿意那么直白而已。

不过，我依然觉得，人家既然是专门找直通车手的，你如果还没多少经验，就去帮着人家花钱，那和忽悠没什么两样。

你可以去应聘，去当一个直通车助理、推广助理之类的，这样等于是借用人家的平台，去慢慢积累你的实战经验。像我和望族良哥，最早时候接触淘宝，就是明确让老板知道，之前就只知道网络推广和策划，但是没做过淘宝！老板愿意，我们才快速地去摸爬滚打地成长起来了。

小提示

我是很建议一些真正想做好淘宝的，却又苦苦找不到感觉的朋友，与其自己单打独斗，天天耗在家里，还不如去找份淘宝的工作上班。或许人家给你一年的实战经历，胜过你独自在家守着旺旺五年！

7.10.2 如何初步判断自己的直通车水平

直通车，烧得多了，自然就多了很多实战的经验，慢慢就悟到了一个道理——其实看一个直通车操盘手的水平，就看两样：

- 对直通车本质的理解。
- 对开车节奏的把握。

具体操作层面的东西，其实到了一定程度，大家都会。无非就是那点东西。就像我写到了这里，基本上把操作层面的东西，写得比较详细了，不敢说没有遗漏，但是至少大体上，该要注意的，如何操作的，都讲了，至少我在写的时候，没有刻意保留什么。

小提示

反而就是这个开车的节奏，是最难用文字去传授给人家的。因为这要靠实战经验的积累。好比现实中，你开车出门，每个人碰到的具体路况，包括天气、车的性能，都不一样，没法给一个很具体的公式可以去套。

所以本章节，也只能从大体上说说开直通车，对节奏的把控。具体的，要靠你自己去积累。

开直通车的节奏把控，说具体点，就是好比司机开车上路一样，什么时候该加大油门了，什么时候要松松油门了，什么时候得踩刹车了。又好比是厨师，对火候的一种把握。

7.10.3　不同阶段，不同对待

对于节奏把控，我们按常见的以下几种情况，来加以说明：

1. 刚刚上车的款

一开始，我们放一款产品到直通车里面去推，这时候，你是没办法保证这款肯定就是值得去加大火力烧的。因为我们要得到最基本的数据反馈。尤其是点击率，因为之前的文章也说过了，点击率如果不管你做了什么样的努力，始终都上不来的话（普遍做法是看行业平均点击率，至少高出这个平均点击率 0.3~0.4 个点，才算是挺优秀的点击率），其他的类目我了解得不够透彻，女装我熟悉点，一般如果能超过 1%，就是比较理想的了。

当然，这是通常的普遍说法，如果说你一款东西，不考虑烧出什么销量，完全就考虑投入产出，而你能有耐心用很低的价格去做，哪怕一个月通过直通车才卖几件，但是你投入也少，这不在我们这里的讨论范围。

在直通车后台，可以通过这个办法去查看某个词的全淘宝平均点击率。

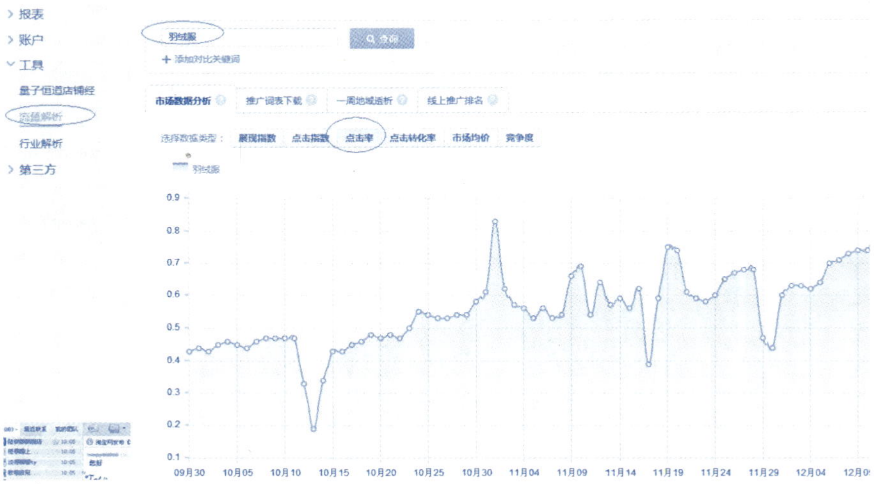

那既然一开始要先测点击率，我们在还没有测到好的点击率之前，我们完全没必要马上加大火力。

小提示

不要加大火力，指的是要控制日限额，比如200元、100元或更低一些，到了日限额就自动下线了。等明天看看点击率再说。因为点击率都是要隔一天才能看到。虽然新版直通车现在有即时的点击率可以看，但那是没经过去重计算的，何况你可能不止一款宝贝在推车，所以不是很准。

所以一开始叫你别加大火力，主要就是设置日限额，至于出价上，还是要出得稍微高一点的，太低，没展现，没展现哪里来的点击，没点击，你就没法看点击率。看一个词的点击率好坏，至少要稍微多几个点击进来。比如你只有 1、2 个点击的时候，是不够准的。因为 10 个展现，刚刚就有 2 个人点，就成了 20% 的点击率，这个偶然性太大。数据分析，要数据足够多才行。如果 100 个展现，有 20 个人点，那才能说明是真得好。不过，这里只能打比喻哈，实际上，大部分的行业，直通车点击率超过 1% 都算可以了，我是没见过说哪个能到 20% 的，那是属于天方夜谭。

2. 点击率比较理想，测试转化率

一款宝贝，点击率过关，那接下来就考虑转化率的测试了。因为用直通车推爆款，单是从直通车推广这个角度来看，说白了，就是点击率好 + 转化率好 = 爆款。

这时候，直接加大火力，快速引导大量的流量进来。根据自己的具体承受能力和情况，小卖家，可以幅度稍微小点，中级和大卖家，可能直接就是 500 元，1000 元，2000 元得干上去了。为什么？

你就算这样一个账：你缩手缩脚，油门过小，看看一天，感觉不明显，再看看一天，又感觉不明显，没感觉转化很好，但是你说放弃吧，又有成交，你纠结不？就这样纠结来纠结去，一晃，10 天半个月过去了。哪怕你一天只花 100 元，10 天也是 1000 元大洋丢了。问题是 10 天后，你还是犹豫不决，看看又是一天，看看又是一天，始终感觉要死不活。

所以我后来烧直通车，基本上最困难的就是在于第一步，测试点击率。要是点击率感觉过关了，测转化率，基本上，我干脆一天就来个一两千，几天内就有决定了。一边做好详情页优化，几天以后，行就行，不行就赶紧刹车，寻找下一款。反正你婆婆妈妈得观察 10 天半个月，还不如我直接几天就搞定来得爽快，还赢得了时间。要知道，对于细节性强的，或是有些流行趋势快的产品，你不快，人家快，你就输了。

当然，我说的这种力度，是指有一定经济能力和实力的中级以上卖家。对于特别小的小卖家，道理是一样，但是对于额度的把握上，你要根据自己情况来，不要动不动也马上来个一千两千，这是害了你，要学会控制风险，有多大能力做多大事情。比如你可以一天三四百或是更少一点，快速测几天，具体看你自己情况了。这也是我一直强调小卖家，最好是拿你本来就卖得比较好的款去推的原因，成功几率更大，直接用直通车测款，费用本来就是很容易造成浪费的。万一不行，这点测试费就扔掉了。

3. 烧起来的时候

这种阶段，如果你不是对自己的产品质量百分百有信心的时候，还是要悠着点。一般情况下，不要过猛。一旦太猛，卖出去得多，接下来面临的就是大量的差评和退货，这个款也会马上死掉。所以在产品评价还没几个的时候，要仔细观察，评价如何，发力的同时，还是不能过于猛的。再一个，要考虑好你的款，供货方面，有没有问题。千万不要卖到一半，说没货了，那就扯淡了！实际能每天发多少货，就要控制在多少的流量进来，不要超卖。

另外，要经常观察转化率和点击率情况。一个款，同行的跟风和模仿，甚至是恶意中伤；好评率的变化；市场饱和度的变化；季节天气的变化等等众多因素，都会导致你的点击率和转化率逐步变化，一旦有往下滑的迹象，就要找原因。当然，我们不是神仙，未必每次出现问题，都能百分百找到原因的，当你即使找到原因也无法改变，或是找不到原因的时候，至少随着转化率越来越不好，你就要相应调整出价，减少预算，逐步减少每天的投入。但是也不要一下子就刹车太快，稳中减速，一边观察，万一还有机会，马上可以又把油门加回去。

像今年夏天有个款，人家跟风，价格比我们低 10 元，我们排在首页，他也跟着紧挨我们。那我们就采取迂回战术，他上去，我们就去第二页，避开竞争，不然是给人家做嫁衣。如此折腾一番，后来对我们影响不大。要不然你直接在边上，就会无形中被人家拉走更多的顾客。

小提示

很多人过多注重卡位，卡位就是把一些大词和热门词，固定长期卡在某些直通车位置上。但是适当时候，该变动的就要变动，不能太固执，和自己过不去。

说到卡位，顺便说下，直通车位置，如果排除其他因素，光从位置上来讲，每一页的前 3 位置，以及最下面的第 9 到 11 位左右的位置，是比较容易让人看到并点击的。这和人的浏览习惯有关，以后有空来说说这个。这里你只要有个概念就行了。实战告诉我们，这个是有用的，但是对提高点击率的作用微乎其微，没想象得那么大。有些人以为这个卡位对点击率起到的作用很大，为了提高点击率，一味追求卡位，是不对的。这也是为什么我在那两篇讲质量得分的文章里，没有提到这个概念的原因。实际上，真正的卡位，是为了买到合理的流量，不是主要为了点击率！

这个阶段，在直通车上，侧重于投入产出比，即 ROI（Return On Investment）。一开始测款的时候，更偏向于引流和测试，不会太注重投入产出，哪怕适当亏本，也不代表就是很糟糕的事情。但是到稳定期，就要更加注重这方面了，总不能一直都是亏的，那还烧个什么直通车？

4. 预热的时候

比如我们在预热一款羽绒服，你在 10 月底就上架开始预热了，那这时候，一定要控制火候，因为最热销的时候还没到来，肯定是以转换好一点的精准长尾词为主，大词热词，就算开，也是放到一个比较低的出价，先养养分。不可能一上来就加大火力，不然往往没有好结果。或者是说，在销量和评价还太少的时候，也是需要控制的，因为这时候的转化，往往没有达到一个很理想的状态。淘宝上面，越是销量高的产品，越好卖。

5. 收尾的阶段

任何一款都是有生命周期的，只是长短的问题。老产品被新产品更替，市场容量的逐渐饱和，季节性变化带来的变动，都会慢慢让一个款销量下来，这时候，就要做好收尾的工作，逐步减少投入。控制好投入产出。

7.10.4　特殊情况的节奏把握

其他的还有一些特殊情况，比如碰到大型的活动，如双 11。因为这种大型活动，转化率是相当高的，大家都头脑发热，一股脑儿下单。那这时候的直通车投入，往往就显得很划算，哪怕因为这个节骨眼，大家都开足马力，把价格抬得很高，也应该投放，因为在投入产出上都比平时要好。

不过，也不能单单就到了双 11 当天才去投放。就像今年的双 11 尤为明显，很多人都是早早提前收藏了你家的产品，就等到时候来抢拍的，怕抢不到。所以就要早早进行预热，让买家提前收藏优惠券等。那就意味着，好多天前你就要开始逐步加大直通车的投入了。

然后等双 11 一过，这时候很多人该买的都已经买了，已经消耗光了口袋里的钱，那这时候不是说完全没人买，而是会有一段时间转化率就很差，购买的欲望也不强烈了。那你就要降低预算，松松油门。

小提示

对于这种直通车的节奏，多配合一些数据，多分析，多思考，把节奏掌握好，何时加油，何时减油，何时该烧，何时该停，做到张弛有度，而不是一味得鲁莽，不冲动，这才是作为一个直通车手，需要不断通过实战，去磨练和提高的地方！

7.11 实战：用直通车操作爆款

有 QQ 上的朋友问我是不是专门做直通车的。我说不是，我说我是带领团队管理整个店铺运营的。只不过，这些经验都是自己摸爬滚打总结出来的，除非是大店，有专门的直通车手，专门管理直通车就行。一般店铺都不具备那么精细分工的人员配备，自然我们自己还是要去管的。包括最早时候客服也当过，像望族良哥，每当我们的客服主管不在的时候，他就可以兼职客服主管，效果居然比客服主管还好，所以积累了一点经验，分享给有需要的朋友罢了。

7.11.1 不要把直通车当救命稻草

其实我是不大喜欢过多去讨论类似直通车具体操作这种的，因为我觉得比直通车有意义的，更深刻的话题，需要引起我们注意的太多了。比如产品的本身、服务等等，店铺的关联销售，客服的话术，整个店铺内功的修炼以及营销和策划。望族良哥也有这样的感叹，他说他写日志讲推广的时候，写这些思路和意识的，大家的热情就低落一些；写具体操作步骤和技巧的，人家热情就高涨无比。

可是，没有一些内功来支撑，顶多是花拳绣腿；没有一定的内在修炼，光是有招数，那也是作用不大。我不知道如何更具体地表达，但是这的的确确是我们接触网络那么多年的切实感受。所以操作层面的东西很重要，但是对于营销策略等，同样非常重要。对两者，都要重视，你才能够做好事情。

上次有个朋友对我说：如果作为一个运营者，把心思整体都放在怎么样获得更多流量，怎么样把直通车烧好上面，那他一定是做不好一个店铺的。我很赞同。运作好一个店铺，和运作好线下的一个实体店一样，要考虑的东西是方方面面的。这也是为什么，有些朋友直接扔一个店铺地址过来，说看看，指点下。我很为难。这让人从何说起呢，那么多的点滴，形成了一个店的经验状况，怎么可能是看几眼，然后随便给几句建议，就能逆袭的呢？你也太高估我了哈。忘记掉快速和捷径吧，你能坚持你就干，如果你感觉做电商或是说做淘宝不符合你轻松快速赚钱的理念，那就放弃！

搞培训的为什么能让你头脑发热去交钱？不就是告诉你快速，马上，轻松，神奇发财吗？人家迎合了大部分人的心理呀，一高兴，就把钱交了。接着就是开始很激动，最后依然是一动不动。这个世界上什么都能培训，就是没见过赚钱还能培训的。事情，是人在做。100个人，就有100个不同的背景、资源、性格、学历、意识、习惯等，怎么可能人人都是企业家！

7.11.2　直通车推爆款之市场分析

由于我最熟悉的就是淘宝女装这个行业，所以就以淘宝女装为背景来阐述，其他类目的的，具体情况可以不一样，但是思路都是差不多的。

小提示

淘宝和线下的一个最大不同，就是有数据，就是处于裸奔状态的。你一款东西要是卖得好，想不被同行知道，想偷偷闷声发大词，是不可能的。直通车在猛推什么款，你整个店铺的销量如何，你不想让人家知道，也是不可能的。先不说现在淘宝指数、生意经、量子、数据魔方那么多的数据分析软件，你就是光去淘宝搜一下，哪些款式销量好，哪些款式销量低迷，一看便知。所以，千万不要盲目地想卖什么款就去拿什么款卖，你要分析。

所以每次我们都是根据淘宝上那天卖得好的款，去归纳总结，他们普遍存在的共性是什么？比如价格普遍在多少左右的？是有毛领的最受欢迎呢，还是不带毛领的？是中长款最受欢迎呢，还是短款？等等这些特性，你全部归纳起来，再结合一些数据分析软件，去整理一份资料出来，比如你要卖羽绒服，你就把现在淘宝上最好卖的羽绒服那些共性给整理出来。不管你卖什么产品，这个道理是相通的。

整理出来以后，就有了针对性。不管你是市场拿货也好，还是自己有设计师开发设计也好，就按着这个共性去找款，设计款。这样，等你一批产品出来，能够拔尖出几个特别受欢迎的款的概率就增加了。

现在很多企业或个人，都是处于那种我有什么产品，我就要去卖什么产品的意识。这样不行，你得反过来，先分析什么好卖，也就是先分析淘宝用户需要什么产品，然后你再去卖他们需要的产品。千万不要想着说裂帛、阿卡等这些个性化，小众的女装，他们为什么会做的那么好？这没有意义，因为天时地利人和，这不是单纯这样可以去理解的。再一个，你仔细去看看他们的店铺，真的要说炒作爆款，而且是用直通车做爆款，他们的款，未必就能做。他们销量高，并不意味着他们的款适合去做爆款。这些，不是这里要讲的主题，就此带过。

所以，找爆款，要大众化一些，这样能出爆款的概率比较高。

7.11.3 直通车推爆款之选款

一批新款上架，比如有 15 款。那我们要先选款。观察这些款里，有没有比较有潜力的。注意，这里说的是选款，不是指上直通车测款。刚刚新拿到的一批产品，除非是由于天气等原因，造成时间特别紧迫，才会考虑马上抓紧上直通车测款。一般来讲，都是有一些前期的事情要去做的。

这个阶段，我们做的事情，一般有以下几点：

1. 要做一些基础销量。做基础销量如何做？那方法主要有几种，要么是直接让利给你的老顾客，让他们以极低的价格能够购买到。要么是在新上款的时候，不计成本做一些活动，非常给力的价格，吸引人家快速购买，形成最早的一些基础销量。如果实在没办法，那就只有赤裸裸地去刷一些了。一般来讲不需要刷多，只要让每款有个一两笔，能够破零销量就行了。要知道，一款零销量的产品，引来第一个吃螃蟹的人，是最不容易的。如果你东西真的吸引人，只要破零，接下来的事情就好办多了。这也是为什么要做一些基础销量的原因。

2. 通过量子统计，观察哪些款是停留时间比较长，跳失率比较低的？因为这时候，刚刚才上架不久，未必就马上有真实销量，这时候我们要通过一些其他的数据来预判。再一个就是收藏率。看看，哪款产品的收藏率比较高。像女装，一般来说，如果 100 个人，有 10 个人收藏，那这个款至少说明还是有点潜力的。如果你是做女装的，你可以看看，没几款宝贝能够真的超过 10% 的收藏率。而能达到这个水平的，往往又刚好就是你卖得比较好的款。

3. 长时间在一个行业，就比如我接触的基本都是淘宝女装，加上对自己店铺的风格等比较了解，哪些款肯定不怎么好卖的，哪些款应该是不错的，大致心里还是有个底的。

4. 留意一下聊天记录。上架后，把每一天的旺旺聊天记录都导出来，仔细观察下，哪几个款询问的人比较多。

5. 量子统计还有个收费功能，可以看页面的哪几个地方，被点击的次数最高。这些，都是可以进一步观察的。

这一步，如果在时间充裕的情况下，比如夏天的衣服，我们第一批在四月初就上架的话，那这时候不急，我们就可以多观察几天。反之，时间比较紧的话，就可能会只观察两三天就开始进入下一步的工作。

7.11.4　直通车推爆款之测款第一天

由于前面第二步的一些工作，到这一步，通过数据，以及经验的判断，剔除了一些肯定是不好卖的款，剩余的，全部都放入直通车测试。这个是测试的第一步，所以不用很精细。我们通常会做以下几件事情：

1. 放入一些款到直通车里，比如五六个款的样子。这个具体看你自己情况。

2. 每个款通过直通车的系统推荐词，直接加个百八十个进去就行了。

为什么？因为之前文章说过，上车后首要做的就是测点击率，所以在测试点击率阶段，根本没那个必要很精细地去调整和选择关键词。我只要保证词里有几个大词热门词，其他一些七七八八的词汇附带一下，就好了。

3. 每款宝贝做一张直通车图片。这样加上五张主图里默认的第一张，就是两张图片了，开设两个创意。两个创意的标题随便设置吧，但是要保持一致。因为我们之前文章讲过，我们测图片点击率的时候，让标题一致。测标题点击率的时候，让图片一致，这样才比较准。要不然的话，图片和标题，两个创意都不一样，要是点击率不同，你怎么来判断到底哪张图片好还是哪个标题好呢？是不是？

4. 设定好日限额，比如一个款设定日限额150~200元的样子。

这时候测点击率，不需要花多少钱，只要能有一定的展现和点击，让我大概判断点击率情况就行了，所以设定日限额。

5. 把每一款宝贝的直通车里所有的关键词，都拉到一个统一的价格。

因为主要为了看点击率，还没到精细调整的时候，统一价格就行。统一价格出价多少？这个根据你行业平均水平来，之前文章，我记得也有写过，一般我们女装，我个人习惯，会先统一出个1.5元的样子。如果是羽绒服，可能会出到2元或2.5元这个，没有一个硬性规定，自己根据情况，看着办吧。总之，目的是有一定的展现，但是又没必要刻意追求很大的展现。

6. 好，不用管了，第二天看数据。

7.11.5 直通车推爆款之测款第二天

昨天的数据可以看到了。这时候，我们会做下面的动作。

1. 对于点击率超级低迷的，比如 0.2、0.3 这种的，直接放弃。这样就又会淘汰几款，从车上下来了。可能你会想，怎么那么快就放弃？那是因为在有款选择和比较的情况下，就没必要坚持了。如果有时候实在就是那么几款，那可能还要继续坚持观察一下，对吧，这个就看具体情况了。

2. 对于转化率还不错的款，比如 0.6~0.8 上下的款，那还有待于进一步观察，继续做几张图片，继续测。

3. 对于转化率直接就是 0.9 甚至是超过 1 的款，加强重视，继续换图片测试的同时，可以考虑精细化调整一下关键词和账户结构了。

4. 对于没有展现的款，或是展现量少得非常可怜的款，要提高出价，让有展现。没展现，就没法判断点击率。

我们之前说过，数据太小，就意味着偶然性。那这里就涉及到，要如何正确判断点击率？我先假设几种情况。

A. 点击率非常高，哇，有 20%，实际上可能是因为你这个词只有 10 个展现，刚刚好 2 个人点，这偶然性太大。如果 100 个展现，是否还有 20 个人点？所以，20% 是假像。这个就告诉我们，数据分析，要有一定的量。量太小，没有判断价值。

B. 你看某款宝贝的直通车总点击率非常低迷。（这里说的某款宝贝的直通车总点击率，是指一个直通车计划里，你的某一款宝贝的所

有直通车关键词的点击率的平均值，如下图）

推广单元类型	计划名称	默认出价	展现量	点击量	点击率
宝贝推广	冬A计划	¥1.01	111,317	1,525	1.37%

上面圈圈的地方，就是这款产品的总的点击率，你要是里面一共投放了 80 个关键词，那它是由 80 个关键词的总点击量除以这 80 个词的总展现量而得来的。而单个关键词的点击率，就是指这款宝贝里，具体的某个关键词对应的关键词。如下图：

关键词（56）　定向推广　创意　……了解详情 >>

+ 添加关键词　修改出价　修改匹配方式　删除　复制

全部	关键词	出价	展现量	点击量	点击率	花费	平均点击花费	质量得分
推广中	[redacted]	1.18元	99,611	880	0.88%	¥736.42	¥0.84	10分
推广中	[redacted]	1.00元	46,369	710	1.53%	¥553.47	¥0.78	10分

所以，当你看总的点击率很低时候，也不能说明这款产品就一定是点击率很差。你应该具体看看每一个关键词的具体情况。我就说这样一种情况，假如你某款羽绒服的总点击率是 0.3，而实际上，“羽绒服”，“羽绒服女”等这些大词，点击率都很不错，都超过 0.8。那是因为你加了个“女装”这个词，而“女装”这个词点击率非常差，展现出奇得高，点击率却非常非常低，甚至没有点击，比如为 0。

那就是等于展现量被“女装”这个词拉高了，而点击却没任何贡献，那你看“点击量 / 展现量 = 点击率”这个公式，是不是导致总的点击率被拉低，而误导了你？因为“羽绒服”之类的大词高就好啦，依然表示这款宝贝点击率是过关的嘛，为何一定要“女装”这些那么宽泛的词还高，对吧。

所以，这也是为什么我说一开始的时候，只要有几个大词在里面，然后附带一些长尾词就可以了的原因。

因为一般我是这样看的，几个大词，点击率如果还可以，那说明烧爆款有希望。大词没点击，你就有点麻烦了，因为就算你转化好，你大量的流量很难买进来，虽然说可以通过定向等另外想办法，但是一般上，大词点击率不好，从一定角度上反应了你这款可能不是烧不出爆款，因为大词点击率不好，往往定向的点击率会更不好，很难买到海量的流量。好，大词点击率不错，你就看其他七七八八的小词。

其他的小词，我们就看是不是有很多小词，都是有点击的。虽然如果光是凭一个两个小词的高点击率，说明不了什么问题。因为小词往往展现少，点击也就那么几个，所以我们多看一些。如果有十多个甚至更多的小词，都是有点击，那也能侧面反映说，这款点击率没问题的。

7.11.6 直通车推爆款之测款第三天

第三天，点击率还是不够理想的宝贝，暂时不需要关注了。我们就关注点击率好的几个款。这时候，把这几款的关键词好好调整下，删除那些质量得分低的，只保留 9~10 分。至于你说，望族希望啊，8 分能不能保留啊之类的，我只能说，不要太死板，每个人都有自己的一些习惯，每个人在不同情况下，又都会具体进行一些分析。

除了 9 分 10 分的，其他哪怕词非常精准，你非常舍不得，也先删除掉。这时候，你要做的工作还有下面几点：

1. 看下库存情况、这款的供货情况、质量情况等。做爆款，一定不能在这方面出错。这个我在本书后来的章节里会讲到，货供不上，你会吃大亏！具体这里不再说了。

2. 花心思继续把详情页丰富一点，再丰富一点。

3. 可以适当加大你的直通车油门了。

7.11.7　直通车推爆款之测款第四、五、六天

第四天，我们要放一些流量进来测试转化率了。如果转化率也不错，那就等于爆款。

1. 加大流量。提高一些关键词，进行适当的卡位。

2. 根据自己情况，增加预算。比如我们测试转化时候，一般会针对一个款，日花费 1000—2000 元的样子。第 11 步那篇文章说过，快刀斩乱麻。

第五天，如果转化不行，果断放弃或寻找原因，但是赶紧先控制油门，进行一些判断。一般来说，点击率好的款，总归是大家喜欢的。但是点击率好，就是不转化的款，我们也碰到过 N 次了。就是不管你如何做详情页等优化，加上价格上再优惠一些，都无济于事。所以，点击率好的时候，千万不要高兴得太早。

小提示

如果转化也可以，这时候，就要真正考虑开足马力了。当然，一定要和你的实际能力相匹配。你目前有多少货，要是没办法写预售的话，你有能力说到做到，准时发货吗？就算你有货，你目前的发货人手

够吗？接单的客服人手够吗？这些，如果还没准备好，赶紧先跟上，不然你就很惨。各种差评和投诉，会导致你前功尽弃！

第六天，如果各种能力都能跟上，转化率又很高，这时候你的质量分就会出奇得高了，基本上统统都是 10 分。可以放开大胆地烧，在烧的同时，我们要通过我之前讲过的，看数据，调整出价，调整词汇，比如删词、加词等这些工作。而这些工作，实际是围绕着整个直通车过程的，一直到你不烧了，都是需要不断去做调整的。没错，直通车，平时主要维护工作，就包含了这些。

这时候销量也越来越好了。说不定一天就能上五六十单了，如果更顺利的话，那就不好说了。像我们碰到最顺利的情况是，短短一个礼拜，就卖到 500 单一天了。那真是超级爆款！

好了，这时候，咱们可以考虑把定向也打开了。让流量来得更猛烈一些。具体定向做法，这里不再讲，前面有提过。

可能有的人觉得，咱们说起来跟玩似的，短短一个礼拜，就那么快？爆款就被烧起来了？

你还真说对了。如果你感觉太夸张，那只能说明你没有真正去经历过这种爆款。看到我这篇文章，有经历过的人，一定会表示赞同。实际上，别的我还不敢保证，但是像女装，一个爆款，如果顺利，真的就是四五天、一个礼拜的事情，就可以快速引爆了！

引爆以后，要做的事情就是文章说的那些了，这里不讲了。包括到后期的收尾阶段。

7.11.8　直通车推爆款的总结心得

总结一下，一个爆款，可以分为准备阶段→引爆阶段→稳定阶段→消退阶段→收尾阶段。而往往我们在消退阶段的初期，或是稳定阶段的尾期，就要注重培养下一个爆款了。比如利用老的爆款带动新的爆款。利用 1 个爆款带动多个爆款。

还有就是利用爆款做的一系列工作。比如关联销售，客户数据库的抓取等，这些，以后有机会慢慢分享吧。篇幅有限，没法一下说完的。

这一章节，其实主要就是给了大家一个框架，涉及到里面的很多具体操作和细节，都没有过多阐述，因为篇幅有限，何况之前文章里，其实你都可以找到大部分的答案了。

小提示

这一章节，重在帮大家理清步骤！至于里面说的第一天、第二天之类的，只是代表了步骤上面的时间先后顺序，注意只是顺序的一种表达。并不是说真的第一天，就是第一天了。

第8章 钻石展位2.0时代

说到钻展，感觉话题可多可少。说话题多，是因为为了测试，要不断经过多个计划的测试，位置测试，图片测试，预算测试等。

说话题少，它不像直通车，其实反而在操作上，更简洁方便，维护也是这样。所以这里聊钻展，不像直通车，基本上一个章节就可以讲个八九不离十的内容了，至于平时的测试之类的，没特别多的技巧，只是时间和精力花得多少的问题。

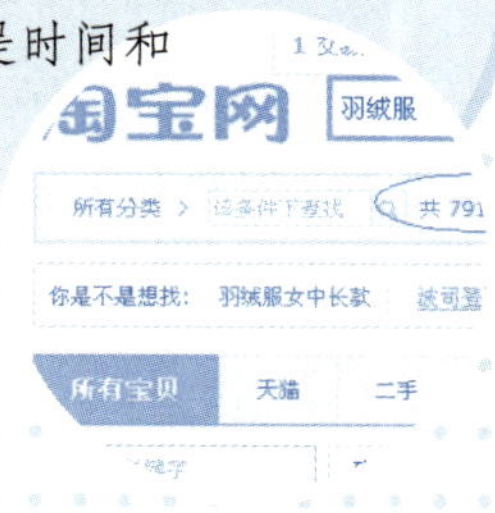

8.1 关于钻展的详细介绍

8.1.1　钻展会出现在哪些地方

如下图所示，上面红框框的地方，都是可以投放的地方。而且红框里的每个地方，又分为很多细分的地方。就拿淘宝首页举例。

上面红圈圈的地方，都是在淘宝首页，钻展可以投放的位置。所以钻展可以投放的地方是非常非常多的。

8.1.2 钻展是按什么扣费的

与直通车按点击扣费的规则不同，钻展是按千次展现扣费的。什么意思呢？你可以通俗的这样理解，假如你的钻展价格是每一千次 20 元。那么，你投放的广告，被展现给 1000 个人看到，不管有没有点击你的广告，反正就被扣走 20 元。

这种收费规则，就给了我们一个很大的思考：这钻展广告图片的点击率，是何等得重要！图片点击率越高，平均分摊到每一个流量的花费，就越便宜！

你看，按收费规则，假如你投放某个位置的钻展，价格是千次展现 20 元。如果这 1000 个人看到，有 20 个人点了。那如果这 20 个流量，分摊下来，每个流量你的费用是 20 元 ÷20=1 元。

那要是你的点击率很高，有 40 个人点呢？那你的这 40 个流量，平均每个流量是 0.5 元。要是点击率只有千分之一呢，也就是 1000 个人看到，才 1 个人点呢？对不起，那就是用 20 元，才买到了 1 个入店流量！那就贵死了。

8.1.3 做钻展应该如何省钱

所以做钻展，在花费上，我们要想省钱，就是两点：

1. 不断换不同的图片，去测试点击率，一直找到点击率很满意的为止。这一点，和直通车如出一辙，他的一个很大的核心就是点击率！而在同一个位置，决定你点击率高低的，就是你的图片。

2. 在保证能够花掉你的预算的前提下，尽可能低地出一个最低价。

为什么说要在保证花掉预算的前提下呢？假如你今天打算花掉1万元，结果你只花掉了5000元，那说明你出价太低，钱花不完，那往往也意味着，你没有买到你理想中的足够流量。这等于是没完成流量目标，总不行吧？所以这个是前提。

好，满足这个前提下，怎么才能知道什么样的价格是最低的呢？很简单，我们来举个例子。假如，你预计明天要花1万元钻展广告费，然后先是出价20元。那么会出现两种情况：

1. 没有花光1万：那就应该提高出价，一直到能消耗掉1万为止。

2. 花光了1万：就调低价格，比如调整到19元，然后再观察一天，到时候看下，是否能花完。如果还能花光，那就继续降低出价。一直到了你发现1万元消耗不完了。比如只消耗了9500元的样子，那你就再加一点价格回去，那这个价格，就是所谓的价格拐点。

小提示

从省钱的角度来讲，这种出价调整的办法是没错的。但是如果考虑到流量质量问题，那这种出价方法未必靠谱！总之，请记得，对于钻展的的出价，不要太过于严密地去用我上面说的方法找那个拐点，而是在能力范围内，稍微高出一些这个拐点也无妨的。高质量的流量，会影响转化率。

8.2 钻展和直通车的区别

这里要说的一点是，钻展的消耗，和直通车不同的地方。假如直通车，你账户里还有3000元，但是会出现因为过早就消耗完3000元而提早下线的，什么时候钱不够了，就提前没了。而钻展，假设你的的预算是3000元，而且设置从早上9点到晚上10点这个时间段的话，那他会把你这个3000元的消耗，均匀地分摊到每个时间段里去，不会出现还不到晚上10点，就提前几个小时消耗完的情况。

8.2.1 钻展和直通车的区别在哪里

钻展对于整体店铺的美工要求比较高。由于钻展是可以只能定向到某一种人群或是某种类似店铺，而不能非常精准定位到某个产品，所以一般钻展的投放，都是投放店铺首页或是专题页面，很少像直通车一样直接投放单品。那么就要求你店铺整体的美工水平比较好，不至于让人进来一看，还没来得及看你具体的宝贝页面，就选择离开。

另外也是基于上面这一点，钻展更适合那种整体店铺绝大部分产品都有一定销量，每天都有好多款产品在卖的，即动销率比较好的店铺。不适合一个店铺只有一两个爆款在卖，而其他产品都不怎么卖的店铺。这也是为什么你看到投放钻展的，大部分都是那种整体店铺运营水平和产品销售都不错的店铺。

那么往往小卖家就达不到这种水平。光是美工不断作图测试图片，估计小卖家都达不到。但是这里要强调的是，这是从整个店铺运营店铺和综合实力上来讲，小卖家往往不适合投放钻展的原因。而很多小卖家之所以感觉投放钻展那是大店铺的事情，和自己无关，反正我投不起的一个想法是：钻展要花大手笔的钱！其实要说到钱，那倒不是这样的。哪怕是淘宝首页的焦点图，如果你真的能够符合钻展投放的基础，那不需要考虑钱，照样可以去玩。因为一天几百元也可以上淘宝首焦，或是说可以去玩钻展！

小提示

比起直通车，钻展可以买到更多的流量。对于直通车，就算你要打造一款爆款，在很顺利的情况下，在单款上，一天要花出5万以上的钱去购买流量，还是有一定难度的。受到各种因素限制，本身搜索流量的限制摆在那里。

而钻展，呵呵，尤其像女装，一天你要花几十万都是可以花出去的，只要你有钱。你可以买到巨大海量的流量。所以钻展，可以弥补很多大店对光通过直通车流量不够的需要。

8.2.2 既然有了直通车，为什么还要有钻展

前面说过，钻展可以弥补直通车流量的不足，往往大店铺需要。对于一些品牌，投放钻展可以提高品牌曝光度。

对于某些高端产品，比如几千元的真皮皮衣，如果你想投放“皮衣”这个词，那就显得转化很低，因为人家搜索“皮衣”，可能没想

过买真皮那么贵的，加上直通车里一大堆的“皮夹克”在和你抢，你搞不过。而只投放“真皮皮衣”这些，你又不满足流量，那可以用钻展流量来弥补。而且往往这种高端产品，钻展转化率未必就比直通车低。

对于特殊性的节日或活动，比如整个店铺的促销活动都很给力，或是碰到双 11 这种大型活动，你想要快速的来海量流量，那可以用钻展。

对于一些直通车点击价格高的离谱的类目和产品，可以考虑钻展。因为虽然钻展转化率往往没直通车高，但是因为在做好钻展点击率的情况下，单个流量的费用可能比直通车便宜好多好多，那从投入产出比考虑，也是值得一试的。

直通车的店铺页面投放一样，钻展可以同时用首页或专业页投放，同时去引导卖好多款，前提是你的这些款都不错。。

当你一个爆款到了无法无天，转化好的逆天的时候，你直通车该拿的流量都拿了，还是满足不了你对流量的需求，就可以考虑用钻展来进行单品的投放了。

小提示

直通车是付费版的搜索，尤其是直通车的关键词投放，是在人家搜索了某个关键词以后，才能看到你的广告，是属于人找产品； 钻展，刚好相反，不需要人家搜索，而是当他打开各种淘宝的页面，我们主动展现给人家看，是属于产品找人。这一点，他唯一和直通车相像的，就是直通车里面的定向投放。

和直通车定向一样，既然是产品找人，那一般情况下（也有特殊情况），钻展的转化率是要远远低于直通车的转化率的。

但是如果操作得当，钻展的平均单次点击费用，是要低于直通车很多的。像女装，一般来说，三到五毛，就能拿下。

对于很多小卖家，可能你感觉相比直通车，钻展对你太遥远了些，没关系。可以先看看，以备后用。对于有钻展投放经验的，正在投放的，欢迎探讨。

8.3 钻展 2.0 的具体操作和技巧

我说钻展 2.0 时代，既然有 2.0，那就是有老版本的 1.0。钻展的 1.0 和 2.0，里面投放规则和一些细节的改变，还是蛮大的。网上很多流传着的文章，还是基于 1.0 版本的，已经过时了。如果你现在去投放，却去看 1.0 的文章，那很多内容就看的云里雾里的。

8.3.1　开通钻展的要求

在我们淘宝后台，直通车旁边就是钻展入口，点进去，里面有很具体的报名要求和流程。这里只特别强调几点。

1. 店铺产品在 10 个以上。因为这个太少的话，官方认为你不需要做钻展，直通车投放单品更有用。

2. 信誉需要三个钻。

3. 并不是每个类目，我都支持开通钻展的。而且有些类目，只支持天猫开通，C 店不开通。

4. 2013 年下半年开始，淘宝首页以及另外个别的热门资源页面，你要投放钻展到那上面，哪怕你已经开通钻展，还要单独审核过，才能给你开通那几个页面的钻展的投放位置。

其他的，就看官方的具体要求吧。这里没必要细说了。

8.3.2 选择投放的广告位

在投放之前，我们先要选择投放的广告位。

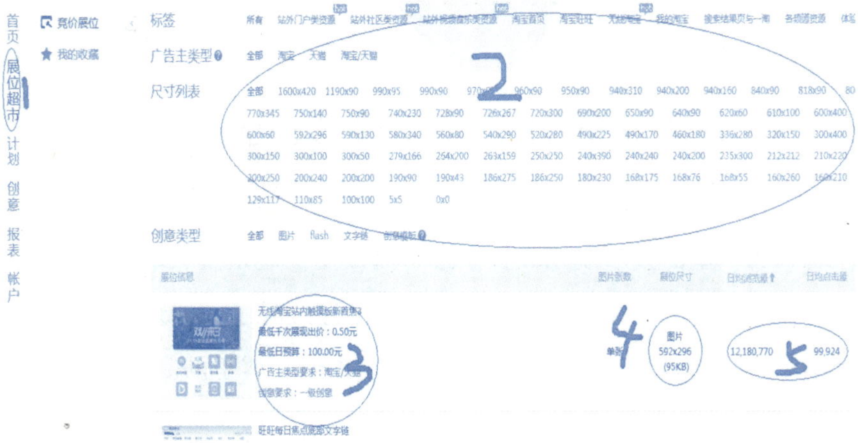

如上图，先在钻展后台，点击“展位超市”，然后，在 2 的位置，可以筛选各种规格和位置的广告位置。3 的地方，告诉我们如果要投放这个位置，最低出价是多少，最低设置的日预算是多少等。4 的位置，告诉我们如果打算投放这个位置，你要做的钻展图片、规格是什么。比如上面这个例子，那就需要做 592*296 像素大小，并且最大不能超过 95KB 的图片。5 的地方，告诉我们这个位置，每天大致的流量情况，便于我们的选择。

由于那么多的位置，每个位置的具体情况都不同。包括出价、点击率、转化率不同，加上每个人的具体产品又涉及到各行各业，都有不同，所以这里没法给出一个具体好的建议，告诉一定是哪些位置值得投放，这需要自己多尝试。但是一般来讲，对于那种展现和点击量很小的广告位，还是算了。因为就算你投放，买到的流量也是少得非常非常可怜，一般来讲，钻展本身转化就没直通车那么好，要是流量还非常小，那就失去了做钻展的意义。

这也是为什么稍微有点实力的店，实际上投来投去，就投淘宝首页、listing 页面、收藏夹页面、旺旺焦点图等少数几个页面的原因。因为这些个页面，占据了大部分的钻展流量。

8.3.3　提交创意

比如我想投放上面那个广告位置，那么我首先要做钻展图片，这里说的钻展图片，就是指钻展后台的“创意”，因为他们称图片为创意。对于钻展的图片的设计，思路上和投放直通车单品图片有很多的不同。这是由他们的不同性质决定的。下面来详细解释下。

直通车图片，虽然从很大程度上影响了点击率的高低。但是在图片的创意上，我们没有太大的施展余地，基本上都是拿你投放的那款宝贝为素材，比如女装，无非就是通过不同角度，正背面，不同颜色，不同背景，细节放大等一些做法，配合促销或卖点等文字，去做出一些图片，然后去测试，最后挑选点击率高的图片作为最终的选择。

小提示

直通车图片容不得你过于天马行空，这是因为，如果你为了吸引眼球，一味地考虑图片的点击率，做一些特别有创意的图片，那虽然非常吸引眼球，但是人家点击进去一看，根本不是那回事，就会马上关闭走人。你的转化率肯定不会高。

作为超有创意，都是从图片上看不出来是卖什么产品的直通车图片，如果是一些不在乎款式和样子的产品，还是可以一试的。但是，如果你是卖服装的，就没多大意思了，因为人家从图片里，根本没法知道你具体的这款衣服的样子如何，可是又有很多人被你这张图片吸引，会去点，点开后，肯定其中好多人都因为款式不是自己所需要的而选择离开。这就导致一个问题：点击率是上去了，但是转化率烂得一塌糊涂。而直通车，是按点击扣费的，那么多人点，钱花了，最终没多少人买，那点击率再高，又有何用？

何况，现在的直通车图片，已经明确规定不让类似那种纯吸引眼球而和商品本身没什么关系的图片出现了，被检测或举报了，要被淘宝处罚。这里说明一个意思，不能为了过份追求点击率，而不考虑转化率的因素。就像我以前测试一款女装，我用一个细节放大图，就专门用那款连衣裙的一个领子去做直通车图片，整件衣服其他都看不到。结果点击率是很漂亮，但是转化不行，这和上面说的道理是一样的。

那再说说钻展，钻展图片，给人发挥创意的余地就大多了！为什么呢？你想想，钻展，按每一千次展现来扣费，那么就意味着不管你点不点，一千次展现，就要扣走一定的费用。既然这样，我管他钻展图片影响不影响转化，我就是需要吸引眼球，有超高的点击率。当然，你不能误导人家，以为你是卖减肥药的，结果人一进来，你却是一家服装店，这让人一下子就反感跳出了。但是和直通车图片比起来，从一定程度上来讲，我们一定是需要多追求点击率，而不需要太考虑影响转化的问题的。

再一个，直通车投放的往往就是单品。而钻展呢，我们投放的往往是很多单品的集合页面，比如首页或专题页面，投单品的情况比较少。那么我们就不需要局限于某款产品本身的素材。可以是专门一行字，可以是专门某个特别有创意的图片等等。

给大家看几张图。

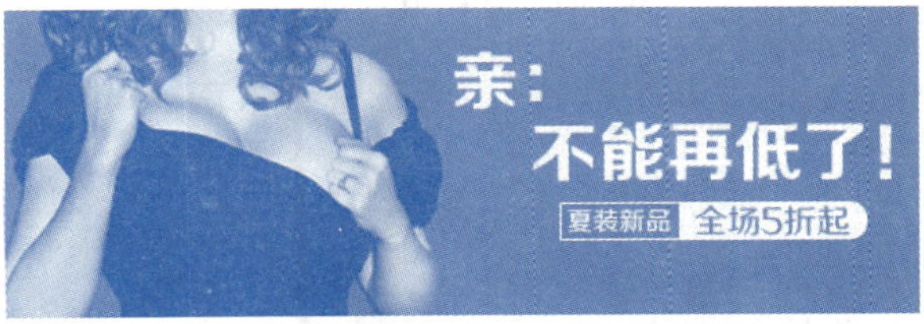

这 2 张图片，第一张，用一个隐喻来表明我的折扣很低了，再低，要走光了。夏装新品几个字，让人明白这是卖女装的。但是图片本身，不需要突出模特身上的这个款式。唯一遗憾的是，没有放上 LOGO，一般做钻展，最好放上 LOGO，因为借此可以增加品牌曝光度。毕竟钻展往往投放的就是一个页面的多个产品，而且不像直通车，钻展更有大气的海报的意境在里面，流量又往往可以很大，所以哪怕你不点，让你看到我的 LOGO，也是好的。

第二张，干脆连产品都不放，知道百雀羚这个牌子的，都知道是一个护肤品牌，不知道的，也没关系。用一个老太太，很好地隐喻了两个方面，一可以让你恢复年轻，和护肤这个品类相得益彰，二就是表明促销力度。

例子这里就不举得太多了，要带来一些思考，要意识到钻展的创意，是非常重要的，而目的，就是要提高点击率。

但是和直通车一样，我们不知道哪张图片就是点击率好呀，所以每次都要多做一些，以便进行测试。

好了，图片做好后，我们就可以先去提交审核了。点击左侧“创意”然后点击上面的“新增创意”，就看看到下面的弹窗。

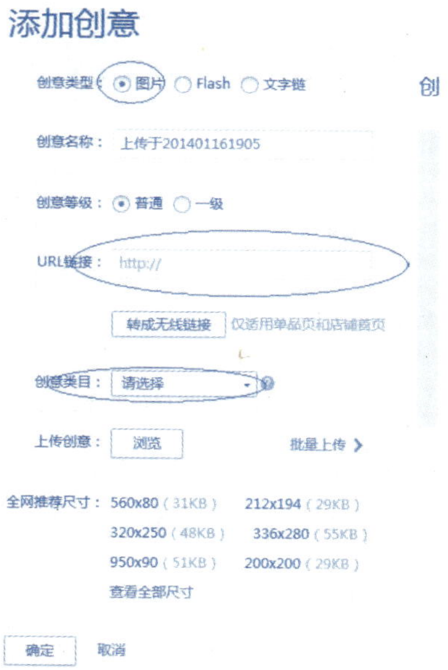

如上图，创意名称随便填，是给你自己管理和查看的，无所谓。URL 链接，填写人家点击你那张图片后，进入到哪个页面去，是首页？集合页？还是某个单品的详情页？那就填写相应的具体地址。创意登记，记得一定要选择一级，不要选择普通。因为一级的图片可以去做普通要求在钻展位置，而普通的，做不了一级的。

审核一般是 24 小时到 48 小时，图片通过后，就可以去投放和图片规格大小相匹配的钻展位置了。

8.3.4　投放广告位的设置

图片审核通过，我们就开始投放广告了。选择我们想要投放的广告位，然后把鼠标放上去，就可以看到下面圈圈的部分。

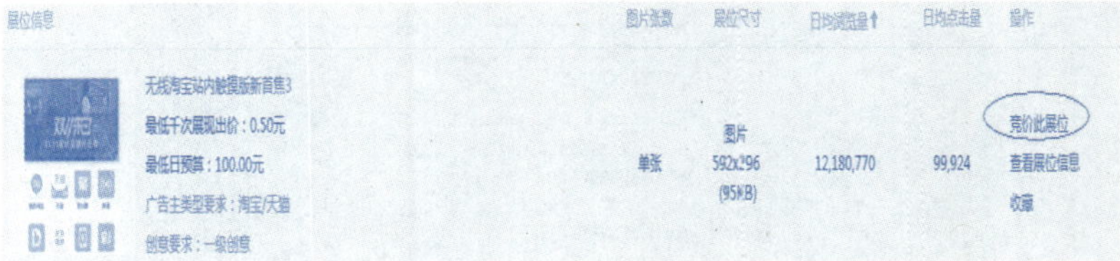

点击后，进入设置页面。

投放日期，选择你新建投放计划，打算投放几天。这个其实个人认

为多选几天少选几天没什么关系。临时不想投放了，完全可以控制住的。

小提示

添加创意，可以一次性投放很多个图片。以便于用来测试哪个图片点击率好。当然，有些人喜欢一个计划一张图片，更明确和精细地观察，这都是可以的。看个人喜好了。

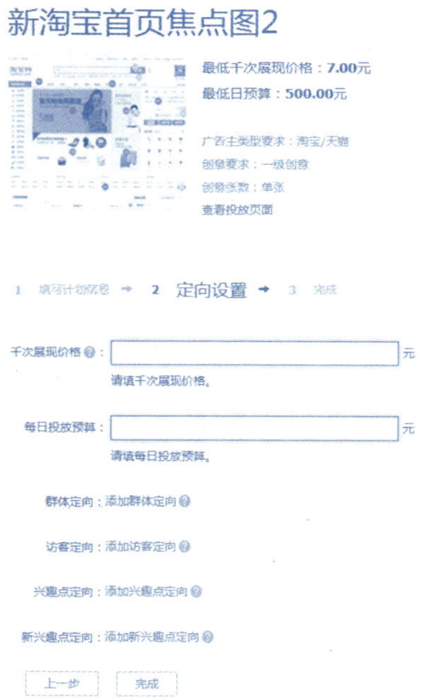

然后如上图，这里就涉及到了出价问题。千次展现价格，是属于通投，即不考虑定向的因素。那一般做钻展除非你是要非常庞大的流量，否则都是会考虑定向投放。因为定向更精准。所以千次展现价格那里，就出一个该展位要求的最低价就好了，比如上面这个位置，要求最低是出价 7 元，那就填个 7 元。

8.3.5　每日投放预算

接着，就是每日投放预算了。这里的钻展预算，不是指你对于本身的预估投入产出等，而是在你投放钻展前，系统要求你首先拿出一个预算，这不像直通车，只要你账户里还有钱，花多花少，都没关系。钻展要求你必须先事先设置一个预算，比如你设置某个计划是3000元，那么系统就会冻结你的3000元。如果钱花不出，比如只花了500元，那么剩下的2500元，到时候会解冻再返回到你的钻展账户里。

所以如果你打算这个计划一天花掉3000元，你就在“每日投放预算”那个框框里，填个3000元。

当然，其实我们发现，预算填的远远高于实际心里真正的预算，更容易以低一些的价格拿到更多的展现。比如我实际心里是打算只花3000元，那我可能在框框里却填个1万。不过这种，需要你时刻盯着，一看到不对劲就降低出价。另外，需要你有比较好的经验，所以不建议新手这样搞。

然后，下面的定向功能就是钻展的核心设置了。

小提示

说到定向功能，我们先来解释一下。就是通过定向，可以让指定的人看到我们的钻展广告，而不相关的人，看不到我们的广告。这也是为什么如果你最近一段时间，有搜索过包包和内裤，那么你就很容易在淘宝的各个钻展位置，看到包包和内裤的广告。而如果另一个人，他最近一段时间，搜过和看过的，都是衣服一类的，那他就很容易在淘宝各页面都看到衣服类的钻展广告。

所以，同一时间，不同的电脑上面，打开淘宝某个一样的页面，所看到的钻展广告是不同的。不信，你可以在QQ上找朋友试试。他看到的，未必是和你一样的广告。除非他搜索和感兴趣的东西，和你差不多。

要不然，每天那么多的人在投放钻展，一天就24小时，哪来得及展现那么多的广告。不同的产品，都是展现给对该产品可能有兴趣的人群。这，就是定向的魅力！

如果是对购买流量的需求量是1万以内的，一般只要定向店铺就可以，因为总的来说，我们发现定向店铺是最精准的。现在上图的“访客定向”，出来的实际上就是店铺定向。

在添加种子店铺那里，填一个和你店铺风格、产品、性能、价格都很雷同的店铺，填一个其实就好了。也可以填自己的店铺。在自主

添加店铺里，可以多添加一些。

如果流量需要比较多，那可以填一些大一点的店铺，如果需求小，可以少填几个店铺，或是填一些流量也不是很大的店铺。这个很灵活，不用太死板，随意一点，没关系的。

小提示

当然，这招一个很狠的用法就是：直接抢你某个竞争对手的生意！比如，你可以填上你竞争对手的店铺，那么，去你竞争对手店铺里逛过的人，往往就会看到你的钻展。如果你的性价比、产品质量，都比你的对手要好的话，那就爽歪歪了。

如果对流量要求比较高，比如需要好几万一天的，那如果店铺定向，买不来那么多流量，那就可以加上“群体定向”或“兴趣点定向”，或是都加上。这样会把范围进一步扩大，让更多的人电脑前能出现你的钻展广告。当然了，转化可能会稍稍降低。

那如果要求是一天几十万的流量，女装的话，定向可能还能买的到那么多，毕竟基础大。其他小一些类目的，可能就要通投了。总之一般情况，都不考虑通投，通投是在你需要特别巨大的流量的时候，想感受一把一天花几十万广告费那种挥金如土的感觉时，才会考虑的。通投，就是把刚刚上面说过的，千次展现价格的出价拉高。

8.3.6　关于出价的技巧

关于出价，系统都会有提示。如下图：

当你添加了访客定向选项以后，要填“溢价的出价价格”，这时候，系统会根据淘宝全网的7天内数据，给你一个参考价。我们可以拿这个作为参考，比如上图的女装是23.11元，那我们就可以算了，我的千次展现价格填的是7元，那我溢价就可以先填个23.11元-7元=16.11元。不过不用那么精准的，你可以上下浮动下，比如直接就填个17，18元，或是15，16元的样子。

先这样填着。这样基本上能确保买到一定的流量，又不会因为出价过高而浪费钱。新手，刚刚开始买不到流量很正常，甚至是打算花1万，而实际上一天下来只花了几十元。这就需要先测试，观察。不够了就适当加价。去找到那个合适的点。

小提示

这里要说明的是，千次展现价格的出价+溢价的出价，加起来如果同样是30元。那这30元里，如果千次展现价格出价低，溢价高，就越是展现你定向的人群多，即定向越好。反之，那等于通投的比例加大，定向出现的几率相对占比就少了。

那群体定向，在要你填溢价的时候，没有像上面这个访客定向，系统不跳出来参考价给你，怎么办？别急。

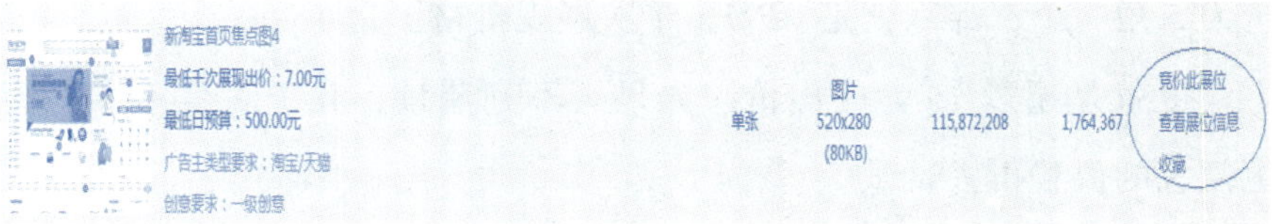

选择你要投放的广告费的 查看展位信息，点击去。

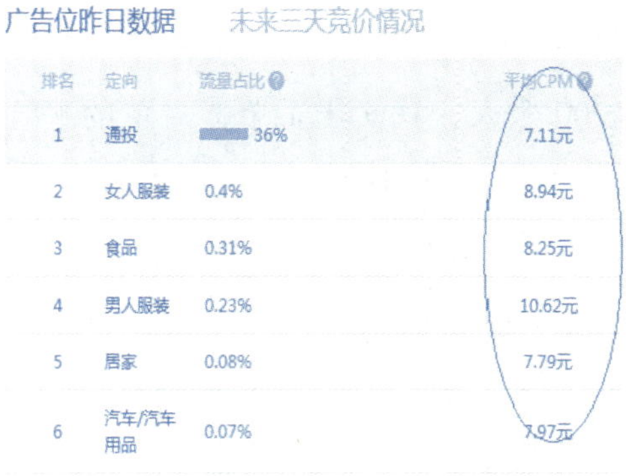

排名	定向	流量占比	平均CPM
1	通投	36%	7.11元
2	女人服装	0.4%	8.94元
3	食品	0.31%	8.25元
4	男人服装	0.23%	10.62元
5	居家	0.08%	7.79元
6	汽车/汽车用品	0.07%	7.97元

就出来这样的参考价了。比如女装，如上图，女装是 8.94 元，直接就先填这个，就可以了。关于出价，就先讲到这里，对了，顺便给个公式：点击成本 * 点击率 *1000= 出价 CPM

UV 值代入点击成本，点击率用该位置平均点击率。所谓的 UV，就是指一个访客量。

公式便变为：CPM= 日均点击量 / 日均浏览量 *100%*UV 值 *1000

也就是说 CPM= 该位置平均点击率 * 最高可承受的点击单价 *1000

这个公式可以用来做什么呢？比如，一小段时间后，测试出，我某个钻展位置，图片点击率平均为 3%，而我心理的最高承受点击单价为 5 角一个，那么就是 CPM（千次展现价格）是 15 元。

也就是超过 15 元的出价，如果买不到流量，我干脆就不买，买更便宜的位置再去试试。

那心理最高承受点击单价怎么来的呢？如果按科学的说法，不是你拍脑袋得来的，而是通过计算，你的钻展带来的转化率，算出来的，即通过钻展卖出一单，你需要花费多少的钻展点击流量？比如通过钻展入店平均 200 个人，我卖出 1 单，一单的平均利润是 100 元。那 100/200=0.5 元，等于是点击价为 5 毛的时候，刚好持平。低于 5 毛，赚，高于 5 毛，亏。那用 5 毛可能就是我可以承受的最高点击单价。通过这个，结合上面的 CPM 公式，心里就有底了。

是不是看得有点晕？好，那就忘记这些讨厌的公式吧，不需要那么纠结。有时候，凭着感觉走，也挺好的，坏不到哪里去。你可以直接就来判断，我投钻展，今天投了多少钱，今天整个店铺产生了多少销售额，有没有盈利啊？这不就好了嘛。

还是那句话，知道即可，不代表你一定要做个数据控，技术控。咱们是生意人，不需要在这些上面“斤斤计较”，看过我很多 QQ 日志的朋友，应该能领会我想表达的意思。

8.3.7 查看钻展的数据报表

钻展的数据报表，很通俗易懂，这里我就不再贴图和详细说明了。

小提示

其实钻展的数据报表，不像直通车报表那么繁琐，很干净利落，一看就明白了。那我们就要通过数据报表，来查看各个计划各个图片的点击率，平均每个流量花了多少钱等等。然后不断地测试调整。

说白了平时就是不断地测试图片，调整图片，调整出价。维护方面，不像直通车关键词那么费劲。唯一就是要做大量的不同规格和计划图片去测试，这比较麻烦一点。而且图片经过一段时间，最好就要换，不然点击率一定会下降。因为很多人看到过你的图片了，没新鲜感了，就不想点了，这时候就要换。

好了，就讲那么多了。关于钻展，我玩的没有直通车精通，主要是因为店铺还没到了要花很多精力，花很多钱去做钻展的地步，一般中小卖家，很少常年都在做钻展的，都是直通车用得多。

不得不提的是，钻展的转化率效果等这些数据，钻展后台数据报表没有，这是比较遗憾的。目前能详细监控钻展转化效果的第三方软件只有酷宝（是朋友告诉我的，我目前还没用过），生 e 经能够看到大概的数据，但据说远没有酷宝详细。

第9章 淘宝的自然搜索

不知道有没有读者做百度SEO，淘宝的自然搜索和SEO类似。那么，围绕自然搜索这个话题，我们主要说说如何提高展现量。要提高展现量，那就要求什么？要求我们的排名靠前！这道理大家都懂。如何才能排名靠前？这正是本章要说的。

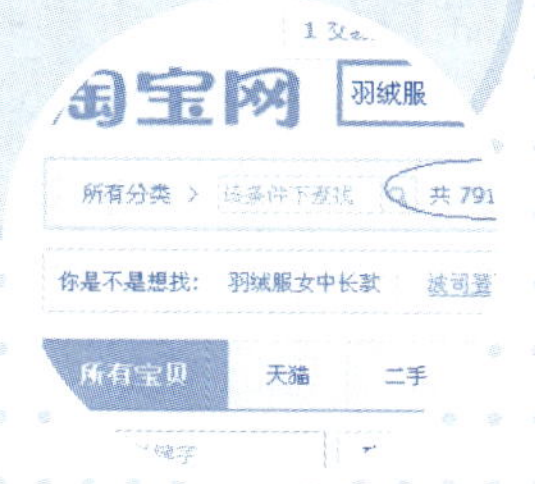

9.1 淘宝自然搜索概述

9.1.1 写在自然搜索之前的话

平时在 QQ 上经常有人找我，说希望讲讲自然搜索，我有点犯难了，为什么呢?

自然搜索这方面的内容，如果从大的方向来说，无非就是从宝贝类目属性的填写，标题的优化，DSR 和好评率的维护，上下架等几个方面入手。似乎大家都耳熟能详，没什么好谈的。

但是如果从细节上讲，其实从类目和属性的填写开始，一直到标题的不断调整，上下架的概念和要注意的点，同时还得介绍一下影响淘宝排名搜索的机制，这不是简短的文字所能写完的。熟悉我的朋友也知道我的性格，要么不写，要写，我就力求写得透彻。所以这对我来是个考验，因为可能要写好多东西，还要截好多图片来加以说明，想想就觉得头大。

心里就算明白，但是把明白的事情，通过文字和语言的表达，比较准确和完整的，又能通俗易懂地传达出来，还真的不是那么容易的一件事。我说过，即便一个人的表达能力再好，他把信息表达出来，最后到了接受者脑子里，是百分百会有流失的。比如你在看的时候，你这样匆匆看过一遍，会流失一部分信息，再到你看完，你吸收到自己的脑海中，又会流失一部分信息，最后到完全形成你自己的看法和理解，又会流失一部分，这也是为什么我们以前念书时，对于特别重要的课文，老师要反复讲述，让我们反复琢磨，理解，让我们要精读，细读的原因。因为一般我们看东西，随便看看的，到最后，你顶多也就理解了作者百分之三四十的意思而已。

所以我能做的，就是在写的时候，尽可能地让自己在表达的时候，先不要流失太多。因为一个人的表达有限，我脑子里真正想的，不可能百分百就完全都能很精确的表述出来。这是肯定的。

写技术性的东西，比较严谨和拘束，他需要首先做什么，然后做什么，这是什么，那是什么，为了照顾到每一个基础都不同的朋友，都要面面俱到，所以感觉写起来很累。非常不好玩。而且我不敢写太多操作和技术性的所谓纯干货，而是更愿意去写思路和思维意识上的内容，那是因为意识是道，技术是术。

小提示

术，如果凌驾于道之上，那一定会跑偏，会走火入魔。所以老是怕一会儿写直通车操作，一会儿写什么自然搜索的东东，无形中给人的感觉是，技术才是最重要的，其他那些都扯淡。而这就和我想真正表达的严重不符了。

前一小段时间，和一个刚刚认识的朋友，聊了好久，非常投缘。那朋友本身是做女装运营的，年纪和我差不多，但是经历和阅历，都比我要多，运营做得非常出色。我们谈了半个下午的淘宝运营，结果后来发现聊来聊去，又聊到产品上，聊到供应链上面，聊到了产品的品控之上。反而很少很少聊到推广那些东西。说是在聊淘宝，其实聊的更多的就是产品生产，品质，成本等这些似乎和淘宝无关的内容。

他就说了，你看一个店铺，风生水起，一天卖上1000单，其实推广手段，无非就是那几招、钻展、直通车、自然搜索、聚划算等。但是，人家之所以起来了，那是因为他背后的整个品质以及供应链，包括团队执行力和老板的意识等等，整个链条才导致这样的结果。我们看不到的，在背后支撑整个店铺的那种无形的东西，太多了。这也是为什么你要是单单从表面你能看的，比如款式，比如推广手法等，同样去模仿，都模仿不起来的原因。

因为人家对品质、生产节奏、库存、面料等整个战略层面上的把控，你不了解，你就看不到。东施效颦，学到了人家表面的招数，没看懂人家的内功心法，结果抄不起来而照样死掉，问题是死掉了还不明白到底我哪里错了？

我真的真的非常感谢下午的那位朋友，真是高人，他是我见过的第一个对衣服生产整个过程都那么了如指掌的人！我给他看我店铺里的一件衣服，居然就能把我们的真正成本造价报出来，八九不离十！

我后来才发现，这半年我有很多瓶颈，突破不了，其实是源自于对产品本身的了解不够透彻。因为了解不透彻，我就很难给设计科提出建设性的建议，我也很难给生产加工方提出建设性的建议，那我就没办法完全让他们能够理解我，或是能够理解我以后，去真的帮我解决问题。因为我不懂，他们太好忽悠我了，说这个办法就是更好的，这个本来就这样的。我就不敢吭气了。我不懂呀。

由于对品控、版型、面料认识的不足，使得我今年和望族良哥，足足错失了很多的机会，好多款都是中途夭折。我们那时候只知道说这不行，但是我们没办法说出来为什么不行，比如对品控和版型、面料，具体要怎么去做。好，他们说只能这样，那就这样吧……

可能有的人会感觉我说的有点过了，你做淘宝运营，要对产品生产所涉及到的，要那么懂吗？那么多人不懂，不还是做的好好的？我想说，也许吧。但是至少我明白了，原来懂和不懂，还是有很多区别的。比如他拿到一件衣服，就明白能用什么样的成本控制，以便有利于去更好的适应淘宝同类的价格竞争。他看到一件衣服，就知道这衣服的最大售后问题，可能会是在哪里……

9.1.2 看清自然搜索的本质

人家在淘宝搜索，就算搜到你的产品，是不是要点击来，才算是真正进入了你的店铺，才算是给了你一个流量。那好，我们会发现，自然搜索，就好比是免费版的直通车。要提高流量，公式依然是“展现量 × 点击率”。

小提示

你的自然搜索展现量越高，图片点击率越高，那你的自然搜索量才越高。这就一下子明朗起来：要想提高自然搜索量，要在提高展现量和点击率上下功夫！

如何提高点击率，在之前我的直通车系列文章里，已经提到过。道理是一样一样的。这里不再赘述。

说到这里，你想到什么？对了！哪怕你自然搜索排名第一，但是人家排名第十的，点击率远远高过你，那其实，他一天下来，所获得的免费自然搜索流量，要比你的多！我就看到很多人老是在追求搜索排名，但是你有想过你的图片点击率到底行不行？

你想，哪怕你的排名没有任何变化，但是你的点击率翻了一倍，是不是意味着你的流量就多了一倍？那在免费的，自然的搜索流量中，决定宝贝排名靠前的因素是什么呢？

1. 销量乘以价格的数值（这在天猫更加明显）。

2. 类目和属性的优选。

3. 标题的优化。

4. 上下架时间。

5. 搜索关键词的转化率。

6. DSR 动态评分。

和百度 SEO 一样，淘宝搜索引擎，官方是不会告诉你影响排名的所有因素，更不会告诉你决定排名的具体计算公式。不然就乱套了，奋斗在淘宝的小伙伴们太聪明了，你一公布，绝对就会被很多人钻漏洞了，是不？

所以，我们不要纠结，不要指望把所有影响排名的因素，都摸得一清二楚，另外，就算你清楚，也不要管。我再三强调一个观点：人的精力是有限的，抓重点！

那上面几个，就是个人认为目前主要影响排名因素的。

我以前是玩百度 SEO 的，天天琢磨搜索引擎。虽然这淘宝的搜索玩法，和百度大大的不同，但是有一点是相同的，就是搜索引擎，永远都会把用户最想要的，搜索引擎认为最有价值的信息或产品，排在前面。

你把搜索引擎当作一个人，从他的这个角度去考虑，如果是你，你会把什么产品排到最前面？想明白了这一点，你会想明白很多。

9.2 发布产品填写类目和属性的核心点

9.2.1 类目的优选

发布产品的时候，如果你是卖一款连衣裙，肯定不会放到外套这个子类目上面；如果你的连衣裙是圆领，肯定不会把属性填成娃娃领。这些，都是显而易见的事情，你不会搞错的。

但是有些时候，你发布一款产品，就容易让你犯嘀咕了，这到底放哪个类目好呢？这属性到底填哪个正确呢？因为你感觉怎么做，好像都对的上号。

我举个例子。

发布一款孕妇连衣裙（专门给准妈妈穿的），而且那款孕妇连衣裙的领子，又像小翻领，又像西装领。同时，你既可以说是韩版的，也可以说是日系的，这时候，是随便填呢？还是存在一个正确判断和选择的问题？

当然不能随便填。

这就是本章节要讲的，类目和属性的优选，对自然搜索带来的影响。先说类目的优选。什么意思呢？比如，你在淘宝搜索“羽绒服”或是“毛呢大衣”这两个关键词。你会发现，搜索出来的，不管是自然搜索结果页面的展示，还是右侧和最底下的直通车图片展示，几乎都是女装，而不是男装。

而实际上，搜索“羽绒服”或是“毛呢大衣”就一定是女人的专属吗？男的也照样有男款的羽绒服和毛呢大衣呀？还有小孩子呢？还有老年人呢？淘宝你凭什么在我搜索“羽绒服”和“毛呢大衣”这种不加男女字眼的关键词时，就直接显示给我女装的？为什么不均匀展示，让一个页面里，既有老年羽绒服，又有男款羽绒服和儿童羽绒服？

这就涉及到一个类目优选的概念。

淘宝手里掌握着大量的数据。它完全可以根据数据统计出，平均100个人搜索“羽绒服”这三个字的时候，有多少人是想购买女装羽绒服，又多少人是想购买男装羽绒服。同时，淘宝也清楚，每天在淘宝上成交的羽绒服中，女款羽绒服数量最多。说明女款羽绒服市场容量是最大的。

我们要把淘宝看成是一个购物大厦，我们许许多多的店铺，是大厦里面的专柜。对于购物大厦来讲，他肯定是会把人流量的销量用到最大化。所以，淘宝通过数据分析，就会导致这样的布局：它会优先展示女装的羽绒服。这也是为什么不管你男装羽绒服做的多么优秀，直通车质量分多么的高，只要人家搜索“羽绒服”、“毛呢外套”这些词汇，一定不容易抢占到最前面的原因。就算有，也是只有少数几个。你要搜索男装羽绒服，那就干脆就直接搜索“男 羽绒服”这种类型的关键词，才会全部出现男款羽绒服。

我们再回到刚刚举例的孕妇连衣裙，在你发布的时候，看下图。当你在发布的页面，搜索“孕妇连衣裙”的时候，系统推荐给你的类目，排第 1 个的，是孕妇装这个类目下的连衣裙，而不是女士精品下面的连衣裙。

那我们就要选择 第 1 个。因为系统给你推荐的第 1 个，才是淘宝默认的优选类目！

也就是说，当人家搜索“孕妇连衣裙”的时候，淘宝系统默认出来的，都是基本上展现发布在“孕妇装—连衣裙”这个类目下的衣服。如果你想当然地放在了 女士精品下面的连衣裙类目，那么在人家搜索 孕妇连衣裙，哪怕你的宝贝销量等各方面都很优秀，也不容易被展现。

所以当你不熟悉究竟放到哪个类目是最优类目的时候，就拿一个精准的关键词，通过上面的办法，去搜一下，系统推荐出来的第 1 个，就是最匹配的。

9.2.2　选择正确的属性

好，接下来，我们就会碰到第 2 个问题，这件孕妇连衣裙，在类目的熟悉填写里，我是选择韩版呢，还是日系呢？因为这一类的概念，很抽象，很多时候，你可以说它韩版，也可以说它日系，没有一个统一标准，也就是都可以填写，你应该选什么？

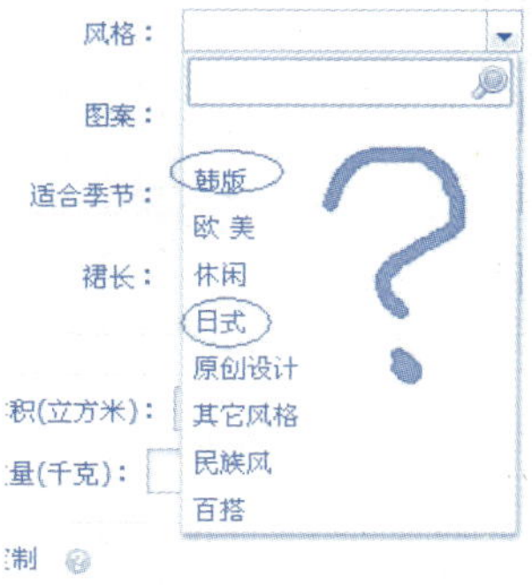

当然，如果你的店铺整体风格，就是强调是日系的时候，那可能你就毫不犹豫写填写日系了，这是对的。但是如果你没有那么明显去强调过你的风格，单纯地，你只想知道哪个对搜索更有利，能带来更多流量的话，应该填哪个呢？

这就需要进行数据分析了。我们要分析，对于在淘宝上是搜索和购买“孕妇连衣裙”的人，是搜索“韩版风格”的人多，还是搜索“日系”的人多？哪个搜索的多，哪个就代表理论上在其他条件不变的情况，你能获得更多的流量，是不？

那用什么工具分析呢？数据魔方、生 e 经等，都可以。甚至是用完全免费的“淘宝指数”。那这里为了照顾没有我说到的这些分析的朋友，我就拿淘宝指数来举例好了。

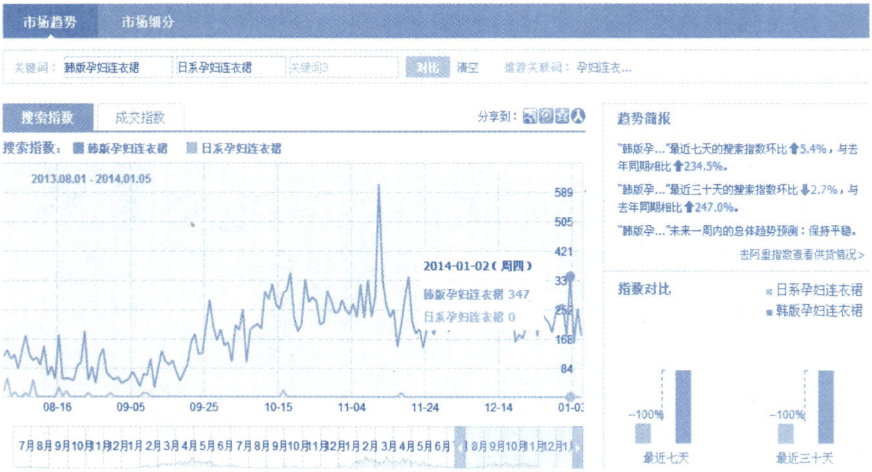

在关键词那里，输入“韩版孕妇连衣裙”和“日系孕妇连衣裙”，你就能看出，这 2 个关键词的搜索量差距。

当然，收费的工具，收费有收费的道理，通过数据魔方和生 e 经等，可能更能精准地查询一些细致的数据。这里就不一一举例了，只是为了说明一个道理：填写类目和属性，不是随便乱填的。

当然，任何事情，都要考虑两面性。不要一味追求数据的大小，关键是你要引起思考，怎么样才是适合自己的。

比如，上述例子中，选择韩版属性，搜索量是高，那同时意味着竞争高。你除非有能力争取到强有力的权重，获取不错的排名。反之，选择日系，虽然搜索人数少，但是同时竞争也少。你是想过五关斩六将，还是想轻松得鹤立鸡群？这个，没有绝对的对和错，选择哪个属性，你自己说了算。

做淘宝，一定要懂得用数据去指导你的行动。不能什么都凭感觉，那是不行的。其实文章，不在于长篇大论，关键是，能实实在在对你有点用，就好了！

另外还想说一句：很多人，不会提问题，这让我很苦恼。比如，我这店你看下，指点一下？又比如，淘宝如何做？我没流量怎么办？

9.3 产品标题编写和 SEO 优化

9.3.1 什么是淘宝SEO优化

SEO，即搜索引擎优化，说白了就是通过一系列的工作，让自己的产品或信息，在搜索结果中排名靠前，从而获得更多的曝光机会。国内一般说的 SEO，通常指的是针对百度和谷歌等搜索引擎。

但是我们在淘宝搜索某个产品的时候，能搜出一大片的产品，那淘宝本身也有属于自己的搜索引擎。所以针对淘宝，就有了淘宝 SEO 的说法。说白了就是研究和琢磨，如何让自己的产品在淘宝的排名靠前。

既然这样的话，可以说，我们围绕着淘宝店铺展开的所有一系列工作，都是在做淘宝 SEO。因为我们做的一系列工作的目的就是为了把产品卖得更多，而为了卖得更多，那么不管是对 DSR 的维护，对点击率和转化率的研究等等，都是有意无意中在做着淘宝 SEO 的工作。因为淘宝的搜索排名，和这些都是息息相关的。

很多人就把淘宝 SEO 单纯的理解为上下架和宝贝标题的优化，其实是不够准确的。

好了，话说回来，这些什么理解不理解，都根本无关痛痒，顺便提下就过去了，我们这里就来讲讲宝贝标题的优化。说的更直白一点，就是淘宝店铺里的产品标题，我们应该如何填写?

9.3.2 几大关键词种类的介绍

那么多年了，我到现在都没有完全习惯把产品叫宝贝。但“淘宝”嘛，当然里面的产品对应就叫宝贝了，所以我也只能硬着头皮入“宝”随俗。

宝贝标题的填写，其实就是各个关键词组合的一个过程。把各种关键词巧妙地组合在一块，就成了一个宝贝标题。

做淘宝，我们通常说什么热词，大词，这种顾名思义，就是指每天在淘宝上搜索量非常高的词汇。

- 长尾关键词，相对于热词大词来说，词的字数往往比较多，词汇比较长，甚至可以是一句短语。这种概念性的东西，学会百度等SEO的朋友都明白，我这里就不介绍了。
- 大词热词，特点是搜索量大，意味着如果你排名靠前，就能获得更多的搜索流量。但是总体来讲转化率会比较低。
- 长尾词冷僻词，特点是相对大词热词，搜索量小，有些搜索量小的长尾词，可能一百个关键词，加起来一天的搜索量，都顶不过一个大词。不过总体来讲转化率会比较高，因为更加精准。

小提示

就好比大词“羽绒服”。搜索羽绒服的人，你不知道他心里的购买意向是什么，他很有可能要购买的是一件中长款的圆领带毛领的女装羽绒服，如果你的产品不是，那他虽然搜索的是羽绒服，看到你的产品图片，却少有概率会点击你。所以大词热门词汇，转化就相对低。

而长尾关键词，比如搜索“中长款红色貉子毛领女羽绒服”，那他的购买意图就非常明显，搜索出来的产品，基本上都是直接符合他意图的，所以长尾词转化就相对高。

这些关键词的不同特性，我们在讲直通车的时候，都解释过，对于宝贝标题的关键词优化，道理是一样的。

9.3.3　几个容易被淘宝新手忽略的问题

好，讲完了前面那一小节，我们再来讲讲几个重要，却又往往容易被淘宝新手忽略的概念。

如果你想某个关键词获得排名，那你必须在宝贝标题里包含该关键词。

即使你包含了该关键词，要想获得该关键词的排名，那么你该款宝贝的销量，起到了关键作用！

该关键词的点击转化率，也起到了关键因素！

要想通过搜索某关键词来流量，不是因为你的关键词搜索量大，而是需要你的关键词有一个好的排名！

说实话，很多内容，相信读到这篇文章的朋友，只要你不是第一天做淘宝，这些基础的知识，你都会背了，因为你们看过了大量的相关文章。但是实际上，你看过了大量的文章，却可能往往又没把最基础的东西理解透，感觉都明白了，却都在做着让人非常难以理解的事情。

上面的第一条，是基础中的基础，也就是你要是卖羽绒服，你期望去参与羽绒服这个词的排名，那你的标题里必须要包含这个词。这个没什么好讲的了，一带而过。

上面第二条。即使你包含了该关键词，要想获得该关键词的排名，那么你该款宝贝的销量，起到了关键作用。

这个，是近几年网络上某些小部分不靠谱的培训或文章，最让人恨的牙痒的地方：老是一个劲地在鼓吹通过标题的优化，就能带来海量的流量；通过标题的优化，就能让流量翻倍等这种。

但就是闭口不谈销量对排名的影响，把销量这个大前提给抽离掉了！以至于很多人误入歧途，销量没几个，一个劲地在标题上大做文章，可是就不见得有什么海量流量！还以为自己标题优化得还不够好，因为“大师”都说了，喏，谁谁谁的标题经过我的指点，流量翻倍了！请问，你所谓的流量翻倍，是不是人家本来 2 个流量，现在有 4 个流量了，你就说流量都翻倍了？

小提示

所以请记得，要想关键词有排名，一定要建立在一定的销量基础之上。没有销量，你几乎就不大可能在关键词上面获得什么排名。除非是那种特别长尾的关键词，几乎没什么竞争对手的，才能有。但是这里也说了，特别长尾的关键词，搜索量是非常小的。要想获得搜索量比较大的关键词，你一定需要具备一定的销量。

所以应该是这样的思路：当我宝贝销量少的时候，宝贝标题里多填一些生僻的冷门词汇，因为竞争少，比较容易获得排名，从而获得流量。当我宝贝销量越来越多的时候，相应的，宝贝标题里也逐步更换成竞争大的热门词汇。总之是随着销量的逐步上升，隔一段时间就更换成竞争稍稍比之前要大，搜索量更多的词汇，这样逐步前进。

同时，配合7天上下架的时间，越是接近7天下架时间，越可以考虑更改成一些热门的词汇。然后等到7天下架期一过，又稍微改动成竞争小一些的词汇。

9.3.4　关键词的点击转化率

关键词的点击转化率，也起到了关键作用！假如，你的某一款宝贝销量在同行里比起来很不错的，那就说明在销量权重这块是挺高了。但是如果人家搜索关键词A，点击你的产品后，都很少有人购买；而人家搜索关键词B，点击你的产品后，转化率很高，那么搜索引擎就认为，搜索关键词A的人，不喜欢你的产品。搜索关键词B的人，才喜欢。那往往你的关键词B就更容易排名靠前，而关键词A就不容易获得好排名，哪怕你销量不错。

小提示

所以，不要为了搜索排名而纯粹去做优化，乱加关键词。很多人看到某个关键词的搜索量很大，就不管自己这款产品是不是很符合这个关键词，也在标题里写上，结果，看的人都不买，转化很低。那你终究很难获得那个关键词的好排名。

而且，你想想，你想要流量是为了什么？你的目的是卖产品！用一个夸张的假设来说明一个道理：当某个关键词每天搜索量几十万，给你排名第一，每天进入你店铺查看你这款宝贝的人很多，但是几乎不转化，那有何用？是不是还不如一个一天搜索量只有几十，但是却能很好转化的词来的效果好？

上面说的第四点：要想通过搜索某关键词来流量，不是因为你的关键词搜索量大，而是需要你的关键词有一个好的排名。

这一点其实很明显。但是很多人做着做着就忘记掉了。老是看什么词搜索量大，就加什么词。综合上面几点，你就明白：光是搜索量大有什么用？搜索量再大，如果前500名里都根本找不到你的产品，你获得的流量照样可能为0！搜索量大又不等于流量来得大，你要有排名才行啊。不然还不如一个搜索量小却排名靠前的冷僻词好，至少给你来几个流量。

9.3.5　标题的关键词组合

由于搜索引擎是会自动识别和分词的。也就是说“冬季长袖连衣裙”这个词里，包含了冬季连衣裙、长袖连衣裙、连衣裙这样那么多的词汇，所以，一个宝贝你写下来后，表面上看就那么几个关键词，实际上，可以组合出非常庞大的词库。这也是为什么很多人觉得我没销量或是销量那么低，自己查找的很多词汇根本没排名，怎么还是多少也有自然搜索流量进来的一方面原因。

因为有些词，买家去搜索的，是非常生僻冷门的，虽然你没有直接想到，所以没去关注和查询过，但是无形中可以在你的标题里拆分组合出来，被人家搜索到了你的产品。

那么，再回过头来，看我前面说的，要随着销量的增多，逐渐更改成热门的关键词，实际意思应该是：让你的标题里能组合出来的关键词，比较热门的占比越来越高。

比如“冬季圆领红色可爱小熊图案大毛毛外套”这个标题和下面

这个标题，明显是下面这个标题组合出来的很多关键词，更热门。那么热门了意味着竞争就更大。

“秋冬韩版修身中长款双排扣貉子毛外套”

上下两个标题，都是卖的同一款产品，但是显然，你拆分开上面一个标题，把 冬季、圆领、红色、可爱等这些当做词根，组合出几十上百个关键词和短语，一定没有下面的标题，秋冬、韩版、修身、中长款、双排扣这些词根，组合出来的关键词搜索量大和竞争度大。

因为，上下两个标题里面包含的这些词根 ，本身的搜索量和竞争度，下面标题就比上面那个标题要多。这个，可以通过数据工具去查看和比较的。

具体怎么查询一个关键词的搜索量，这里就懒得说了。免费的淘宝指数，自己去看吧。有数据魔方和生 e 经这些的，都可以查看。

看到这里你应该同时明白，当你想标题里同时包含“冬季羽绒服”和“冬季长款羽绒服”的时候，你不需要这样写：“冬季羽绒服”“冬季长款羽绒服”。

而是直接就“冬季长款羽绒服”足够。因为已经包含了“冬季羽绒服”、“羽绒服”等这些词在里面了。

小提示

我们说过，不要一味为了考虑搜索量，在标题里老是写和你产品相关的关键词，毕竟，点击率是很重要的。排名再好，也只是展现量大而已，要人家点击你，才是真正的一个入店流量。

所以，有时候在标题里，适当写一个：疯抢！ XXXX ，或是今日最优惠！这些勾起点击欲望的词汇，未必就不可行。这个，在直通车标题优化里，也是提过的。毕竟，直通车相当于付费版的搜索流量。很多道理是一样的。

9.3.6 不要过度追求标题的优化

关于标题的优化，还有一些更细致的什么做法之类的，比如以前我们会故意用一些错别字啊，拼音字母啊放到标题里，由于键盘打字的失误或是常规性认知错误等，那些词汇也会有人搜索，waitao，很多人想搜索外套，就会搜。不信，你自己去查查有没有淘宝指数？

不过这些，就一带而过了，不是我故意保留，而是觉得，真的是可有可无。我不想引导和提倡人家做一个技术控！做淘宝，一定不是在这些所谓的技术、优化上面大做文章，那样做不好。根源还是在真正的产品、品质、服务以及营销、策略方面。我一定会去分享这些东西，那才是重点。

就像我自己也一样，做女装的时候，店铺款式那么多，我只是会在一些有销量的，有一定竞争力的产品上面，去改改标题，一般的，如果不怎么卖，就那样放着了，也懒得频繁更改，因为没必要花这个心思。这些标题优化之类的技巧，做不到让你逆袭的！我不可能也没必要把这些东西考虑得那么细致。别再纠结了。

很多小卖家，感觉自己技术那么高深，问题是，别忘了，你不是做一个技术员。你是在做生意！至于这些直通车、标题优化等技术性操作方面的，不能都不懂，但是了解，够用，就行了。别钻研得太高深，不然你就越走越偏！我是实打实了解很多年销售几千万甚至更多的朋友，他们把主要精力放在推广和运营上，对这些东西研究得根本没那么细，水平说不定还不如你，因为人家明白，重点不在这些技术性的地方。

别被网上成千上万的很多技巧和秘籍给弄迷糊，弄浮躁了。想想线下实体店，做生意，什么才是最重要的？

9.4 淘宝排名的主要规律

9.4.1　淘宝自然排名的几大要素

这一章算是对前面关于自然搜索章节的一个小小归总和总结，便于帮大家理清一下思路。虽然现在的淘宝搜索是千人千面了。但是，默认搜索一定依然是流量最大的一块。

什么是默认搜索？就是我在淘宝搜索某个关键词，不经过任何的搜索条件筛选，系统默认展示在你面前的搜索结果页面。

在淘宝搜索绝大部分的词汇，排名最靠前的 3 名，都是固定给天猫店。这个我们俗称“豆腐块”。如下图：

看到没有，当我搜索羽绒服的时候，第 1 到第 3 的位置，都是固定给天猫的。所以，要是说打造爆款，那天猫比 C 店是有先天的优势。这“豆腐块”的三个位置，是怎么选择出来的呢？我们先来回忆下，之前章节里说的，决定排名的主要几个因素。

➢ 销量乘以价格的数值（这在天猫更加明显）。

➢ 类目和属性的优选。

➢ 标题的优化。

➢ 上下架时间。

➢ 搜索关键词的转化率。

➢ DSR 动态评分。

这里我们要分为两块来讲。对于天猫的“豆腐块”，上面几个因素里，上下架时间基本不考虑在内的。不管你是不是快要下架了，搜索某个关键词，那这个关键词对应出来的“豆腐块”一旦被你占牢，你就可以在上面待好长时间。

而对于淘宝集市 C 店，默认搜索结果页面，目前影响排序因素最大的，还是上下架时间。

小提示

也许有的朋友不知道，好久以前，C店的上下架，那是真的从你产品上架后的7天后，会下架的。然后要你手动再上架。而现在的上下架，那只是一个时间节点上的概念，实际上都会一直处于上架状态。

所以现在的 7 天上下架，只是代表 7 天为一个周期。比如你是 2014 年 1 月 5 日上午 10 点上架的，那么在 2014 年 1 月 12 日上午 10 点整，那一刹那就算下架了。然后从 1 月 12 日上午的 10 点整，又算是一个新的上架了，即上一个 7 天周期的下架时刻，也是下一个 7 天周期的上架时刻。如此轮回。

那么，越是在接近你的下架时间，你的某款宝贝，在上下架这个因素上面的权重越高。权重，是一个比较抽象的概念，具体来说就是重要性。所以在默认搜索结果页面，越是快要下架的宝贝，越是能够有更大的可能性排名靠前。

我们来举个这样的例子：你的某款宝贝在离下架还有 24 小时的时候，假设搜索羽绒服，你排名在第 3 页；当离下架还有 10 个小时的时候，可能就跑到第 2 页去了，到了最后的几个小时，可能就跑到了第一页。越是离下架时间近，越是可能跑到前面。

除了天猫的豆腐块那前三的位置，其他的，不管是天猫还是 C 店，都把这个因素作为搜索排名的一个重要因素。只不过，C 店的这个上下架权重比天猫店来的还要高。

到这里，可能有的新手朋友就有疑惑了：那为什么我有的宝贝快下架了，直至离下架的那一刻，为什么都没有排到最前面呢？

请注意，我刚刚一直在说增加你排名靠前的可能性，但是不代表你快下架了，就一定排名很靠前啊。为什么呢？很简单，淘宝每天那么多的同类型宝贝，都有大批的宝贝和你差不多的时候下架呢，就比如我刚刚搜索“羽绒服”这个关键词，接近800万件宝贝！

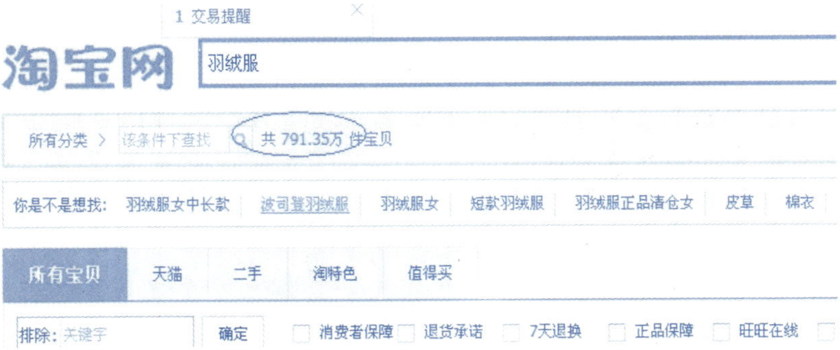

所以，这里要表述的一个观点就是，最终决定搜索结果的排名的，是非常多因素的综合结果。只能说，上下架权重占的比例比较高，但是不代表就是唯一！那和你也同样要接近下架的宝贝那么多，而淘宝一个页面就只能承载那么多展示位置，怎么办？

那他就会在同样都要快下架的宝贝里，再拿这些宝贝的其他维度进行比较。比如，销量、你的动态评分等。

9.4.2 为什么不是销量越高就一定排名越高

这时候你可能又会说，那为什么我销量比另外一家高，另外那家却排在我前面呢？如果你还这样想，那说明你钻入了死胡同，再三强调，搜索引擎的排名规则，不会那么死板。它的算法是极其复杂的。

你只能够知道：在我们说的这些主要影响排名因素里面，做到每一点都尽量优秀，超越别人，就有更多的机会获得排名，获得更多的免费自然搜索流量。

你不能够知道：利用某种规律和公式套出来，能够完全清楚为什么他排第一，他排第十。这，没办法百分百知道的。

而我能够知道的是：当一个人一天到晚钻牛角尖，疯狂地去研究这些规律，试图找到答案，最终他一定做不好淘宝！因为淘宝的本质是做生意，做生意，就是产品、营销、顾客满意度这些。

做了淘宝有几年的朋友都知道，淘宝搜索规则、小细节的地方，是时时在变的，可能你几个月不接触，就完全大变样了。你就算天天研究那些细致到不能细致的所谓秘籍，被你研究出一二三来。等到淘宝一变，你那套又用不上了，是吗？

小提示

所以，抓住重点，官方也公布过很多次，主要影响搜索结果的，基本上就是我上面说的那几条。而且，当你把搜索引擎当人考虑的时候，就会想明白很多事情。

搜索引擎，是个工具，是为用户服务的。当你想搜索一款羽绒服的时候，满大街的垃圾货，不讲诚信的店铺和产品，被展示在最前面的时候，你会怎么样？下次，你再也不喜欢淘宝了！

搜索引擎是机器，机器，就有被欺骗的时候，不能保证所有搜索出来的产品，都是好的。但是，这一定不是它的本意，它一定是始终朝着把最好的产品第一时间展现给顾客的这个目标而奋斗的。

9.4.3 上下架时间应如何合理安排

我们再来说说，关于上下架时间，我们都可以如何设置？

1. 避免在晚上零点到早上 8 点这段时间上架

大家都知道，你的上架时间就是 7 天后你的下架时间。如果你在凌晨这段时间上架，那意味着 7 天后的凌晨这段时间你接近下架。凌晨快下架，就算你排名靠前，又有几个人看到并购买你的产品？何况你可能已经休息，没人接待顾客。

2. 同理，避免在礼拜六和礼拜天上架

按照 7 天一周期，礼拜六上架的，就在下个礼拜六要下架。而礼拜六和礼拜天，正好是网购人群最少的时候。有些朋友可能不信，心想，礼拜六天上网的应该更多啊？呵呵，数据在那里摆着呢。数据魔方和淘宝指数，分析一下就明白了。你就记得一条：越是节假日，网购人数越少。为什么？都逛街去了，出去玩了。

3. 把你店铺的同类宝贝，都错开时间上架

这一点很关键，主要是有这样一个搜索规则：搜索同一个关键词，那么在出来的每一个搜索结果页面里，只能够同时展示同一个店铺的 2 款宝贝。我们来举个例子：

比如搜索“羽绒服”，从理论上讲，自然排名的搜索结果页面里，每一页顶多就展现你店铺的 2 款羽绒服。不可能会展示更多。这是为了避免垄断。即使你家的羽绒服件件都快下架了，件件销量和评价之

类的，都有能力排在第一页，但是也只能随机展现 2 款！

那么我们就不能在同一个时间段，大量上架产品。我们要错开时间。

上面的第 1 点，是没有异议的，因为淘宝规则就是这样定的。（当然一些特殊情况，比如搜索品牌词之类的，尤其是豆腐块，会出现 3 个宝贝都是同一家店。或是一些很少见的情况，有出现 3 个以上，这个不是普遍状态，不在我们讨论范围之内）

而上面的第 2、第 3 两点，是有异议的，有人就说了，那我的产品本来就是半夜买的人多。比如一些夜猫子喜欢的产品，那我肯定是故意在凌晨上下架啊，恩，这没错的。要灵活掌握。

还有异议的，就是后来经常有人提出来说，既然大家都知道这种规律了，比如最好是在上午 10 点到下午 6 点，晚上 8 点到 11 点这段时间上架，因为这个时间段淘宝的人流量最高。那竞争就太大了。我要反其道而行之，我故意在礼拜六天上架，我故意在凌晨或是错开高峰期上架，这样到时候下架的时候，我的竞争对手就少了很多！

因为淘宝店铺太多了，淘宝产品太多了，不管你在哪个时间段，其实都有大量的人在上下架。有的是刻意的，有的是无意的。哪怕你故意在凌晨上，难道凌晨上下架的人就不多了？因为你这样想，人家也那么想！虽然会比正常的时间上下架的要少很多，但那只是相对少而已，比起整个淘宝宝贝的数量，根本少不了多少。而你要知道，淘宝搜索结果页，始终才那么几十个位置。

所以，别纠结了，在你的宝贝还不是具备一定的人气和销量的时候，随便吧！只有当你真正有了一定的销量和人气，那这才是让你具备获得更多排名机会的最最重要因素！其他的，都是锦上添花，不会雪中送炭，你零销量，或是才几个销量，你就指望通过上下架来获得多好的流量和销量？不大现实。而当你手里有爆款的时候，你就真的要好好利用一下上下架了，越是人气火爆，越是什么时候人最多，你就放在什么时候上下架。

所以我个人的观点是，在你有人气款的时候，好好考虑下上下架时间。一般来讲，错开凌晨就行了。因为凌晨购买的人实在是太少太少，另外可能你休息了，没人接单。不像有些大店，24 小时有人值守。其他的款，刚刚上架时候，不要那么纠结，没网上说的那么神奇，过于夸大这些作用，害的小卖家一天到晚在这些事情上面浪费精力！

那有的人说，怎么修改上下架时间，我要调整，如何调整？很简单，最简单的办法，就是在你需要的时间点，直接下架，然后马上上架就好了。不要怕什么影响之类的，没那么多讲究。另外，你可以用一些工具，比如生 e 经等，都可以的。

小提示

刚刚过去的淘宝双12，有多少人，刻意利用这个，调整了上下架时间，让快到12月12日凌晨的那一刻，接近下架时间呢？

9.4.4 “豆腐块”的排名规律

最后，说一下那个“豆腐块”，豆腐块不考虑上下架时间，最关键的是以下几点：

一是你的宝贝动态评分，这个没什么好说的，评分好的，占很大优势。

二是你的销量 × 价格的数值。也就是说，销量乘以你的价格得出的数额越高，越占有利地位。尤其是天猫，非常明显了。也就是说，人家卖 500 元一件衣服，你的是 100 元。那他卖 10 件，在销量上取得的权重，就相当于你卖 100 元的卖 50 件。这不绝对，但是这个意思。

三是搜索关键词的转化率。你想想，当搜索“羽绒服”的时候，你的转化率是远远高于同行的时候，搜索引擎是个人的话，他怎么想？他肯定会认为，对于搜索“羽绒服”的买家来讲，你是个他们需要的好宝贝，当然给你排名靠前！

最后，总结下本章节说的，这里主要是说了上下架以及“豆腐”块的话题，但是请大家记得，对于淘宝的自然搜索排名，如果一定要说一个排名因素最大的，那就是销量！

写到这里我要说一句：其实淘宝的自然搜索流量，你想获得多，那就需要在点击率、转化率、动态评分等方面做得好。而点击率，就需要你的产品款式以及图片给力。转化率就很广了，可以说，从产品本身的价格款式、详情页优化、评价、客服水平、店铺装修等等所有的你看得见看不见的，都影响着转化率。而动态评分，则反应了你的产品品质、服务态度、发货速度。

这就产生了一个现象，你会发现，当我上面说的这些，都做的越来越好的时候，就代表你能够卖得更多，卖的更多，意味着营业额大，才能符合获得更多搜索自然流量的条件！那这个，话题就大了，可以说，我们平时所做的一切，都会去促进了自然搜索流量的增大。

但是很多小卖家，为什么苦苦钻研自然搜索规律，就是获得不了多少自然流量，真正的原因是什么？原因是：反了！

小提示

小卖家总想通过自然搜索的规律和捷径，去解决流量问题。而淘宝偏偏是，你在点击率和转化率以及品质、服务、发货等这些都做好的时候，我就把流量给你！否则我不给！

所以说，你应该把你的注意力，更多放到提高点击率和转化率上面。因为解决了这两个问题，就意味着你有更多的销量；你销量越多，越是给你流量。当这样进入一个良性循环的时候，你根本不需要太刻意地去研究淘宝自然搜索排名的规律。

很多人会说，这是一个悖论！我都没有流量，怎么卖出东西？所以我要先流量。没有流量，我哪来的转化？好，我告诉你，淘宝新店有扶持流量，新款上架，有扶持流量。其实无形中都多少会有一些。

再一个，实在还不够，嫌太少，你初期适当刷几个（我这不是鼓励刷，而是在你实在困难的时候，或在一个款刚刚上架销量为 0 的时候，为了引流的一种辅助行为，是适当一些就够，不要指望刷能干什么大事）。

在有限的流量里，如果你能竭尽所能，如果你的转化做好，能成交下来，慢慢的，你就有点流量，你还能继续更好的成交，你又会多获得一些流量。淘宝新店，应该就是这样做起来的，给你机会，你要是都不能成交，对不起，下次你流量就越来越少！反之，就给的越来越多。

我不知道我这样说，有几个人懂，我很难把这个完全表达到位。但是能懂的就懂，不能懂的，或是持反对意见的，那欢迎讨论。

请你清楚，真的不要做反了。先考虑你的转化。看看你的产品，你的详情页优化，看看你的产品本身竞争力。想办法去解决这些吧。不然，你就是没流量。那到最后，只能通过钱去买流量啦。

小提示

还是那句话：淘宝的本质是生意，当一个人把心思全部都放在研究淘宝规则和搜索规则上时，店铺离倒闭也不远了！再说了，淘宝搜索规则经常有细微变动，你过于着魔非要研究里面的细致算法，你不累吗？就算被你研究出来一二，哪天规则一变，你那套，又过时了！

让自己的产品优秀，让自己的店铺综合实力优秀，这才是永恒不变的自然搜索获得更多流量的不二法门！做淘宝，其实流量不需要我们刻意去拿的。

第10章 浅谈打造爆款的思路和注意事项

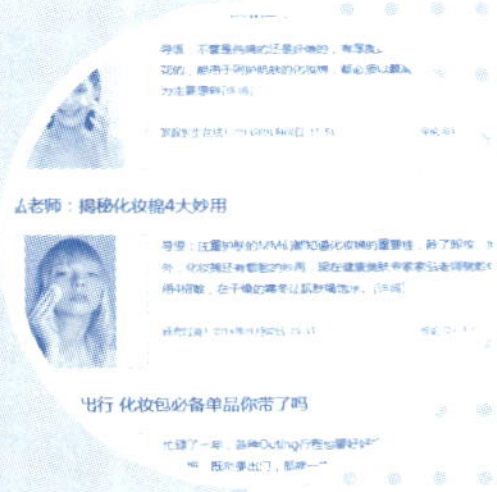

爆款是做淘宝聊的最多的一个话题。虽然这几年由于淘宝规则的变更，爆款给一个店铺所起的影响再没有像早期时候那么明显了，但是它依然是一个店铺必备的利器！一个店铺如果拥有了一个或是几个爆款，可以瞬间让一个死气沉沉的店铺活起来。所以打造爆款是作为店铺运营必备的一个技能。

不过打造爆款过程中，需要注意的点，还是蛮多的，本章就带大家深入探讨对爆款打造的认知以及了解爆款打造过程中一些要规避的风险。

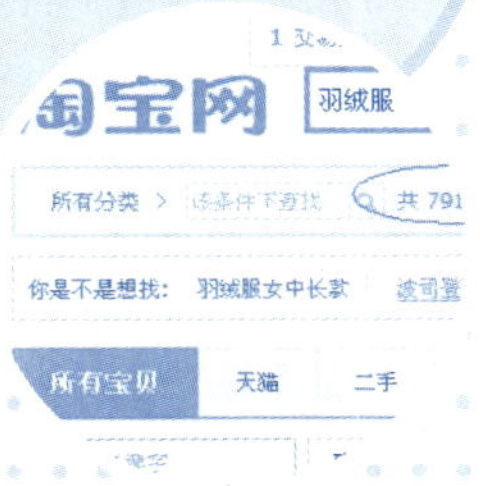

10.1 用公式说明爆款思路

10.1.1　公式推算说明爆款思路

我咨询过一位淘宝运营的朋友，他拿了一个公式与我交流和分享，我表示非常的认同，达成一致的看法：对，就是应该这样一回事。

相信看了下面的这公式以后，很多还没爆款经历和经验的朋友，肯定会明白：哦，原来淘宝上直通车打爆款是这么一种玩法和思路。

以女装的某一款产品为例。

单品推广实际预测：

平均点击率≥全网平均点击率

平均点击费 1.25 元

平均转化率 1.38%

平均毛利润 80 元/件

付费流量占比 45%

平均退货率 15%

前10天：

日销量200件需要14500个UV，没有免费流量需要全部购买，等于付费流量100%，则：日广告费：14500×1.25=18125 元

日毛利：200×0.85×80=13600 元

日亏损：4500 元

第10~17天：

日销量250件需18100个UV，付费流量占比60%，免费流量占比40%，则：

日广告费：18100×60%×1.25=13573 元

日毛利：250×0.85×80=17000 元

日盈利：3500 元

第18天以后：

日销量250件需18100个UV，付费流量占比45%，免费流量占比55%，则：

日广告费：18100×45%×1.25=10181 元

日毛利：250×0.85×80=17000 元

日盈利：6800 元

第一个30天：−4500×10+3500×7+6800×13=67900 元

第二个30天：6800×30=204000元

小提示

以上只是表达了从初期直通车打爆到后期的整个过程的思路和演变过程。实际上的具体数值，不可能和上面的举例公式完全吻合，但是预算和整个爆款思路，怎么从亏本到盈利，就显得一目了然！

我知道说到这里，有很多小卖家说，这，玩不起！一天广告费1万多，前期还每天亏损四五千，想想都怕。小卖家，没搞头，那是有钱公司的玩法！

但是实际上，知道了预算和思路公式，那么，你一天要卖100件，甚至只预算要卖10件，是不是也是这个道理？卖的少，相应的付费流量和免费流量的变化，还是逃不出这个公式！

10.1.2　广告费花费大小和自然流量的关系

如果对于上面还是看不懂的新手朋友，多多思考吧，一下子讲的比这个还细，不好，多多思考，实在不明白，再拿出来讨论，更有意义。

有朋友在回复里说：我觉得如果不砸大钱冲更多的销量，是没有什么自然流量的。人家都冲了一千件，几千件，你才冲了百十件，能排到人家前面么，能有什么自然流量，这钱不都浪费了。

我想一定有其他朋友也会有同样的问题，我做了回复：花小钱和砸大钱，在付费流量和免费流量的占比变化上，需要的时间是不同的。但是思路是一致的。你花小钱，砸得少，卖得少，但是自然流量照样会配比相应的进来。不然，淘宝那么多的小卖家店，全部都消失了。你看看淘宝的直通车，并不是每个都是大店。要知道，百十件，那就能获得百十件的该有的排名和流量。

人家1000件，获得的是“羽绒服”这个词的排名，你100件，获得的是“2014年新款羽绒服”这样词的排名。这个，都是有真实数据的。不过话说回来，如果真的一天只卖1单，2单这样，那效果可能就真的看不到了。就好比打火机点火点不着，烟就燃不起来了。而只要点起来，烟抽的快点和慢点，那是力度的问题，是另外一回事了。每个行业不同，所以得了解你自己本身的行业。女装，基本上，一天有个 10 来单的款，免费流量一定是有的。

10.2 爆款打造，我经历过的一个惨痛教训

10.2.1 对于打造爆款的进一步认知

我到现在都记忆犹新，曾经打一个爆款非常火，但是最终由于供应链的问题吃了大亏，惨痛的教训让我永远都忘记不了。有朋友说，他对这个事情很感兴趣。我开玩笑说那就当做在伤口上撒把盐。谈一谈这一段让我和我的好战友望族良哥，都非常痛苦的一段经历吧。

在讲这个事情之前，首先我们要对“打造爆款”有一个大概的正确认知。

第一，爆款就是卖得很火的款，非常好卖，一天可以卖很多。

第二，爆款是一个相对的概念。什么意思呢？下面举个例子。

比如女装这个行业，是淘宝的第一大类目。由于市场需求量大，虽然说卖女装的非常多，竞争很大。但是一旦你的某个款，能够像出水芙蓉，浮出水面，比较耀眼被大家看到的时候，那引来的流量，即潜在的顾客也是巨大的。

一句话，市场需求大。所以你看女装，动不动就月销量几千甚至上万的，不奇怪。

那么，在这种环境下面，相对于整个淘宝包括天猫来讲，女装，你要是月销量只有几百件或是一千来件，都不叫爆款。顶多是人气款。或是有人俗称这种为小爆款。

刚刚上面这段话，是相对于整个淘宝来说的，那如果相对于你自

己的店铺呢？如果你的店铺其他衣服，月销量普遍都是几十件。那几百件月销量的衣服，对你自己店铺来说，已经算是爆款了。

再比如，就算你想相对整个淘宝和天猫来比较算不算爆款，也是和自己同行业同类目的比。比如衣服一个月三四千件以上的销量，算爆款。那你要是卖大型家具的，价格都是好几千的那种，你一个月卖个几百件肯定都很厉害，是属于爆款了。你总不能拿你的家具和其他行业比较，是吧？

小提示

爆款是一个相对的概念。而且没有完全标准数值来衡量，大概的一个概念而已。这个就好比穷人和有钱人。到底怎么样算穷，怎么样算有钱，都是相对的。如果你有100万身家，对于只有10万的人来说，你是有钱人。对于1000万的人来说，你是穷人。

第三，就是很多人对爆款的打造有一个极度错误的认知。那就是：只要有强悍的推广技术，在现有的产品里，我想把哪个做成爆款，那就能做成爆款！

有这个想法的，如果想法不纠正过来，那就非常危险。这具体怎么解释呢？

一个真正好卖的款，能够被打成爆款，那是因为在你还没去尝试推广之前，就有了爆款的先决基因在里面了。比如一件衣服，做出来拍了照片，拿到你的面前，它的款式、面料、成本、模特、照片等等一系列已经成为事实，你怎么就确定这个款一定受顾客待见，一定能打造成爆款呢？关于爆款要注意的点，其实还有很多，一个爆款的打造，其中随便哪个环节出了问题，都会导致最终爆不起来。这个，以后专门写一篇文章来讲一讲。

这里可能就有人说了，那我前期先通过数据分析，从款式的设计上、成本的控制上、拍照的风格上，都先把爆款的因素考虑进去，有部署的去策划呀。可是，你要知道，这样做，也仅仅是大大提高了让你这个款能打爆的概率而已，不代表就能受顾客欢迎了。到底能不能，神仙都不能百分百预测准，实践是检验真理的唯一标准，一切以结果为定论。

10.2.2 先有好产品才有爆款

所以，爆款，不是随便拿一款产品就能打的。一个常见的情况就是：老板凭自己的感觉和喜好，想把某个款打成爆款，就死命自己或是让手下员工去推广了。或是，某个款积压了大量的库存，就决定要赶紧把这个款推出去卖掉。产品，是你想卖掉就能卖掉的吗？很多人因为库存积压想着我降价就能卖掉，告诉你，除非你是价值 100 元东西突然来一个绝对震撼的减价，比如直接降低到 9.9 元包邮。要不然，你 100 元的东西压根卖不动，你减个几十元或是以略亏本出售，该卖不掉的还是卖不掉。

顾客不会因为你积压库存而可怜你的。因为本身这款东西就不被欢迎。

所以，打造爆款，从推广这个角度来讲，是你从一堆的产品里，通过测试，通过数据分析，甚至是加上大量经验沉淀而养成的一种直觉，来发现可能成为爆款的苗子，然后才是通过你的推广手法，把它打造成爆款。

小提示

再好的苗子，如果你没及时发现，或是就算发现也不懂推起来，那是属于推广没做到位。可是反过来，再好的推广水平，要是这个款本身就不是好苗子，神仙也推不起来！不要过分夸大和神话推广的技术，指望靠一个厉害的推广人员，指哪打哪，要认清这个事实。

所以这个第三点，一定要深刻理解。不然就会犯一系列的错误。明明不可能成为爆款，却在一个劲儿地白费人力物力精力。尤其是服装这类季节性非常强的类目，你多犯几次这样的错误，一个季度就过去了。下一个季度，又是从零开始。这也是为什么我总是说，认知正确的方向，是先决首要条件，而不是一上来就浮躁地讲如何如何推广的技术。

对于爆款的概念，我们暂且就先讲到这里。下面正式说说去年的那件事情吧。

10.2.3　爆款之凶猛

2012 年 10 月份下旬，那会儿天猫店勉强还行，所以那段时间最愁的是淘宝 C 店，因为 C 店那段时间由于店铺几乎没有一个像样的款在卖，比较低迷。这这种情况下，非常让人着急。我和望族良哥都商量着，要抓紧让老板再弄几个款出来，放到 C 店去推。

于是后来就选款，找模特拍照，以最快速度拿到款式的图片了。美工做图，上架。

说老实话，当初我们在看到照片的时候，也并没有眼前一亮的感觉，反正是死马当活马医，上！天猫店和C店都同时把这款呢大衣给上架了。然后打算C店去推推看，测试效果如何。天猫店就挂着先。有时候机缘，就是那么巧合，就是那个款，最开始谁也没想到，这个款居然成了我们做淘宝女装的经历过程中，碰到最神的一款！

我到现在还记得很清楚，那天C店和天猫上完架，已经是晚上了。上完不久我们就因为什么事情离开电脑了，就算要关注，那也等明天了。

改天一大早，我打开天猫店一看，简直有点不敢相信，居然一个晚上的时间，在根本没有任何推广，没有任何优化的情况下，一百七八的价格，居然卖了接近20件出去！这在我们店铺，之前是从没有过的事情，转化率很高。

我和望族良哥意识到，这是一个潜力非常大的款！当然，由于那段时间C店非常低迷，人气很差，所以天猫店卖了几十件，C店却并没有卖多少，几乎没怎么动。不过这不要紧，如果我们判断没错，只要是超级好苗子，一系列的推广计划展开，那一个款起来也是很快的。

当时我们主要用的是直通车来为C店的这款大衣导流。以下具体的数字，我也有点记不大清楚了，大概是这样一个情况。

第一天，直通车花了200元广告费，反应不大，不过卖了一些。

第二天，花了500元，有点起色，但是依然没有完全达到预期的效果。但是，就因为能在一夜之间，天猫店能卖几十件，使得我和望族良哥坚信这款就是有戏的。估计可能是由于C店实在是人气低迷了好长一段时间，现在完全靠直通车引流，加上基础销量又差，难免反应会慢一拍。

经过两天的时间，这款大衣的销售记录也有四五十件了，其中有真实卖出去的，也掺杂着一些虚假的交易，即故意让认识的朋友帮忙拍一些。这时候，我们决定在第三天直接加大直通车。

第三天，花了1000多元，大概卖了三四十件。

这时候，已经基本确定这个款能起来了，至于能火爆到什么程度，还没法乱下定论，但是至少可以批量下单让工厂开始做了，于是我赶紧打电话给老总说了这个事情。老总刚好那几天出差，接到我电话后说马上安排这个事情。

由于我们搞的是预售，即一开始这款手头是以最快速度设计开发出来并去拍照上架了，为的是和时间赛跑。再一个服装由于季节性和流行趋势快，很怕压货，我们一开始往往都不敢大量备货。所以这款当时就是写着预售，比如10天后发货之类的，相信经常在淘宝购买服装的朋友，就肯定会经常看到这种情况。

小提示

到这里顺便提下，这篇文章，不是讲如何打造爆款的具体流程和步骤的，所以具体的打爆过程和方法，以及直通车等这些投放操作，篇幅所限，改天具体再讲。下面要说的是我们所犯的错误和惨痛教训，这些才是重点。

接下来的几天，我和望族良哥都很兴奋！好久没有碰到那么顺利的打爆过程了，短短那么几天，一个款就慢慢起来了。要知道，淘宝是个把马太效应发挥得淋漓尽致的地方。就是说，越是好卖的款，就像滚雪球一样，越来越好卖，转化率越来越好，随着你销量积累越来越多，淘宝给你产品曝光率也越来越高，自然免费的流量就越来越多，那你就越来越好卖，销量越来越高。这样形成一个良性的循环。这也是为什么很多人苦苦追求爆款的原因。

我说过，那时候的爆款对整个店铺生意的贡献价值，比今年要好很多。今年爆款模式更加不那么好做了，因为淘宝规则一直都在变。但是不得不说，直到今天，爆款依然是让一个死气沉沉的店，快速盘活起来的一个最有效最快速的切入口。现在光是靠爆款，其他工作不配套跟上，活不好，但是作为一针兴奋性，一个突破口，爬起来的同时其他逐步跟上，或是在其他都做好的情况下，再让爆款来锦上添花，还是可以的。

但是就是因为被这突如其来的数据冲昏了头脑，因为当初那款衣服的转化率、点击率等数据都表明不是一个普通爆款，而是会非常爆的款，我们就像脱缰的野马，收不住腿了。悲剧，也从那一刻已经注定。

短短一个礼拜过去，我们这款平均一天能卖500单以上！而且是在已经极度控制自己的欲望之下，我们已经把直通车费用控制在1万元以内了。就是因为怕货供应不上，我们已经在极度控制自己。因为那款衣服当初投放广告，是直接盈利的。如果按我们当初的设想，要是有大量现货的情况下，让我们撒着欢儿最大限度去投放广告，那我们会考虑把直通车能花费多少就多少，同时还要把钻展也打开，甚至把淘宝站外的流量也打开！可是没想到一直到最后的落寞，我们都没机会去这样狠狠地“挥霍”一把。

说是极度控制自己不再加大广告的投入，实际上我们却是把这个款销量控制在一天500单左右当做自己的心理底线。按道理来说，这时候一天500单我们也已经跟不上了，其实我们应该控制到更低，比如200单。而我们却从内心上没法接受，这样一个神款，就这样过份压抑地卖着。因为服装就是和时间赛跑，等天气再冷下来，就是羽绒服和棉衣的天下了，呢大衣最好的销售时机，就会错过。

所以我们那时候总寄希望于，快递让加工厂把货多赶出来，让供货速度能最终跟上销售的步伐。

10.2.4　配套工作没有跟上，死的很惨

很多人没有经历过，可能有点想不明白，都说怕销售不出，哪有销售火爆却怕货没有的。货抓紧加大力度，加大规模生产，一天生产个成千上万件出来，怎么会来不及？

其实，根本不是这样。我们做网络的人，都对生产整个流程概念薄弱。你知道吗？像衣服，从面料的采购到生产，中间有很多环节。首先，面料采购，一种面料不是你想要多少面料，对方就一定能及时提供出那么多面料。你要是想东家拼西家凑，那就导致每家的面料都不会完全一样，那做起来就乱套了。其次，各个加工厂，尤其是下半年的服装旺季，大家手头都有活在做着，不是你想今天生产，他就马上给你上车位，人家要有生产排期。再次，就算给你做了，可能你找到的加工厂的规模，还不够大，一家满足不了你的生产量需求，可能还要联系合作多家。

记得当时老总是最后联系了七八家来做了，一家拼命在赶。我曾

经也提出建议，说要不咱们狠狠心，就真的压制到一天200件销量左右吧？但是，只要是个人，都是被利益驱动。我和望族良哥当初都很难非常理性地压制自己，难道老总就能？所以也是能够理解的，大家都有点压制不住。他也说控制在500件就好，货尽量赶。

因为我们是预售，有一点要非常注意，比如店铺销售一天500件的速度，如果你生产速度也是一天500件，那只要之前已经欠了一天以上的货没发出去，你就永远都赶不上销售速度，就永远都是欠债。所以一个爆款形成持续火爆销售的时候，只要有了欠债，必须要在每天的生产速度上远远大于每天的销售速度才行。

再一个，衣服的尺码、颜色不止一个。是属于SKU比较多的产品。我欠债的是300件红色M码，你要是给我300件，但是其中红色M只有100件，那意味着我还有200件还是没货发！这些，是生产的时候，虽然根据数据分析来算出占比，但是不可能百分百准确保证你大批量的生产时候，下单的比例就是刚刚好的，还要不断根据缺货情况去调整。

当时客服MM们，都要崩溃了，尤其是售后的，被顾客催单催的要命，各种谩骂，这时候，对客服的心理承受能力，是个巨大的考验。有个顾客亲口打电话对我说：你是负责人吗？你们怎么搞的，明明说是10天预售，到了10天说快了，到了15天又说快了，结果到了20天了还不发货，你要在我面前，我真想一口咬死你！要不是真心喜欢这件衣服，我早早就不想等了，听你们忽悠！现在给我退货！

当时我真想对他说：我们知道我们错了，不过你行行好，望族良哥的肉比我结实，你要咬，就咬他吧。

每天就这样在焦头烂额中度过，到了双 11，那个款当天卖了 1800 多件。压都压不住了。

中间就是不断催货，赶货，发货，后来由于大量的订单积压，仓库也乱套了，大量的错发漏发。朋友们，你们猜，我们到了何时才把节奏跟上？

整整一个月！到了十二月初，才总算跟上了。但是事情还没有完！更巨大的压力来了。

由于严重的超卖不能及时发货，很多人等不住，加上全国天气已经大面积越来越冷，穿呢大衣都开始嫌冷了，大批量的人选择退款了。每天退款的数量，已经让我们售后同事根本处理不过来了，每天都在加速处理，等待处理退款的单子却是越来越多，因为不断有新的退款。

十二月的一天晚上，淘宝小二直接给我打电话了，说你是负责人吗？我说是。他说你店铺的后台，等待退款的单子，有积压了 1500 多个，给你 5 天时间。如果 5 天内，不处理到只剩下 500 个，将要暂时关闭你们的营业，到时候你只能处理退款，不能营业。原来是大量顾客天天打电话给淘宝投诉我们是骗子，不发货。要退款的太多，还以为我们故意迟迟不肯给他们退。

于是连夜发动所有小伙伴，连售前、美工、文案，包括和我望族良哥，统统都处理退货去了。终于在 5 天内，降到了 500 个以内。然后又被小二告知，要在接下来 5 天内，降低到 200 个。

这时候，店铺的差评是要多少有多少，好评率降低到最低点，动态评分，全部绿油油！

10.2.5 打造爆款带来的一系列后遗症

天气的原因，是一。大量的差评，是二。大批量的退货导致淘宝逐步不给我们这款流量了，是三。

结果就是，光是退款就大概退了接近 100 万金额左右的货，加上之前大批量赶货，等货赶出来，没想到这款由于上述的三点主要原因，开始逐步卖不动了。这时候，仓库里积压了 9000 件！

怎么办？ C 店这款死掉了，赶紧拿去天猫报聚划算，后来在 1 月份的时候，那会天气最冷的时候又过去了，加上商城这款评分还是很不错的，又因为这款本来就是爆款，而且价格上，几乎以出厂价的价格去上聚划算，终于消耗了 6000 件。后来就顺势在商城慢慢卖，终于在今年年初，基本耗光。

但是，这一次，损失太惨重了。虽然这款后来一算，没有赔钱，不过也没赚多少钱。光是退款就是接近 100 万金额，还有无形的呢。

如果不是这样，这款 C 店就不会早早卖不动了，还可以卖得更多。也不会有 100 万退款了，也没有因为差评太多影响整个店铺生意了，也不用最后上聚划算以出厂价去卖了，也不用丢失那么多的老顾客了，因为老顾客才是能够长期给你提供饭票的人。这样算，你会算的很恐怖，损失没法衡量！

10.2.6 对那次惨痛经历的一些总结

关于那次的经历，不说了，再说，说多了都是泪，就记住教训，总结教训吧。其实这个爆款过程当中，还有很多问题我们碰到了，并得出了很多看法和经验，我当初列了下面的一些总结。

- 供应链很重要。生产计划和销售脱节，将会导致毁灭性灾难。打爆款的时候一定要考虑，不然宁愿不卖或少卖。
- 爆款的售后力量一定要跟上。这也使我明白了为什么朋友老J那边售后人员的配比那么高，因为他们经常上聚划算。
- 一定要考虑时间因素。每个产品都有时间上的生命周期峰谷值。
- 做生产计划的时候，一定要考虑延续性问题，千万不能完全根据目前的销量来下单。要做到预测性和风险评估。
- 留意产品成本和利润空间，不要把自己卖了都不知道。企业的核心在于利润，不在于一个漂亮的数字。
- 体系的健全和完善将是我们下一个重要的突破口。不然瓶颈会提早许多就到来。供应链，太重要了。
- 关联销售好的爆款才是真正的好爆款，可惜这款没有里外搭配和上下搭配的最有效的关联，是比较遗憾的一点。
- 店铺如果光是靠爆款，不能让整个店铺有机运作起来，将是一个不健康、不持久、不稳定的做法。所以不能过度依赖爆款。没有爆款是不行的，但是只靠爆款是万万不行的。赌注太大。
- 评价对于一个款有决定性的作用。100个好评抵不上1个差评。而评价的好坏，从产品本身到客服的服务能力到发货能力，是综合的考验，说白了还是体系的健全和完善，才能解决口碑问题。

之后就是产品延续性上出了问题，导致冬季没有主打产品。因为精力和注意力都放在处理那款的后遗症上了，这个是线上线下的信息沟通问题。相信我们一定不会再犯这样的重大错误了。

第11章 淘宝活动报名

淘宝活动是淘宝店铺的一大流量来源，所以这里有必要对淘宝活动进行一些介绍和剖析，不过并不是所有眼花缭乱的淘宝活动都是适合您去关注的。那现在淘宝的具体情况如何呢？那些活动的特点都是什么？本章就来好好介绍一下。

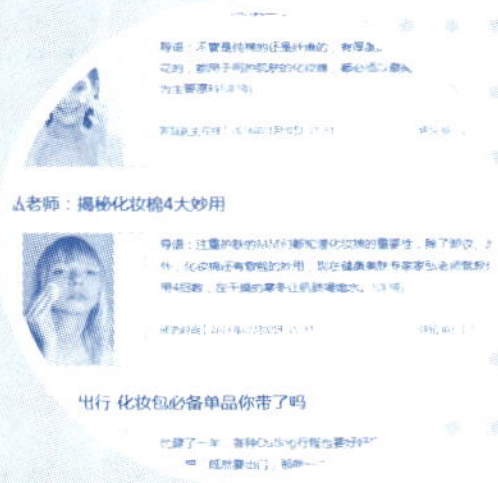

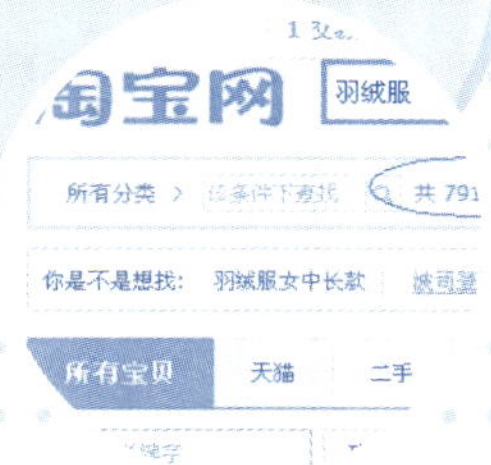

11.1 淘宝活动的现状

11.1.1　很多卖家报活动的心理

很多小卖家，都有这样的心理：新店没流量，推广费用又高，于是就想找各种活动，去报名做活动。但是呢，又苦于不知道哪些活动是真的有效并且适合自己报的，也不清楚报活动到底有什么具体的一些规则和技巧。而且往往逛了一大淘宝论坛帮派、淘宝后台、以及通过百度搜索“淘宝活动大全”之类的，最后发现，真正能报的没几个。

可是，又不甘心，总感觉是不是有什么特别好的活动，没被自己发现，怕错失了良好的机会。这样的心理，相信大部分的人都会有，我确定。我为什么确定大部分人有这样的心理？因为当年我也有！

这里不得不先吐槽一下，互联网海量的信息给大家带来学习和查询信息的便利的同时，也给了大家太多的迷茫。为什么迷茫？不是因为信息太少，而是太多！

互联网是个好东西，同时也是一个盛产“垃圾”的地方。各种垃圾信息干扰了每个人的信息，以至于让很多人失去了方向。比如你搜索网络推广的各种方法，海量的方法都会被你搜索出来、过时的、不适合你的、重复的、吹牛的、不负责任的等等，让你最后就晕了，你看了一大堆，感觉学了很多，又感觉什么都没学，是不是有这个感觉？那是因为你知道的太多了！

小提示

少看，多做；少冲动，多思考；聚焦抓重点，不要大而全。这个是对一些还不具备对互联网垃圾信息拥有抵抗力和识别力的朋友，一些切身体会的忠告。

11.1.2 现在好活动并不多

言归正传，说完这些，我们再来看看关于淘宝活动的一些话题。你到网络上一搜，一大把，我刚刚也搜了一下，居然还有淘金币，甚至是超级麦霸这些词汇，都还被列为最佳淘宝活动之一！作为新手卖家的你，是否知道，这些活动，是很久很久以前的事情了？淘金币，已经和原先的VIP活动合并，现在早已经是申请制度，不是一般小卖家玩得起；超级麦霸，那更是成为了化石，淘宝早就取消该活动了，江湖上却还有它的消息。

你更不知道，现在的淘宝活动是日益更新，不但经常有新的活动出来，每个活动规则还经常有变动。同时，又有老的不景气的活动不断被淘宝取消，已经一去不复返。

如果本章开头说的那种心理，恰好说的就是你，那就请你不要再纠结于此，也不要再动不动去搜索什么“活动大全”。那就是一个坑，只会坑你，浪费你的精力和时间，最后导致你更加迷茫、办事效率低下。你也不想想，在淘宝卖家越来越多的今天，如果真的有什么真正被普遍认可、效果不错的活动，比如天天特价、聚划算等，大家早就都耳熟能详了，哪里还有什么偏门却又效果好得出奇的活动被雪藏着?

不要认为或许人家在报着很给力的一些少数人知道的活动，默默数钱，不说出来。就算他不说，也会有人说。互联网，本来就是一个分享的舞台。你没有分享的精神，人家有，最后受伤的还是你自己。

11.2 淘宝活动的介绍

我们这里就来总结下，目前，个人认为真正有点作用的淘宝活动，都有哪些。

11.2.1 天天特价

报名要求主要是：开店时间超过 90 天的三心到五钻的集市店铺（目前不针对天猫店铺开放），报名的具体宝贝，要求最近 30 天内销量记录最低有 10 件方可报名。

库存数量要求最低不能低于 50 件，最高不能高于 300 件。也就是你卖的再怎么好，活动那天卖完 300 件，活动就结束了。

同一店铺 15 天内限参加一次，因此活动结束后第 6 天可以报名。且同款宝贝建议不得重复参加活动（注意这里只是建议，只代表你连着重复报同一款产品，通过率相对低一些而已，可以隔一小段时间再报，通过率高很多）；报名中的店铺不得再重复报名其他宝贝，也就是说，每次，同一个店铺里，你只能报名一款产品。

报名成功后，等后台具体通知。正式活动每次为期一天。

通过活动报名通过，则参加完天天特价活动后的1个月内，参加活动的产品，不能以等于或低于天天特价活动价去报名其他活动。

望族希望点评：该活动由于对店铺开店的信誉，只要求3颗红心，宝贝30天内的销售数量要求都不高，加上比起其他好多活动，效果还不错。算是淘宝小卖家的首选理想选择活动之一！

小提示

这里要注意，一旦店铺到了皇冠级别，天天特价就无法报名了。在淘宝里，信誉级别过高反而报不了的活动是不多见的，所以这个活动旨在帮助小卖家，像天猫就根本没这个活动。

当然，这还要根据你的产品以及具体价格来定，有些产品上了天天特价也照样卖不动，这个只有试过才知道到底适合不适合自己的具体情况。像我们卖女装的，去年一款外套小西装卖58元，天天特价一天能卖个100件，原因是款式不错，性价比高。而另外一款连衣裙，138元，款式也一般，价格没优势，结果一天下来，只卖了20件。

11.2.2 淘宝清仓

官方活动报名网址 http：//qing.taobao.com/activity/apply.htm。

要强调的是，目前仅限以下类目商品报名：服装服饰、内衣配饰、鞋包、家居家纺、童装。

店铺要求：

- 该活动天猫和淘宝集市都可以报名。

- 必须是应季产品，反季产品基本都不会通过。
- 店铺信用等级为四钻及以上。创店时间≥ 90 天（天猫没有此要求）。
- 商品库存量≥ 50 件。
- 清仓价格≤淘宝原价一口价的 3 折且<历史最低价。

望族希望点评：按理说，这个活动门槛和前面介绍的天天特价比起来，是高了一大截。首先是小卖家往往开的都是集市店，而集市店要求是信誉要 4 个钻。其次对能报名的行业还有限制。

那为什么还要早早就在这里介绍呢，那是因为现在的淘宝活动，像这样的，真的没几个了，这个是大实话！尤其是门槛要求又低，又给力，符合小卖家的活动更加是没几个了。

11.2.3　淘宝后台、活动报名板块的各种活动

淘宝官方活动，有很大型的活动，也有普通的活动。包括上面说的淘宝清仓等，有时候官方有公告时候，也会出现在这里。所以要经常看一下，关注一下。

当然，平时一般都是小活动。这类活动，总体质量还行，只要你能报名通过，还是多多益善。不过也看你什么行业。像服装，家居，3C 一类的大类目，相对活动多一些。有些小类目可能平时就没那么多。不过不要紧，就算多，总体来讲也还是给力不到哪里去，只是一般般。

至于活动要求，每个活动你点立即报名后，都有具体的活动规则，按上面要求去做，提交报名就行。至于能不能通过，那是另外一

回事了。

11.2.4 聚划算

比起其他活动的力度，聚划算是相当给力。不过开支和风险都比较大，要考虑的东西，就比普通的活动要多得多了，还是需要有一定的经验。我也是参加了好多次聚划算，得出了很多经验性的总结。不过聚划算一般不适合小卖家。以后我会专门讲讲聚划算，这里就让它在这篇文章里打酱油好了，不再进一步介绍。

11.2.5 淘宝站外第三方活动

这类活动，比如像U站系列的，那种折800啊，9块9啊，说起来就多了。但是基本上，在价格上是低得吓人，没有最便宜，只有更便宜。一般只有卖超级便宜产品的卖家才可以考虑下。一般上了四五十元的产品，都搞起来费劲了。好多都没法报，因为要求的活动价实在是低。这个具体看每家店的产品情况了。

关于U站，其实一两句话还是介绍不清楚的，以后有空特意来介绍一下。本书就不详细介绍了。总之别报什么太大希望。

好了，到这里，可能有些想报活动的朋友，挺失望的，感觉怎么说起来淘宝那么多活动，在你望族希望的嘴里说出来，怎么都说没什么用呢？呵呵，这个各行各业，有些人的确在某个活动里，能找到一些小小的效果。但是总归是，大部分都没什么效果，或者说有效果的活动真的不多。

小提示

我这里想说的是，千万别一天到晚老是想着上活动，还是多想想怎么把店铺本身内功先做好，这才是根本。一天到晚老想通过一个活动发财，如果你的心思都是在这上面，那店铺一定是越做越死！

但是，参与活动，又是玩淘宝不可或缺的一部分，关键在于策略和节奏的把控上，以后配合一些活动，前前后后所要做的事情很多。篇幅有限，一篇文章，不可能面面俱到都详细深入这些话题，来日方长！

第12章 必不可少的软文推广

软文，说白了，就是看起来不像是广告的广告。越是隐藏得深，让人看不出这个是刻意的广告，越是起到了软文的威力。因为软文的一大特点就是，消除了人们对广告的反感度和戒备心。如果把硬广比作一个开门见山，单刀直入的土匪，那软文就是一个阴险狡诈，不露声色的杀手，“杀人”于无形之间！

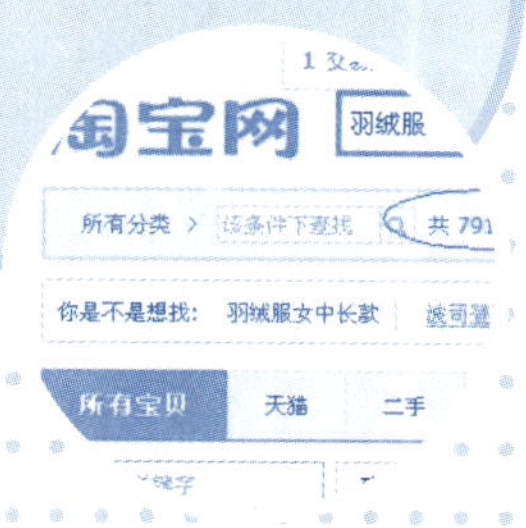

12.1 软文推广的威力

软文是相对于硬广告的一种广告模式，就是软广告性质的文章或文字。而硬广告，就是开门见山，不带拐弯，直接让你明白，我就是来卖产品的，你要不要，你喜欢不喜欢？比如我和你说：哥，我这款手表是 2014 年最流行、最酷的手表，防水又超级好，性价比又非常高，要不要看看？

这就是属于硬广告。大部分的电视广告、报纸广告、杂志广告，包括网络上的大部分广告，都是属于硬广告。

那如果是软广告呢？

我会和你说，哎，哥，我最近真愁啊，我买了块表送给一个很好的哥们当生日礼物。结果反而得罪了那哥们的女朋友。怎么回事呢？原来那哥们的女朋友也买了块表送他，结果，我那哥们偏偏对我送的那款手表爱不释手，不愿意戴他女朋友送的那款！结果，她女朋友就看我不爽了。

当然，上面只是望族良哥随便即兴编的一段，没多少水平，但是我想表达的这样一个意思。我们再来看一个很经典的软文案例——

老公得知我婚前曾是小三，对我百般折磨

我与老公是经人介绍认识的。两年左右，我们相亲相爱进入婚姻。

最近老公得知我认识他之前曾经当过小三的事，我们平静温馨的生活从此被打破，老公不再对我有以往的挚爱和热情，无论我怎么向他认错，向他忏悔都无济于事……

我不知如何为自己的过去解释，好说歹说向他表白，自己跟他恋爱的时候，跟那个人早已毫无瓜葛。现在我是一心一意爱他，爱这个家。可他看轻我，羞辱我，说我隐瞒过去欺骗了他。

这段日子，他经常出门玩乐，半夜而归，不是搓麻将打牌就是洗脚按摩。他心里有气，我不敢打他电话，也不敢盘问他晚归的原因。

他要是夜宵喝酒后，半夜回到家里，把我吵醒，不管我愿不愿意，强行要跟我行夫妻房事，不顾及我的感觉，更可气的是我越是不愿意他越想要做，甚至还到网上购买了勃威帝（bovod）对付我。我的感受如同折磨。

我厌烦他这样对我，有时候我也拒绝他这种无理形同折磨的要求，他在我面前耍无赖地说："你是我老婆，我玩你也不行吗？""你不让，我才不想呢，你以为自己是谁。不愿意跟我做，想离婚是吗？"我哑口无言，只能委屈求全。

现在两个多月过去了，我跟他坦白认错，热情周到服侍他，依然溶化不了他对我的冷漠。我痛苦难受却又无可奈何。想到他不能原谅我，那方面对我的折磨，我心一横也想离婚算了。

看到了吗？这就是一篇非常软的软文。以一个吸引眼球的标题，娓娓道来，里面很自然地植入了某产品的广告。表面上看起来不像是广告，可是它无形中让人对文中提到的产品感兴趣，有需要的人，可能就会去搜那个产品了。

比如你要是看到一个明显是广告的文章，你就知道人家目的是宣传产品或信息，有种很强烈的商业目的在里面。那你就会无形中提高警惕，心想真有那么好么？再一个你也不大愿意分享那篇文章。

但是在你没有感觉到它是一个广告的时候，你反而就没了戒备心，看起来好像是这样一种假象：说者无心，而看的人，却有心去关注下里面提到的某个产品、某个网站、某个人等等。

软文的应用范围非常广泛。而好的软文，可以让很多人自动帮你传播，影响力是非常大的。像以前做淘宝客，有一篇文章在人人网就传播得非常火爆。那篇文章的大致意思就是：惊天内幕，原来淘宝内部员工，都是通过特殊的链接去购买淘宝网的产品，而通过这种特殊渠道购买的产品，品质和服务等都是一流的等等。

总之是后来由此延伸的各种版本都有。现在你到百度搜索一下，如下图：

你看看，到现在，百度下拉框都还有那么多关于这个的，说明还是有很多人信以为真，在搜索这个。这说明，这是多么优秀的一篇软文，要不然其影响力和散播度也不会那么广啊？而实际上，那文章里，所有的链接，都是淘宝客而已。

好，那么既然软文那么厉害，我们具体应该如何去学习写软文呢？

12.2 如何写好一篇软文

那这里就来说说，应该如何去学习和提升自己的软文水平。当然，这里只是给一些思路和做法，旨在给想学习写好软文的人一个敲门砖。可不要想着通过一篇文章，就把软文完全给掌握，就能写出非常漂亮的软文，那是有点不现实的。

12.2.1 软文之标题党

写一篇好的软文，首先要在标题上，能够吸引人。就是所谓的标题党。你要让人家有兴趣看你的文章，第一要素是什么？就是要他先点击查看你的文章，如果没点进来，你内容写得再怎么精彩，都没机会展现给人家看了，是不？所以，首先你就要人家对你的标题感兴趣，让他有点击来的欲望！

那一个好的软文标题，可以从以下几个方式去考虑。

1. 利用人们的好奇心

你的标题，能引起人的好奇心，他就想进一步了解一下，就有了兴趣，所以就更容易吸引眼球，让人家有欲望点击。比如：

真是奇葩，那天晚上我遇到了大怪兽！

惊天秘密！淘宝内部员工居然有特别的购物渠道！

你知道你未来老婆的样子吗？

2. 利用恐吓心理

比如：

天啊，吃西瓜吃出虫子！

据调查，体重超标的人，寿命都很短！

买双鞋，居然起了一个大血泡！

3. 利用情感感性的心理

比如：

那些年，陪我走过艰难岁月的姑娘。

心累了，就在我的肩膀上哭一会吧。

这些例子，举不胜举，望族希望在这里就不一一举例了。相信大家都明白标题党是什么意思了。

总之，先要有一个好的吸引人眼球，并有欲望点击的标题。

12.2.2 文章具体内容要和标题相呼应

很多人曲解了标题党的意思，题目是写得非常劲爆、非常成功，结果人家点进去，一看，完全是两码事，那人家一看直接就在心里暗暗骂一句：我真是手贱！

于是马上就匆匆离开，连多看几眼文章的耐心都没有了。试问，这样的软文，失败吗？你写一个好的标题，是为了什么？不就是为了让人家看你的文章吗？而看你的文章，又是为了什么？不就是不动声色地植入你的广告，让别人看到广告吗？（虽然人家未必知道你在做广告）。那人家一进来就很反感了，你还指望这篇软文能起到作用？

我就看到一些帖子的标题是这样写的：

高级手法，利用直通车推广一天卖爆 2 万单！

然后你点击进去了，文章内容是：对不起，标题党了。我是想问问直通车如何推爆款？请大神帮忙告诉下小弟。

你说，要是你是直通车高手，你会回答他吗？这本来就有种被欺骗的感觉，很反感了，还怎么能高兴去回答人家的问题呢？

所以第二点，一定要内容相呼应。比如你的标题是：真是奇葩，那天晚上我遇到了大怪兽！

那么至少在你的文章中，你慢慢地引导，慢慢地讲故事，到最后，人家明白了，原来是你误会了，你说你以为是大怪兽，原来是老公为了让我开心，把自己打扮成一个笨狗熊，在远处迎接我，我看错了，哈。

这样，至少人家会开怀一笑。虽然你不是真的碰到大怪兽，但是人家不会反感，不容易有被欺骗的感觉。而是慢慢被引导到这个上面去了。

12.2.3 文章内容的其他一些注意点

波澜不惊的文章，人家是没兴趣的。软文，就要引起人家的兴趣。有一个软文大师说，最厉害的软文，几乎没有一句是废话的。什么意思呢？

就是软文的第一句，是为了让你有兴趣读第二句。第二句，是为了让你有兴趣读第三句……一直到读完了，都感觉自己的心是紧紧被抓住的。

虽然，我们做不到那么高的境界，但是至少整个文章，你要有让人读下去的欲望。这个，还是和之前说的标题党一样，你要利用人的各种心理，好奇心也好，恐吓心理也好，总之，让他能够读下去。

小提示

既然是软文，你总不能纯粹是讲故事吧，因为你的真正目的是广告。但是软文的精髓就是让其看起来不像是广告。要是明显一眼就让人看出来，你是有意在打广告，那就失去了软文的意义。

所以要装作很不经意间得一句话带过，或是让人感觉你不是刻意提到某个牌子之类的，是因为为了要讲这个故事，不得不去提到某样产品，这样的软文，才够软！

文章内容最好有让人愿意去分享的欲望！比如“国内 10 大护肤品品牌的内幕”等这种标题和内容的文章，如下图，很容易让一些爱美女性去关注，去告诉他的小伙伴。那这种软文，就又上了一个档次，因为你的读者，主动帮你转播，你的扩散面就越来越广，你的宣传速度也越来越快了。

导语：不管是纯棉的还是纤维的，有厚度的还是轻薄的，锁了边的还是印了花的，能用于呵护肌肤的化妆棉，都必须以最高安全级别的脱脂棉和纤维棉为主要原料[详情]
家庭医生在线 | 2014年01月02日 17:51
评论(8) | 分享到:
家弘老师：揭秘化妆棉4大妙用
导语：注重护肤的MM们都知道化妆棉的重要性，除了卸妆、涂抹化妆水之外，化妆棉还有敷脸的妙用，现在健康美肤专家家弘老师就教你化妆棉的妙用4招数，在干燥的寒冬让肌肤喝饱水。[详情]
新浪时尚 | 2014年01月02日 15:17
评论(0) | 分享到:
新年零压力出行 化妆包必备单品你带了吗
忙碌了一年，各种Outing行程也要好好规划起来，在新环境中好好让身心放松一把。既然要出门，那就一定不能在收拾保养行囊上有所大意。[详情]
2 2款实用辫子半扎发 彻底摆脱冬日烦闷感
3 新年零压力出行 化妆包必备单品你带了吗
4 露华浓退出中国 平价彩妆在华上演“宫斗”好
5 家弘老师：揭秘化妆棉4大妙用
6 学素颜女神王丽坤 “妆”出天生丽质光泽肌
7 41岁辣妈逆生长如少女 白皙嫩肌完爆90后
8 张馨美肌出镜天龙八部 历代王语嫣谁最美
9 化妆品巨头露华浓裁员千人 或将放弃中国市场
10 优质化妆棉必备5大条件 密度厚度很重要
精彩图片

实际上，一点自动传播威力都没有的软文，是很失败的。要搞清楚你的广告，主要是针对什么人的，你就写那类人可能感兴趣的文章，这样的效果才会好。

比如你是想写一篇卖学习机的软文，而你的软文却是写什么老婆、小三之类的，你想想，有兴趣看你这文章的，往往是成年人，他们就算看了你的文章，去关注你里面无形中提到的产品的概率，也不大。而真正可能对你产品会感兴趣的学生，却对你文章本身不感兴趣，不要说看，可能连点击的欲望都没有，那你这篇软文，写了也白写。

好，那今天呢，就是给大家讲了写软文要注意的这些点。但是我开头也说了，写这种东西，只能给你方向和思路，如何写好一篇软文，大方向给你后，至于文采和创造力，是靠你平时慢慢积累的，这没法用一篇文章一下子就让你成为所向披靡的大神。

不过，框架有了，你在学习和写作练习过程中，就有了目的性，有针对性了。这里还给大家一个学习软文的好去处。那就是腾讯网、新浪网等大型门户网站，在它们的角角落落，都散布着很多软文。

小提示

写好软文，从分析开始。你看人家的软文，是怎么写的，是怎么吸引到你的？是如何自然植入广告的？然后慢慢归纳总结，从模仿开始！

最后，平时在各种论坛和网上看文章的时候，要养成怀疑的习惯，首先就去想想，这是不是软文？就像我和望族良哥，都有职业病了，一看到一些文章和故事，首先就想这是不是软文，虽然有点变态，但是这会养成你思考的习惯。做网络久了，对软文的洞察力都很强，基本上都能马上看出来是软文。但是没关系，毕竟你的软文，不是都写给网络人看的！

当有一天，你软文写的，连做网络的人，都不容易轻易看出来的时候，那，恭喜你，你已经是软文的特级大师了！利用好软文，将使你的宝贝推广具有非常强大的流量和转化率。同时，掌握了里面的核心技巧，再去优化你的产品详情页，也是一往无前的。

12.3 经典软文案例剖析

下面大家来看一个非常经典的软文推广案例，同时结合了事件营销。什么是事件营销？百度一下，你就知道！

12.3.1 一个经典的软文案例

记得在 2010 年的时候有这么一条新闻是非常火的，在互联网上有将近 10 万人以上进行传播，也不知道大家还有没有印象。下面，我们来看看在南非世界杯期间，搜狐网为宏基做的“丢本 MM”营销的论坛贴。在这个案例中，大家要注意学习如何去把一个故事呈现得跌宕起伏，又是如何通过各种细节来让故事可信。

当然，还有最最重要的一点，这一案例做得最好的地方，就是把要推广的宏基新款笔记本设计为故事中不可绕过的核心元素，整个故事都是基于这个丢失的笔记本来展开的，这是此故事设计的最绝妙之处。

另外故事帖要注意合适的图片，比如本篇文章中，贴出的寻人启事图片，就能让人彻彻底底地相信这是一个真实发生的故事。

原帖故事：

丢本MM，你在哪里？

Sonrisa：

你好！请原谅我的冒昧与唐突，我在网上发了很多找你的帖子，可是你似乎至今也没有看到。你到底在哪儿呢？我真的很焦躁。

也许你会奇怪，还不知道我是谁，还记得6月25日在比勒陀尼亚的那家酒吧，跟你聊过梅西的那个男人么？就是我。我叫魏杰，是在前方报道的世界杯记者。

我还没来得及知道你的中文名字，只知道你叫sonrisa，你告诉我你是学西班牙语的，这个名字应该也是西班牙语吧。说实话，很好听，也很适合你。那天我们只聊了20分钟，如果我问清楚你是哪里人，你的电话，估计现在也不用这么费劲地找你。本以为可以在电脑上获取点信息，可是电脑是新买的么？为什么除了几张照片，竟然找不到任何可以联络你的信息呢？

Sonrisa，你回国了么？还是依然在南非？寻人启事没有等来你的回应，在国内的SNS、微博上发了那么多的寻人启事，数十万网友在帮我转帖，你依然杳无音讯……都说网络人肉搜索是非常厉害的，我想试一试。丢了东西，怎么能不着急呢？看到你把自己的笔记本装饰得那么漂亮，一定是喜爱至极吧，所以放心，我一定要找到你，亲手把它还给你。

还有一些话想对你说，南非虽然有些冷，然而你的出现，像一盏灯，不断舞动，温暖了我的瞳孔！都说男人的思维模式是理性的，爱对男人而言只是天空中的一种装饰，失去时天空会有些暗淡，可天还是天。我就是个理性思维的男人，所以我不相信一见钟情，总觉得那是一种快餐式的感情，只能浅尝辄止，像昙花一样，稍纵即逝，直到我遇到了你。

sonrisa，你的微笑、你的谈吐、你的热情自信，和与生俱来的亲和力，的确让我着迷。我突然间开始相信命运，我觉得是上天有意安排你来遗失一件心爱之物，等着我亲自送到你手里，正因如此，我会一直找你，直到找到你。

你那天怎么走那么着急呢？我就刚出去一会儿回来就发现你已经走了，小小的笔记本却丢在了座位上，看来你是太着急看晚上的球赛，走得太慌张了？

这几天，一直忙于寻找sonrisa，忽略了很多事情，工作似乎也有些耽搁。

网友的积极和热情是我没有想象到的。这也是第一次有这么多的朋友在帮我完成一件事情，让我身在其中，甚为感动。

不断的有网友给我留言，透露关于sonrisa星星点点的信息，让我有点受宠若惊了。

有人说sonrisa是演艺圈的，在电视上看过她。

还有人说sonrisa像她一位同校的去英国留学的学生。

还有人说，sonrisa像经常跟他在地铁里遇见的女孩.....

甚至，还有 网友说，sonrisa是一位硕士在读生，目前就学于某高校。

总之，各种各样的信息，一次又一次的希望，一次又一次的否定，都让我有点迷糊了....

我不知道为什么这么多人都看到了，sonrisa为什么还是没看到？

难道你真的在南非？难道你至今没有回国？

难道我还要一直守候下去，寻找下去，难道你在考验我？

我相信，就快了吧——我相信网络无限的可能性。

sonrisa，你的本本我保护得很好，请放心，但愿你早日看到。最后有始有终：过了几天，这位记者表示终于找到了这位 MM，于是写了致广大网友的一封信：

今天下午，去邮局把笔记本寄给了sonrisa。终于联系上了她，终于知道了她的中文名字，终于知道了她住在哪里，终于可以安心地把她的东西重新送到她的手里。

除却想亲手把失物送回，说实话，在此之前，曾以为上天有可能给我一段不寻常的缘分，因此内心深处一直有种期待，期待一种或者并不可能的完美出现。

在寻人启事公布之后，有很多的网友给我提供过各种各样的线索，我曾经信了某好心网友的话，以为8点30分的十号线地铁上有她的影子，坚持在每天的那个时间准时出现在十号线上，充满希望的一节一节车厢的找。也曾经以为她真的是北京印刷学院的学生，曾去学校打听过，但结果终究是都是猜测，呵呵。

当sonrisa（暂且还是称其英文名吧）再次联系了我，我这么多天以来想寻求的结果也终于有了答案。笔记本找到了原本的主人，而sonrisa也是早已找到了自己的幸福。事情就是这样，你不能要求所有的事都按照人原本的期望所发展。缘分固然重要，但是我更愿意真心的去祝福sonrisa，祝她永远幸福下去。

我发现身边很多人都开始变得爱无能，消极地认为世界上不存在缘分和一见钟情，认为在感情中，现实、速食、猜疑永远大于信任，客观条件的衡量永远大于感情上的匹配，谎言永远多于坦白，开始觉得自己不敢爱，爱不动。

其实，你越是逃避、你越是穿上盔甲，你能体会到快乐、幸福的事情就会越来越少，直至真的消失。

我仍坚定地相信着缘分，并将永远执着地去寻找和追求。感谢世界杯，如果不去南非我不会有这一段非同寻常的体会，感谢sonrisa可爱的本本，如果不是你，我也不可能有坚定的信心一定要找到你的主人，感谢每一位热情帮我传达信息的网友，你们给了我执着下去的信心。

在这里，祝福没有找到幸福的哥们儿继续拗着劲去努力，找到幸福的朋友珍惜属于你们俩个独一无二的感情。

现在是凌晨十二点，两点半即将开始本届世界杯冠亚军的决赛。今晚我准备认真地去看一场精彩的比赛，不管结果如何，我还是会支持一直喜欢的荷兰队。

下文是新浪媒体报道过程：

南非世界杯期间，一名中国的体育记者在比勒陀利亚一家酒吧里邂逅了一位中国女孩，女孩离去的时候忘记带走随身携带的笔记本电脑。捡到这个笔记本的记者，随后在自己的微博上发了一则寻人启事：“丢本MM”你在哪里？结果没有意料到的是，引来十万网友帮忙寻找“丢本MM”……

幸运的是，这个笔记本的女主人终于找到了。而更戏剧性的是，这个“丢本MM”就是本报评选出的足球宝贝姜晓梦。

■事发

酒吧偶遇捡到电脑

就在世界杯进行期间，网络上突然出现了一则寻人启事，一名前往南非采访世界杯的中国记者，在比勒陀利亚的一家酒吧里，偶遇一位英文名叫“sonrisa”的中国女孩，两人言谈甚欢，但是在“sonrisa”离开时，不慎将笔记本电脑遗忘在桌子上。

由于并不知道“sonrisa”的中文姓名以及联系方式，因此，这个名叫魏杰的中国记者，就在自己的博客中贴出了一则寻人启事，并贴出了从“sonrisa”笔记本中找到的数张个人生活照，希望能够在网友们的帮助下，联系到这位中国女孩，将笔记本电脑物归原主。

■发展

十万网友寻找“丢本MM”

魏杰在博客上发出寻人启事后，立即引起了众多网友的关注，大家纷纷在国内各大论坛上转发关于“丢本MM”的帖子，希望可以帮助魏杰找到这个名叫“sonrisa”的中国女孩儿。很快这条寻人启事也开始大量被转载，各大微博的转载量达到了上万条，开心网、人人网的更是达到了十万条。

终于，功夫不负有心人，有网友认出了这个名叫“sonrisa”的中国女孩儿就是在“非常天使”选拔出的亚军姜晓梦，在众多热心网友的帮助下，魏杰终于找到了寻觅已久的“丢本MM ”。

然而，在寻找“丢本MM ”的过程中，传来了很多质疑的声音，很多网友都认为这是在炒作。但是，就算是“炒作”，还是有很多网友帮助这位记者寻找“sonrisa”。对此，魏杰表示：“我不在乎他们怎么说，我并没有炒作的理由和必要。非常感谢那么多热心的网友帮我一起寻找sonrisa，没有他们，我不可能找到她。”

■证实

姜晓梦就是“丢本MM ”

姜晓梦是本报选拔出的南非世界杯足球宝贝，在“非常天使”全国总决赛上夺得亚军，获得了前往南非现场观看世界杯的机会。

7月13日，记者与姜晓梦取得了联系，她向记者证实了“丢本MM”确是自己。姜晓梦告诉记者，“我们那天去赛场看球的时候，因为去得比较早，所以先在一个酒吧里休息了一会儿，当时酒吧里全是外国人，只有一张桌子旁坐了几个中国人，我们就坐在了那里，聊了一会儿。结果走的时候粗心大意把笔记本电脑给丢了。因为一直不能上网，所以我也不知道有人在找我，直到回国之后，我才知道这个事情。魏杰说笔记本电脑已经寄给我了，但是我现在还没有收到。真是要谢谢他，没有想到丢在南非的笔记本电脑还能找回来。”

12.3.2 养成总结软文案例的习惯

通过这个案例，我们来总结一下：我们先不管这个是人为策划的还是真实的故事，可这个故事却能给我们带来很多的思维。下面给一个总结：

一、首先要策划一起引人注意的事件。

二、该事件让人感觉是非常真实的，最好是现场亲眼所见或是发生在自己身上的。

三、最好是以第一人称来描述这个事件。

四、能够激发大家的参与感，比如最后大家都参与到寻找这个MM，大量转载。

五、转载和讨论的人越来越多，就越有更多的人参与进来，效应滚雪球一样地放大。

六、该事件具有很强的神秘感，比如大家都想知道这女孩是谁？

七、解开谜团，而谜底公布的同时，等于也是公布了真正的广告。比如这个例子中，世界杯足球宝贝 sonrisa 这个女孩，还有宏碁笔记本电脑，就被炒作火了，大家都知道了。

大家发现没有，这和前几天说的软文，在本质上还是有点类似的。都是够“软”，广告隐藏得很深，却无形中得到了很有效的宣传。广告是什么？广而告之。

我们可以把这个流程归纳为载体→渠道→流量→转化。如本文的故事，载体就是那个故事。渠道就是转载传播。接着就是被大量曝光，这就解决了流量问题。最后，有意策划的人、产品、信息等，就被一部分去关注并成交。比如该故事中的足球宝贝，人气火了，自然身价暴涨。宏碁笔记本，自然也会无形带来更多销售量。

其实故事还没完，这故事中有故事，一环套一环。你想想，宏碁笔记本，谁在用？当那个女孩的真实身份被曝光时，原来她还是“非常天使”节目总决赛的亚军。

一个大有来头的漂亮 MM，有身份的人物，都在用我的宏碁笔记本。她没说她是代言的吧？但是比她直接说代言的还管用，无形中提高了宏碁笔记本的价值感。